白雪·白金
——冰雪文化产业的崛起与发展

Snow White Platinum
The Rise and Development of Ice and Snow Cultural Industry

朱雪艳 著

文化艺术出版社
Culture and Art Publishing House

图书在版编目（CIP）数据

白雪·白金——冰雪文化产业的崛起与发展 /
朱雪艳著．—北京：文化艺术出版社，2019.7
ISBN 978-7-5039-6730-6

Ⅰ.①白… Ⅱ.①朱… Ⅲ.①冰上运动－体育产业－
产业发展－研究－黑龙江省②雪上运动－体育产业－产业
发展－研究－黑龙江省 Ⅳ.①G862.92②G863.92

中国版本图书馆CIP数据核字（2019）第130555号

白雪·白金
——冰雪文化产业的崛起与发展

著　　者	朱雪艳
责任编辑	齐大任　原子婷
责任校对	董　斌
书籍设计	赵　蠡
出版发行	文化藝術出版社
地　　址	北京市东城区东四八条52号　（100700）
网　　址	www.caaph.com
电子邮箱	s@caaph.com
电　　话	（010）84057666（总编室）　84057667（办公室） 　　　　84057696—84057699（发行部）
传　　真	（010）84057660（总编室）　84057670（办公室） 　　　　84057690（发行部）
经　　销	新华书店
印　　刷	鑫艺佳利（天津）印刷有限公司
版　　次	2021年6月第1版
印　　次	2021年6月第1次印刷
印　　张	17.5
字　　数	200千字
开　　本	710毫米×1000毫米　1/16
书　　号	978-7-5039-6730-6
定　　价	98.00元

版权所有，侵权必究。如有印装错误，随时调换。

国家社科基金后期资助项目
出版说明

后期资助项目是国家社科基金设立的一类重要项目，旨在鼓励广大社科研究者潜心治学，支持基础研究，多出优秀成果。它是经过严格评审，从接近完成的科研成果中遴选立项的。为扩大后期资助项目的影响，更好地推动学术发展，促进成果转化，全国哲学社会科学规划办公室按照"统一设计、统一标识、统一版式、形成系列"的总体要求，组织出版国家社科基金后期资助项目成果。

全国哲学社会科学规划办公室

目 录

绪 论 …………………………………… 1

第一章　冰雪文化产业崛起的历史机遇 ………… 15
　　第一节　改革开放后求新求异的审美需求 ………… 15
　　第二节　经济结构调整中对新经济增长点的寻求 … 19
　　第三节　国内外文化产业发展的激发 ……………… 21

第二章　冰雪文化产业的发展历程 …………… 25
　　第一节　冰灯的缘起——丰富市民冬季文化生活 … 26
　　第二节　文化——赋予冰雪以生命 ………………… 29
　　第三节　将每年的1月5日确定为冰雪节的
　　　　　　历史意义与所创造的广阔空间 …………… 33
　　第四节　冰雪搭台，经济唱戏——产业化的前奏 … 37
　　第五节　滑雪的时尚潮流与企业家的介入 ………… 41
　　第六节　主题公园冰雪大世界的出现及其产业化
　　　　　　发展道路 ……………………………………… 48

第三章　冰雪文化产业的丰富内涵与外延 ………… 55
　　第一节　以冰灯、雪雕为主体的冰雪观赏与比赛 … 56
　　第二节　以滑雪为主体的冰雪运动 ………………… 66

第三节　以诗文、音乐、美术为主体的
　　　　　　冰雪艺术创作 …………………… 78
　　第四节　以冰滑梯、冰爬犁、抽冰尜为主体的
　　　　　　冰雪娱乐 …………………………… 93
　　第五节　以"冰洽会"为核心的冰雪经贸 …… 99
　　第六节　以"酷"为特色的冰雪旅游 ………… 103

第四章　冰雪文化产品的美学特征 ……………… 149
　　第一节　纯洁、晶莹——永不重复的童话 …… 150
　　第二节　新鲜、刺激——回归自然的生命体验 … 153
　　第三节　粗犷、豪放——勇于挑战的精神 …… 157

第五章　冰雪文化产业的产业化特征 …………… 163
　　第一节　以创新精神化冰雪为神奇 …………… 163
　　第二节　做大做强系列冰雪文化品牌 ………… 171
　　第三节　政府引导、企业为主体的市场化运作 … 178
　　第四节　提升冰雪文化的附加值 ……………… 182

第六章　冰雪文化产业的市场空间 ……………… 187
　　第一节　遍布龙江酷省的冰雪美景 …………… 188
　　第二节　誉满全国的冰灯、雪雕展览 ………… 198
　　第三节　名扬世界的冰雪文化足迹 …………… 202

第七章　冰雪文化产业的价值和作用 …………… 209
　　第一节　美好的欣赏，新鲜的体验 …………… 209
　　第二节　城市的名片，拉动经济的引擎 ……… 215

第三节　带动国内冰雪活动的开展 …………………… 218
　　第四节　国际文化交流的使者 ………………………… 221

第八章　冰雪文化产业的发展趋向 ………………………… 227
　　第一节　国际化的战略定位 …………………………… 228
　　第二节　国际品质的冰雪文化产品 …………………… 234
　　第三节　现代理念的市场化发展与政府调控 ………… 241
　　第四节　以人为本的国际化服务 ……………………… 244

结　语 ……………………………………………………… 251

附　录 ……………………………………………………… 253
　　附录一　哈尔滨国际冰雕比赛历届获奖情况 ………… 253
　　附录二　哈尔滨国际雪雕比赛历届获奖情况 ………… 261

后　记 ……………………………………………………… 267

绪 论

近年来，每到冬季，到黑龙江观冰灯、赏雪雕、滑雪，进行冰雪旅游，已经成为人们出行观光的最佳选择之一。历经 50 余年的创新发展，智慧的黑龙江人赋予冰雪以文化、以生命，用曾经被视为劣势的冰雪资源打造成集冰雪雕塑、冰雪娱乐、冰雪经贸、冰雪文艺、冰雪体育、冰雪旅游于一体的冰雪文化产业链，影响远及国内外。进入 21 世纪，世界经济、文化发生了巨大变化，面临多元竞争的今天，研究冰雪文化产业的崛起与发展，是一件很有意义的事情。

冰雪是大自然给予北方人的馈赠。然而，由于它和严寒相伴，其功用一直不为人所识。虽然在古代就有冰灯出现，但无论是喂马、捕鱼时用于照明，还是年节时用于观赏，都是民间数量极少的个别制作。将冰灯和文化及产业相联系则是现代才有机会出现的事情。1963 年，时任哈尔滨市委书记的任仲夷在香坊检查工作，从一个居民用水桶做的冰灯受到启发，创办了中国大地上第一个大规模的、有组织的冰灯游园会，从而彻底改变了冰雪在人们头脑中的固有形象和概念，开创了冰雪文化的新纪元。

冰雪文化产业的发展历程是一个不断创新的过程。起源于 1963 年的哈尔滨冰灯游园会，开始的时候是用盆、桶等简单器皿盛水，冷冻后做成冰罩，内点蜡烛，外涂广告色。第二届就发生了质的飞跃，用松花江的天然冰做材料，制作了 4 米高的工农兵群像、7 米高的红旗塔、20 米高的冰瀑布和珠穆朗玛峰等大型冰雕，光源也由传统的蜡烛变成现代的电灯。

改革开放以来，在思想解放的大潮中，冰灯的题材范围进一步扩大——古今中外的各式建筑、民间传说、著名人物、科学发现等大千世界存在的事物几乎无所不包，手法也更加多样，短短几年，就发展成为集园林、建筑、雕塑和绘画于一体的新兴艺术形式，同时辅以声、光、电等现代科技手段，创造出如梦如幻、绚丽多彩的神奇世界。白天晶莹剔透，晚上流光溢彩、璀璨斑斓，且年年出新，年年不同，被称为"永不重复的童话"、世界艺术园林中的一朵奇葩，受到国内外游人的高度赞赏。

在此基础上，富有创新精神的哈尔滨人又将冰雪文化推向一个新的高峰——哈尔滨市政府决定，从1985年起，将每年的1月5日确定为哈尔滨冰雪节。在这个全国第一个以冰雪活动为内容的地方性节日中，汇集了有关冰雪的所有活动，精雕细刻的冰雪景观，红红火火的冰雪节经贸洽谈，精彩纷呈的冰雪娱乐，纯洁浪漫的冰上婚礼，潇洒刺激的冬泳、冰球、滑冰、滑雪、雪地足球、冰雪汽车拉力赛，还有极富文化内涵的冰雪电影节、冰雪书画展、冰雪摄影展、冰雪节图书展等，展示了哈尔滨人的精神风貌和社会发展进程，吸引了国内外的游人。哈尔滨冰雪节目前已经成为与日本札幌雪节、加拿大魁北克冬季狂欢节、挪威奥斯陆滑雪节等并称的世界四大冰雪节之一。哈尔滨冰雪节的巨大影响极大地促进了全国冰雪文化的发展，吉林、辽宁、新疆、四川，甚至深圳、杭州等地也都先后办起了冰雪节，几年内，冰雪节庆已达80余个。

就在兆麟公园冰灯（图1）和哈尔滨冰雪节闻名遐迩、享誉世界之际，一个开创性的冰雪活动又在美丽的太阳岛出现。虽然早在1963年的首届冰灯游园会中就有背驮七层宝塔的雪象问世，但在很长时间内并没有得到关注。1988年，为改变太阳岛冬季"半年闲"的状况，太阳岛管理处领导带领员工，在太阳湖上，用铁锹、钢铲堆起了《北极熊》《老寿星》《狮身人面像》等近20个雪雕作品，改变了冰雪节有冰无雪的状况。1989年1月举办的我国第一个雪雕比赛——哈尔滨首届群众雪雕比赛，吸引了全市41个代表队的120余名选手。他们在巨大的雪坯上挥刀舞铲，精雕细刻，正式拉开了中国雪雕艺术创作的序幕。白天看雪，晚上看灯，使国内外来哈尔滨旅游的人们行程更加充实、丰富与多彩。1991年，第一台造雪机的购入，结束了只能等天下雪的历史，使雪雕艺术进入新的发展时期。人造雪光

图1 冰雕《索菲亚教堂》1999年获上海大世界基尼斯之最（王景富摄）

图 2　哈尔滨太阳岛雪博会 2013 年主雕塑《梦海欢歌》(江虹摄)

洁、坚硬，可塑性强，视觉效果好。首次用人造雪雕塑的《遥远的松花江》受到交口称赞，哈尔滨雪雕艺术也由此进入一个新的历史阶段。随着时间的推移，太阳岛国际雪雕艺术博览会不断增添新的项目，大型雪雕《万马奔腾》《悠悠牧羊曲》《尼亚加拉风光》《浪漫风情》《梦海欢歌》（图 2）、《绽放》《冰雪之冠》《雪颂冬奥》等，都高大雄伟、气势磅礴，如碧似玉，雅致高洁，充分地展现了雪的神奇与魅力。

1999 年，哈尔滨以冰雪文化及地域特色被国家旅游局和中央电视台选为举办世纪庆典的十大城市之一和唯一与国家旅游局联合举办神州世纪游首游式的城市。面对这千载难逢的大好机遇，富有创新精神的哈尔滨市政府又在松花江上建造了一座集冰雪观赏与冰雪娱乐于一体的世界最大、冰雪活动项目最多的冰雪乐园——哈尔滨松花江冰雪大世界（图 3），第二届更名为哈尔滨冰雪大世界。

哈尔滨冰雪大世界是主题公园，每年都有一个富有时代特点的主题，如"盛世中华腾飞龙

图 3　哈尔滨冰雪大世界被文化部确定为"首批文化产业示范基地"
（江虹摄）

图4 飞驰的滑雪者（王东海提供）

江""走进新时代""世界中国年""缤纷冰雪大世界""中俄友好，冰雪情深""中韩友好冰世界""冰雪世界，奥运梦想""冰雪大世界喜迎大冬会""冰筑丝路·雪耀龙疆""冰雪百花园，奇幻大世界"等都画龙点睛地点出了每届的特点。世纪坛、冰花塔、三峡大坝、友谊塔等都曾创造新的纪录。冰雪大世界还率先实现了冰雪景观的市场化运作，经历了第一届由哈尔滨市人民政府主办，第二届、第三届由市建委与马迭尔集团共同承办之后，从第四届开始由马迭尔集团独立投资经营，为冰雪文化产业化开创了新局面。

黑龙江省旅游局对滑雪产业的开拓更是为冰雪文化产业的发展提供了无比广阔的天地。1996年，第三届亚洲冬季运动会的举办，使亚布力滑雪场为世人所知，很快掀起了大众滑雪的热潮（图4）。1998年举办的首届中国黑龙江国际滑雪节，创造了三个全国第一：中国第一个国际性滑雪节、第一个滑雪旅游专业委员会和第一个滑雪俱乐部。

2001年，国际滑雪产业合作论坛暨第四届中国黑龙江国际滑雪节在哈尔滨举办，这是中国滑雪产业与世界滑雪产业的第一次高端对接，这次活动由联合国工业发展组织，国家旅游局、国家体育总局、黑龙江省人民政府共同主办，意义非凡。来自联合国开发计划署、世界旅游组织、国际滑雪协会、世界各滑雪资源国的官方和非官方机构代表参会，旅游界、滑雪界、企业界人士带来了全新的滑雪产业理念、管理规则和质量标准。同时，也让世界了解了黑龙江滑雪，树立起黑龙江良好的国际形象，使黑龙江驶上了国际化的快车道。"黑龙江——21世纪中国滑雪旅游胜地""酷省龙江，滑雪天堂""雪之声，让世界一起聆听"等主题活动的相继开展，使黑龙江世界滑雪胜地和中国滑雪产业领头羊的地位逐步得到确认。短短几年，黑龙江的滑雪场就由刚开始的三四家，发展到现在的百余家，既拥有亚布力滑雪场、帽儿山滑雪场、二龙山龙珠滑雪场等能承办国际赛事的专业滑雪场，也有玉泉滑雪场、名都滑雪场、吉华滑雪场、大兴安岭映山红滑雪场等独具魅力的个性化滑雪场。先后成功地举办了"第三届亚洲冬季运动会""国际雪联自由式滑雪空中技巧世界杯""第二十四届世界大学生冬季运动会"。大众滑雪比赛更是风起云涌，花样繁多，如"亚布力国际滑雪邀请赛""全国大众高山滑雪比赛""家庭滑雪比赛""大学生滑雪比赛"等。客源地由开始的北京、广州、香港、澳门发展到后来的覆盖全世界近100个国家和地区。继1998年成立企鹅滑雪俱乐部以来，已经发展到60余个滑雪俱乐部，各国的驻华使节还成立了专门的大使滑雪俱乐部。滑雪人数由首届滑雪节的30余万人次，发展到最多时的每年几百万人次。

冰雪娱乐更是极具魅力。北方人从事冰雪体育活动具有得天独厚的自然条件和悠久的历史，在冰天雪地中到户外强身健体是他们独有的乐趣。改革开放之后，由于有关部门的大力提倡和组织，冰雪娱乐具有了前所未有的巨大发展，以"百万青少年上冰雪"活动为代表的群众性冰雪体育活动已经名扬全国。2005年开始的"全民上冰雪"活动更是红红火火，给市民带来了无穷的乐趣。

北方人天生不怕冷，每当冬季来临，尤其是大雪飘飞之时，热爱冰雪的人们纷纷走出家门，投身到各种各样的冰雪运动之中，从传统的滑冰、冰球、冰爬犁、抽冰尜，到现代的冰上保龄球、冰上自行车、冰上卡丁车、滑雪圈、攀冰岩，还有激烈、刺激的冰上足球、冰上摩托、冰雪汽车拉力赛等，精彩纷呈。有的团体、社区还举办了冰雪运动会、冰雪嘉年华、"雪地英雄""冰雪乐翻天"等活动。在冰天雪地中，北方人投身冰雪运动、尽享冰雪乐趣的矫健身影，成为中国大地上一道独具魅力的风景线，它生动地展现了北方人勇敢、坚毅、强悍、豪迈、浪漫的天性和活力。

然而最为令人自豪的还是冰雪竞技体育。冰雪健儿们创造了多个世界第一。在20世纪60年代，还只有罗致焕、王金玉等为数不多的代表性人物，20世纪八九十年代之后，则出现了群星璀璨、众多冬季项目连获冰雪体育运动世界冠军的喜人景象，令全世界刮目相看。

继1985年展焕丽、张述宾分别获得我国第一枚世界大学生冬季运动会短道速滑金牌和世界大学生冬季运动会花样滑冰男子单人滑金牌，1990年王秀丽获得我国第一枚世界锦标赛速度滑冰金牌之后，杨扬（图5）在2002年举办的第十九届冬奥会上，力挫群雄，一举夺得了短道速滑女子500米、1000米两枚金牌，实现了中国冬奥会金牌零的突破，圆了中国几代人的冬奥冠军梦。2006年，韩晓鹏又在都灵冬奥会上夺得我国第一枚自

图5 杨扬——我国冬奥会首枚金牌获得者
（黑龙江省体育局提供）

由式滑雪男子空中技巧金牌，实现了冰与雪冬奥金牌的比翼齐飞。冰壶在欧洲已有几百年历史。由哈尔滨姑娘组成的女子冰壶队虽然刚刚组队几年，就过关斩将，连创佳绩。2009年2月，在第二十四届世界大学生冬季运动会上夺得冠军，又在同年3月举办的世界女子冰壶锦标赛中战胜都灵冬奥会冠军瑞典队，喜获金牌，填补了中国在世界综合性冬季运动会集体项目金牌的空白。2010年2月，申雪、赵宏博历经18年的坚韧拼搏，在温哥华冬奥会上，夺得了我国第一枚花样滑冰冬奥会金牌。同是这届冬奥会，短道速滑名将王濛一人拿到3枚冬奥会金牌。2014年2月，在俄罗斯索契举办的第二十二届冬季奥运会上，张虹不畏强手，力战群雄，获得中国在冬奥会历史上的第一枚速度滑冰金牌，再次实现了历史性的新突破。令人欣喜的是，速滑小将范可新2011年在英国谢菲尔德举办的短道速滑单项世界锦标赛上以17岁的年龄获得女子500米金牌后，在索契冬奥会上又夺取了银牌。2018年，在平昌冬奥会上，武大靖又以压倒性优势为中国队夺得一枚宝贵的金牌。

在中国获得的13枚冬奥会金牌中，黑龙江籍运动员独获9枚。被称为"冠军之乡"的七台河市领导说，对外地人来说，杨扬等运动员"只是提升七台河国际影响力和品牌效应的一张名片。然而，对于七台河这座资源型城市来说，他们却是一种精神力量"[①]。对于黑龙江而言，亦是如此。挑战极限、敢为天下先的精神是北方人战胜困难、创造佳绩的力量和动力源泉。

独具魅力的黑龙江冰雪活动吸引着国内外的游人，自2001年开始，连续几年超过三亚，成为冬季旅游热点城市。冰雪旅游的发展促进了交通、住宿、餐饮的发展。每到冬季，黑龙江的酒店、宾馆都是"一床难求"，提升了冰雪文化的附加值。2008年1月1日至10日，哈尔滨冰雪旅

---

① 邹大鹏：《冰上冠军摇篮》，新华网2008年12月24日。

绪　论

游总收入就达11.4亿元。2009年，在世界金融危机导致国内旅游业普遍遇冷的情况下，黑龙江的冰雪旅游仍然魅力不减，继续保持旺盛的势头。

令游人感兴趣的是，在观赏冰雪美景的同时，还可以在冰城做生意，进行经贸洽谈，参加高端经济论坛，享受冰雪美景和经贸收获带来的双重喜悦。自1986年开始的哈尔滨国际冰雪节经贸洽谈活动（图6），由小到大，由业余到专业，由地方到全国、全世界，逐步发展起来。30多年来，伴随着冰雪节应运而生的冰雪经贸交易洽谈会，已经由最初的推广地方产品发展成为中外客商展示产品、洽谈合作的经贸平台，交易内容也由最初的机电、工业制品发展为现在的航空航天、生物制药、节能改造、智慧城市建设等方面产品，总成交额达千余亿元。广泛的经贸交流还促进了黑龙江人观念的改变，带动了工业产业结构升级和农业产业结构调整与优化。

冰雪文化产业的迅速崛起得益于国际化、市场化的发展方式。富有开放传统的哈尔滨在举办第一届冰雪节时，就诚邀各国驻华大使和国际组织代表参加，1987年开始的哈尔滨国际冰雕比赛和1996年开始的哈尔滨国际雪雕比赛，吸引了世界各国顶级的冰雪艺术家前来展示他们的冰雪梦想。进入21世纪，随着我国加入世界贸易组织，黑龙江省冰雪文化产业的国际化进入全方位的发展状态。

首先是2001年哈尔滨市将冰雪节提升为国际冰雪节。与此相应，冰雪景区率先和国际接轨。2005年，改造后的太阳岛雪博会和日本合作打造了"东瀛掠影"冰雪景区，之后，又以"枫叶红了的时候""走进太阳岛·共享绚丽芬兰""风情法兰西·相约哈尔滨"等为主题，与加拿大、芬兰、法国等国家合作。被称为中国冰灯艺术发源地的兆麟公园，在举办第三十五届冰灯游园会时，也以开放的姿态，迈出了国际化的步伐，与世界娱乐巨头迪士尼公司合作，举办了"哈尔滨迪士尼冰雪游园会"。哈尔滨冰雪大世界刚一创建就被选入由中央电视台向全世界播放的千年庆典。2007年，马迭尔集团与韩国艾斯欧公

图6　寒博会上的外宾（江虹摄）

司合作，共同建设和承办了第八届冰雪大世界。集天下美景、展龙江大地神韵的冰雪大世界景观，以新、奇、美的独有魅力吸引了大洋彼岸的目光。2010年，美国五洲电视台和哈尔滨冰雪大世界联合举办了以"五洲同唱一首歌"为主题的第二十六届中国·哈尔滨国际冰雪节开幕式文艺晚会，世界著名的歌星、影星和国内著名演员同台讴歌冰雪的纯洁与坚韧。开幕式结束，中美两国电视台同时播放演出盛况，在美国以每天两次的频率连续播出20天，实现了真正意义上的国际化传播。2017年，由哈尔滨发起，有国内外34个城市响应的世界城市冰雪旅游组织筹建大会在冰城召开。

中国黑龙江国际滑雪节也凸显出极强的国际性特色。举办第一届时就邀请了美国、加拿大、瑞士、英国等国家的旅游官员与实业界人士参加。黑龙江滑雪产业的蓬勃发展引起了世界的瞩目。2001年举办的国际滑雪产业合作论坛暨第四届中国黑龙江国际滑雪节，以"中国与国际滑雪产业的可持续发展与规范、机遇与挑战、合作与交流"为主题，进行了全方位的探讨。在第九届滑雪节中，黑龙江响亮地提出了打造"中国滑雪旅游胜地""世界冰雪旅游名都"的口号，第十届滑雪节时则更上一层楼，确定了"国际滑雪旅游胜地"和"世界冰雪旅游名都"的"双国际"目标。为了扩大影响，2008年，黑龙江省旅游局发起成立了"国际滑雪旅游区域联盟"，俄罗斯、韩国率先加入。2009年，又联合俄罗斯、韩国、罗马尼亚、捷克斯洛伐克、芬兰、克罗地亚等国发起"世界冰雪价值年"活动，倡导生态、环保的滑雪旅游理念，将富有生机与活力的中国滑雪产业推向更为广阔的世界舞台，并在其中发挥领头羊的作用，同时也使"北国风光，美在黑龙江""国际滑雪旅游胜地""世界冰雪旅游名都"的品牌形象具有了更为广泛的影响。

每到冬季，国际性的冰雪经贸、冰雪文化、冰雪体育活动更是精彩纷呈，亮点频出。国际冬泳比赛、国际冰球邀请赛、国际冰雪汽车拉力赛等冰雪体育赛事吸引了世界各地的冰雪健儿前往冰雪胜地展示他们的坚强、豪迈、活力与潇洒。自2003年开始的"哈尔滨国际冰雪之约"架起了哈尔滨与世界各国人民增进友谊、共谋发展的桥梁，仅在当年就有来自世界各国的驻华使节、国际组织代表团、友好城市及海外商务代表团等方面的300余位外国嘉宾来到冰城。之后，"国际友好城市交流合作论坛""国际投融资与企业发展高峰会""中国·哈尔滨国际经济与企业发展论坛"等高端峰会、论坛也都选择在冰城召开。2010年，第二十六届冰雪节首次与有"欧元之父"之称的罗伯特·蒙代尔合作举办的"哈尔滨蒙代尔经济发展论坛"更是吸引了国内外商界、政界的精英莅临。这些活动的举办加强了交流，开阔了视野，活跃了经济。而国际性文化活动，冰雪电影节、国际冰雪摄影展的举办和俄罗斯冰上舞蹈、欧洲红磨坊的演出则给冰天雪地的冰城增添了浪漫的色彩。2011年，闻名遐迩、时尚浪漫的哈尔滨冰雪集体婚礼也正式更名为"中国·哈尔滨全球冰雪婚礼暨中国·哈尔滨第二十七届国际冰雪集体婚礼"，至2018年，哈尔滨已经举办了34届冰雪集体婚礼，共计有来自全国40余个城市和俄罗斯、美国、德国、加拿大、澳大利亚、英国、埃及、越南、乌克兰等世界各地的1123对恋人，以纯洁的冰雪作为见证，携手走进了婚姻的殿堂或庆祝婚姻中值得纪念的美好时刻。

　　冰雪文化产业的管理方式也紧随时代的大潮升级换代。冰灯游园会最初是由政府投资与主办，随着改革开放的发展和市场经济与企业观念的深入，冰雪活动经历了由"冰雪搭台、经贸唱戏"到"主题经济化、目标国际化、经营商业化、活动群众化"的演变，开始了"政府主导、市场运作、企业经营"的产业化历程。

　　冰雪景观建设的市场化运作，以冰雪广告为开端拉开序幕，开始了兆麟公园冰灯游园会、太阳岛雪博会的机制改革。从冰雪大世界的独资经营，到集建筑、机械、配套钢结构及旅游产业于一体的民营股份制企业——哈尔滨东建集团对伏尔加庄园冰雪游乐园的投资建设，完成了冰雪景观建设的产业化历程。

　　相较于冰雪景观园区渐进式的市场化，滑雪场的市场化则是一步到位。1996年，借举办第三届亚洲冬季运动会之机，北京中期集团投资兴建了亚布力滑雪场。1999年，龙珠集团投资2.8亿元开发了龙珠二龙山滑雪场，2004年投资建成黑河远东国际滑雪场。同时，还有华天集团等企业也都投资滑雪场建设。黑龙江滑雪产业有70%以上是民营和个体企业投资。随着冰雪旅游市场机制的日益成熟和多元投入、开放开发、联合开发政策的实施，雅旺达、新濠集团等外企也投巨资加入亚布力滑雪场酒店和国际传播中心的建设。黑龙江冰雪文化产业之所以能够由小到大，名扬世界，很重要的一点是，它在不断创新的同时坚持了"政府主导、社会参与、市场化运作"的机制。

　　品牌是产业成熟的标志。国际化的定位和市场化的运作方式，使黑龙

图7 中国雪乡被农业部、住建部、国家旅游局评为"中国十大最美乡村"
（杜宇摄）

江冰雪文化产业形成了系列冰雪文化品牌。例如，以中国·哈尔滨国际冰雪节、中国黑龙江国际滑雪节、齐齐哈尔关东文化旅游节、佳木斯三江国际泼雪节、牡丹江雪城旅游文化节、大庆雪地温泉节、伊春小兴安岭雾凇节、中国漠河冬至文化节、中国雪乡（图7）旅游节等为代表的冰雪节庆品牌。以哈尔滨兆麟公园冰灯游园会、太阳岛国际雪雕艺术博览会、哈尔滨冰雪大世界、伏尔加庄园、北大荒冰雪游乐园、万达冰雪游乐园等为代表的冰雪景观品牌。以冰雪音乐、冰雪舞蹈、冰上杂技（图8）、冰雪山水画（图9）、冰雪影视、冰雪广告、冰雪动漫等为代表的冰雪文艺品牌。还有集冰雪竞技与冰雪游乐于一体的冰雪运动品牌，集冰雪科技与冰雪经

图8 冰上杂技（黑龙江省杂技团提供）

图9 于志学冰雪山水画《雪漫兴安》
（卢平提供）

绪 论

贸洽谈于一体的冰雪经贸品牌，集高端滑雪与大众个性滑雪于一体的滑雪品牌和集梦幻冰雪艺术游、壮丽冰雪风光游、激情滑雪度假游、神奇冰雪养生游等八大游于一体的冰雪旅游品牌，等等。这些冰雪品牌相辅相成，互相激发，互相促进，使冰雪文化产业品牌的规模不断扩大，蔚成声势，影响远及国内外。亮丽的冰灯作品，迄今为止已在包括北京、上海、天津、重庆四个直辖市在内的22个省、市、自治区及中国香港、台湾，还有亚洲、欧洲、非洲、大洋洲、南美洲、北美洲等30余个国家及地区的50多个城市展出。1990年在香港举办的冰雕展览，被称为"90年代第一春的盛事"。在台湾台北展出时，因观者众多，交通拥挤，只好出动直升机进行疏导。在美国沃兰市展出的开幕式上，第一次在这个城市上空升起五星红旗，响起中华人民共和国国歌，美国前国务卿基辛格博士还给冰雪代表团的每个成员都写了亲笔信。美国和黑龙江省文化艺术发展中心签订了长期冰雕展览（图10）合同。加拿大一个城市连续展出了10次。

"北国风光美在黑龙江"名不虚传，冰雪已经成为冰城酷省一张亮丽的名片。黑龙江的冰雪艺术自诞生以来，就不断地给世界以惊喜，并一直代表着中国乃至世界的最高水平。

赋冰雪以灵魂的冰灯在哈尔滨刚一问世，就向世界显示出独有的艺术魅力。它以北方司空见惯的冰做材料，创造出纯洁晶莹的建筑、人物、动物，在发展的过程中，又辅以声、光、电等现代科技手段，为其赋予了现代的灵光。

在此基础上发展起来的冰雪景观，创造了冰建筑、能弹奏的冰钢琴等多个世界第一。哈尔滨冰灯游园会的大型冰建筑《冰长城》《索菲亚教堂》，太阳岛雪博会的大型主塑《尼亚加拉风光》《浪漫风情》《歌声在这里响起》，佳木斯的泼雪节，伊春的《冰恐龙》（图11）、"打雪仗"，以冰雪世界中的最大、最高、最长或参与人数最多等

图10　在美国展出的黑龙江冰雕（柏伟摄）

11

图11 《冰恐龙》（付炳力摄）

而被载入"吉尼斯世界之最大全"或上海大世界基尼斯之最。

在国际性的冰雕、雪雕比赛中，黑龙江的冰雪艺术家也出手不凡，连连折桂。《飞天》《白雪少女》《阿福》《戏佛》《龙舟》《嫦娥奔月》等都喜获金奖。1988年，在日本九州举办的国际冰雕比赛中，中国队的《天女散花》同时荣获"北海道新闻社奖"和特别奖"吉房铁工奖"，中国成为参加此次比赛的11个国家和地区中唯一获双奖的国家。

进入21世纪，由于哈尔滨各大学对冰雪文化的重视，一大批优秀的青年冰雪雕塑家如雨后春笋般脱颖而出。他们不但在哈尔滨举办的国际冰雕比赛、国际雪雕比赛、世界大学生雪雕大赛中连连获奖，还远赴美国布利克里奇、意大利圣马帝诺、法国瓦卢瓦尔、加拿大魁北克、俄罗斯克拉斯诺亚尔斯克等地参加国际雪雕比赛，并且斩金获银。2011年，哈尔滨工程大学的《生命·爱情·战争》（图12）在意大利圣马蒂诺国际雪雕比赛中获得冠军。2013年，哈尔滨工业大学华德应用技术学院的《圣诞快乐》在意大利伊尼琴比赛中获得金奖，哈尔滨理工大学的《蜘蛛》在第十届加拿大杯怀特霍斯雪雕比赛中获得最佳技巧奖。

冰雪文化产业的开发和品牌的形成，给黑龙江带来了巨大的影响和殊荣。继2004年11月哈尔滨冰雪大世界被国家文化部确定为"首批文化产业示范基地"之后，黑龙江冰尚杂技舞蹈演艺制作有限公司和太阳岛风景区资产经营有限公司也分别以创新冰上杂技和连续举办22届雪雕艺术博览会而入选第四批"国家文化产业示范基地"。黑龙江省文化艺术发展中心的黑龙江冰雕和黑龙江省冰上杂技舞蹈团的大型原创冰上杂技《北极光》分别在2007年和2009年被国家文化部评为优秀出口文化产品和服务项目。2006年，冰雪大世界荣获世界华商协会授予的"文

图12 《生命·爱情·战争》在意大利圣马蒂诺国际雪雕比赛中获得冠军（张宇提供）

化艺术特殊贡献奖"。

　　冰灯发源地哈尔滨在国内外的旅游城市评选中更是经常榜上有名。1996年，哈尔滨冰雪节跻身国家旅游局评选的中国旅游年"五绝、五奇、五美、二十胜"。2007年3月，哈尔滨入选"中国十佳宜游城市"。2007年12月，在第三届中国节庆产业年会上，哈尔滨国际冰雪节被评为"中国节庆产业十大影响力节庆"，哈尔滨市同时被评为"中国十大节庆城市"。2009年，在由亚洲财富论坛、中国城市经济学会等单位主办的"第四届（2008）中国节庆产业年会"上，第二十五届中国·哈尔滨国际冰雪节荣膺"2008年度中国十大自然生态美节庆奖"。2010年，在用43种语言向全球展示推荐，30余家境外媒体参与报道，500多万境外网民投票的"2010年中国城市榜——全球网民推荐的中国旅游城市"网络评选活动中，哈尔滨入选中国十大旅游城市，并以最高票数位居榜首。2017年，在国家权威部门中国旅游研究院（国家旅游局数据中心）发布的《中国冰雪旅游发展报告》中，哈尔滨又以最高分荣登"中国十佳冰雪旅游城市"第一名，中国·哈尔滨国际冰雪节同时荣获"中国十大最具影响力冰雪旅游节事"称号。

　　2010年，在举办第十三届中国黑龙江国际滑雪节期间，国际旅游联合会主席埃里克·杜吕克（图13）亲自来到哈尔滨，授予黑龙江省人民

图13　国际旅游联合会主席埃里克·杜吕克（右二）亲赴哈尔滨为黑龙江省人民政府、黑龙江省旅游局、哈尔滨市人民政府颁奖（黑龙江省旅游局提供）

政府"世界冰雪旅游卓越贡献奖"、黑龙江省旅游局"世界滑雪旅游杰出贡献奖"、哈尔滨市人民政府"世界冰雕艺术特殊荣誉奖"。国际旅游联合会主席亲自到现场颁奖,这在中国旅游史上还是第一次,他的高度肯定更是证明了黑龙江冰雪旅游在世界冰雪旅游中位于前列的事实,这一切必将毫无疑义地使黑龙江冰雪旅游载入中国与世界旅游的史册。

化冰雪为神奇的冰雪文化产业,由简单的民间冰灯发展到与现代科技相结合的冰雪文化产业系列,由计划经济的管理方式转变为市场经济的产业化运作和将地域文化转换为前卫时尚的现代产业形态的过程,也是文化、审美、管理由传统向现代全方位过渡的过程,充分地证明了以创新的精神开掘地域资源,并在文化产品的开发中赋予其具有现代意识的地方文化意蕴与民族精神,从而参与当代经济文化的竞争,不但是可能的,而且是成功的,为我们国家变文化资源大国为产业优势大国,并在思想文化相互激荡的当代挺立于潮头,提供了具有现实意义的借鉴。

第一章 冰雪文化产业崛起的历史机遇

起始于哈尔滨冰灯的冰雪文化产业是在改革开放大潮中乘势发展起来的。

1978年12月，党的十一届三中全会胜利召开，摈弃了以"阶级斗争为纲"的思想路线，将工作的重点转移到发展经济和满足人民群众的物质文化需求上来。思想的解放与生活水平的提高，使广大人民群众有余暇和闲钱进行文化消费。自古以来我国人民就有游览名山大川的传统，国家采取多项举措对旅游的促进，更为现代人旅游提供了大好的契机。在游览了许多名胜古迹与现代都市之后，冰雪世界成为众多游人的向往。

由于对外开放、对内搞活政策的实施，市场经济的发展和国内消费需求的变化也促使经济结构发生巨大的改变。作为国家传统老工业基地的黑龙江，在新的形势下需要寻找新的经济增长点，在改革开放中日益受到欢迎的冰雪旅游就理所当然地进入了人们的视野。

正当黑龙江省以积极开放的精神，寻找新的经济增长点之际，被称为"朝阳产业"的文化产业在国内外赫然崛起，党和国家对文化产业也非常重视，从2000年被写进中央文件，到2009年国务院出台《文化产业振兴规划》，使文化产业进入了国家战略的层面。欣逢前所未有的历史机遇，冰雪文化产业顺势而起，不断发展壮大，名扬中外。

第一节 改革开放后求新求异的审美需求

冰雪文化产业起自1963年哈尔滨兆麟公园冰灯游园会的举办，但真正蔚成声势、形成规模庞大的产业，还是在1979年之后，是改革开放给冰雪文化产业的形成、发展、壮大提供了前所未有的历史机遇。

党的十一届三中全会决定将全党全国的工作重点转移到以经济建设为中心，实行对内搞活、对外开放，使我们的社会生活发生了巨大变化，经济获得了极大的发展，广大人民群众的生活水平有了很大的提高，逐渐摆脱贫困的人们有了余钱来进行温饱之外的其他消费。

改革开放不仅使广大人民群众的物质生活水平得到了极大的提高，而且使人们在思想上获得了极大的解放，消费观念也产生了巨大变化。

"文化大革命"前，由于单纯强调生产资料优先增长，再加上片面宣传"大公无私"等口号，否定人的正常消费需求的合理性，把正当的文化消费需求当作资产阶级生活方式来批判，忽视了社会主义生产的目的是满足广大人民群众日益增长的物质文化需要。同时，由于人们的收入水平普遍低下，消费支出绝大部分仅够用于基本生活需求，因此，生活单调乏味是普遍的社会现象，人们不注重，不敢注重，也没有能力注重其他消费，只能满足于吃饱穿暖的简单生活方式。

改革开放之后，我们国家由计划经济转为市场经济，极大地解放了社会生产力，物质也极大丰富。人民由于生活水平的不断提高，消费观念也发生了深刻的变化。党的十一届三中全会承认人们不断增长的物质文化需求的合理性，人们也敢于心情舒畅、理直气壮地消费了。特别是20世纪90年代实行双休日之后，人们不但有余钱，而且有余暇进行消费。因此，久被压抑的消费冲动不可遏制地被释放出来，犹如巨大的冲击波，以强大的扩张力向外扩散。

伴随着改革开放，国外的生活方式、消费方式和消费观念也相继传入我国，给人们以巨大影响。因此，在物质生活水平极大提高之后，对生活质量与文化消费的要求也更高，更丰富，更多样，更有个性。长期生活在城市的人们，在紧张的工作之余，渴望有一段彻底的放松时间，虽然卡拉OK、保龄球馆、游泳馆、健身房等也曾给人们带来一定程度的休闲和放松，但仍然摆脱不了城市的喧嚣、繁杂和人工雕琢的模式，于是，开阔视野、转换生活空间的旅游就成为人们的首选（图1-1、图1-2）。

我国素有游览名山大川的传统，很多名人都留下了流传千古的名篇佳句。唐代是中国古代文化发展最为辉煌灿烂的历史时期。作为中国文化瑰宝的唐诗，其中很多脍炙人口的经典名篇就是诗人在遍游祖国大江南北、饱览各处名山大川之后，有感而发，激情挥毫写就的。风景名胜又因这些作品而熠熠生辉，流芳百世。当然，只有到了现代，旅游走进人们的生活

图 1-1　黑龙江雪景（杜宇摄）　　　　图 1-2　夜晚的雪雕（江虹摄）

后，才成为一种时尚，发展为一种产业。

　　改革开放之后，随着人们生活水平和文化需求的不断提高，旅游已成为当代人普遍追求的美好愿望，我国众多的名山大川、古迹名胜，都以其独特的魅力吸引着人们去观赏，去寻觅，去探幽。国家对于旅游业的开发则为现代人提供了实现理想的便利条件。

　　"文化大革命"前，接待入境旅游属于外事工作的一部分。1985年国务院批转了国家旅游局《关于当前旅游体制改革几个问题的报告》。1986年旅游业正式列入我国国民经济和社会发展计划。1990年正式启动了我国公民赴东南亚的出境旅游，颁布了《关于组织我国公民赴东南亚三国旅游的暂行管理办法》，从此我国旅游业囊括了国内旅游、入境旅游和出境旅游，开始全方位发展。1991年2月，国务院积极支持国家旅游局大力发展旅游的举措，批转了《关于加强旅游部门行业管理若干问题的请示》，在加强旅游行业管理的同时，提出建立旅行社集团的构想。1991年3月，李鹏总理在《政府工作报告》中将旅游业列为第三产业中重点发展的行业。1998年中央经济工作会议进一步把旅游业作为我国国民经济新的增长点。近年来，我国旅游业又有了更大的发展。2011年，国务院批准每年的5月19日为"中国旅游日"。2013年，第十二届全国人大常委会审议通过了我国第一部旅游方面的法律——《中华人民共和国旅游法》，同年国务院办公厅下发了《国民旅游休闲纲要（2013—2020年）》。所有这些都极大地促进了当代旅游业的更大发展。

　　出外旅游本来就是为了体验各地不同的文化。国外游客早就对古老的东方大国充满好奇，中国旅游业的兴起给很多对东方文化充满兴趣的人提供了机遇。具有五千年历史的文明古国，吸引他们不远万里来到中国。与此同时，改革开放之后，很多到中国经商、留学的外国人也加入到旅游行列。这些游客的到来给中国的文化消费带来巨大的影响。

20世纪80年代，一个充满时尚色彩的词语"酷"在青少年中出现之后，很快就以迅猛的速度在社会上流传开来，并广泛地渗透到人们的社会文化生活中，特别是审美领域。

"酷"是英文"cool"的汉语音译，起源于美国，原意为"冷"，后被引申为"无热情，不激动"。它以迥异于传统的审美方式，曾经风行一时，以至于有"酷天下"之称。"酷"经港台地区传入内地后，迅速取代了当时广泛流行的"潇洒"，以特立独行的个性姿态成为都市青年和现代生活追求者崇尚的时尚潮流，而以冰雪为独特资源的"酷"省黑龙江与其不期而遇（图1-3、图1-4）。

旅游是时代发展的产物，因时代的发展而不断变化。随着现代旅游的逐步发展，"旅游形式由传统的城市旅游和观光旅游向观光、度假、专项旅游多极化发展；旅游兴趣出现多样化，旅游行为个性化，人们的出游已不再是单纯的游山玩水，正在求新、求奇、求异、求健，对回归自然、返璞归真、健体强身的追求越来越强烈；地球气候的逐渐变暖，又使冰雪变成'稀罕物'，异质产生了巨大的旅游吸引力"[①]。

在国内也是这样，由于生活水平的不断提高，很多人已将旅游作为最

图1-3 冬日的松花江畔（杜宇摄）

---

① 姚寿鹏：《依托资源优势，开发拳头产品，把牡丹江建设成为滑雪旅游中心城市》，《世界滑雪产业合作论坛论文》2001年。

好的休闲度假方式。那些时尚的"先驱者"在经历了游览名山大川、观赏现代都市和寻觅文物古迹之后,必然将目光投向新的更为神奇的所在,那白雪皑皑、如梦如幻、纯洁晶莹、绚丽多彩的冰雪世界,就自然而然地成为求新求异者旅游生活的新驿站。

图1-4 镜泊湖冰瀑(杜宇摄)

第二节 经济结构调整中对新经济增长点的寻求

1979年4月,中共中央召开全国经济工作会议,重点研究讨论新形势下的经济发展问题,对"五五"计划指标作了较大幅度的调整,确定了"调整、改革、整顿、提高"的方针。这对于全国所有地区都具有纲举目张的作用,黑龙江省也不例外。

在第一个五年计划期间,国家集中财力、物力和人力,对工业和基础设施进行大规模的投资建设,使东北地区快速推进工业化进程,成为国家重要的工业基地。"这不仅迅速恢复了战争中遭到破坏的东北经济,改变了伪满殖民地时期以军事工业为主的结构,加速了技术更新,强化了基础原材料工业和机器制造业,而且通过指令性计划有效地保证了社会生产和人民生活的基本需要"[1]。

被称为"共和国的长子"的东北老工业基地,在社会主义建设的过程中发挥过重要作用,但"一个国家和地区在经过大规模的建设、完成初步工业化之后,不能继续走粗放式外延发展的路子。东北老工业基地在计划经济时期,集中力量进行了近30年的生产建设,但改革开放后原有以国有经济为主体的工业不能适应市场机制的变化,同时老工业基地的产业结

---

[1] 陈耀:《我国东北工业发展60年:回顾与展望》,《学习与探索》2009年第5期。

图 1-5　航空工业城（江虹摄）　　　图 1-6　金牛贺春（江虹摄）

构也趋于老化"[①]，产品品种与市场需求不相符的现象普遍存在。

在改革开放的大趋势下，传统计划经济体制基础十分牢固的东北地区也必须向市场经济体制转轨。具体的表现就是国家对东北三省的指令性计划调拨逐渐减少，与此同时，市场调节的比例不断扩大，因此黑龙江由计划经济向市场经济转轨已是一种必然的历史发展趋势。

在20世纪90年代，由于时代的发展和改革开放给社会生活带来了巨大的变化，人们的物质文化需求不断提高，对经济增长模式提出了新的要求。以重工业为主导的工业向轻工业转移，适应消费需求变化的新兴产业逐渐发展起来，第三产业也出现了较快的增长。

南方沿海地区由于计划经济的历史负担较轻，又得改革开放风气之先，因此，在短短几年内，轻工业很快发展起来。而作为老工业基地之一的黑龙江省由于深受计划经济影响，以及体制、机制的严重制约，传统重工业逐渐失去优势，适应消费需求的新兴工业又没有发展起来，因此，在由计划经济向市场经济转轨的过程中，一度出现了发展缓慢滞后，在全国地位下滑的现象。所有这些都促使黑龙江将经济结构的调整和对新的经济增长点的寻求作为重要问题来思考。

图 1-7　有朋自远方来（江虹摄）

正在此时，以冰灯为代

---

① 陈耀：《我国东北工业发展60年：回顾与展望》，《学习与探索》2009年第5期。

表的冰雪观赏（图 1-5、图 1-6、图 1-7）吸引了国内外越来越多的游人，于是冰雪文化产业的发展也就顺势而起。

第三节　国内外文化产业发展的激发

就在黑龙江传统产业逐渐失去优势，正在积极寻找新的经济增长点之际，一种高效能、低消耗的新兴产业——文化产业，以爆发式的增长态势在国内外崛起。

进入 21 世纪，由于经济全球化、文化一体化、知识经济时代的到来，很多发达国家把文化产业作为提升国家综合竞争力的国民经济支柱产业。美国作为世界第一文化产业大国，文化产业产值约占本国 GDP 的 1/4，出口额超过航空航天工业，成为第一出口创汇产业。英国提出创意经济的理念，并且在政策上给予强有力的支持。日本、韩国提出"文化立国"的发展战略，近年来快速发展的动漫产业、游戏产业已在全球占有相当大的份额。与此同时，德国、法国、澳大利亚、新加坡等国家也都采取措施，促进文化产业的发展，并且取得显著成效。正像联合国教科文组织在 1998 年提出的《文化政策促进发展行动计划》中指出的那样："无疑，未来世界的竞争也将是文化或文化生产力的竞争，文化将成为 21 世纪最核心的话题。"

在国内，领风气之先的广州、深圳、北京、上海等地在改革开放之后也捷足先登，对发展文化产业进行了尝试。党和政府更是敏锐地认识到发展文化产业的重要性，非常重视这一产业的发展，在"九五"期间召开的九届全国人大二次会议所作的《政府工作报告》和《国民经济和社会发展计划草案报告》中就指出，要"积极引导居民增加文化、娱乐、体育健身和旅游等消费，拓宽服务性消费领域""推进文化、体育、非义务教育和非基本医疗保健的产业化"。

1998 年，在声势浩大的政府"机构改革中，文化部在机构压缩、人员减少的情况下，新增了文化产业司，在此后各地文化主管部门机构改革中，不少地方也新设了文化产业职能部门"[①]，为文化产业的发展提供了组织保障。

1999年，文化部与上海交通大学为促进文化产业发展联合建设的国家文化产业创新与发展研究基地在上海交通大学浩然大厦正式成立。同年，文化产业研究院在北京大学揭牌诞生。

2000年，在十五届五中全会公布的《中共中央关于制定国民经济和社会发展第十个五年计划的建议》中，第一次把文化产业写进中央文件，明确指出要"完善文化产业政策，加强文化市场建设和管理，推动有关文化产业发展"，首次把文化产业发展问题放在国民经济和社会发展计划之中，标志着我国文化产业进入了新的历史时期。这一文件既高瞻远瞩、及时准确地把握了文化产业的发展趋向，又高屋建瓴地明确指出未来的发展方向，为全国文化产业的更大发展创造了前所未有的大好机遇。

2001年，我国的文化产业研究进入新的层面，有史以来第一部文化产业蓝皮书——《中国文化产业蓝皮书》昭然问世。2003年，"国家文化产业人才培养工程"首期高级研究班在上海交通大学开学。

另外，还举办了各种形式的文化产业研讨会、讲习班，如"21世纪中国文化产业论坛""首届海峡两岸文化产业发展论坛""亚欧文化产业和文化发展国际会议""全国文化产业工作研讨会"，等等。在其他各种文化会议上，文化产业也往往喧宾夺主，成为热门话题。一些直接或与文化产业相关的论述纷纷见诸报端，《中国文化产业评论》等专业性文化产业评论集也先后出版。

2006年，文化产业又进入一个新的发展时期。中央正式颁布了《国家"十一五"时期文化发展规划纲要》，国务院紧密配合，接连出台了很多与文化产业相关的方针、政策，构建了之后一个时期内发展文化产业的战略框架，同时从国家战略的角度充分体认了发展文化产业的必要性和长期性。所有这些都昭示着"中国文化产业已从局部的区域性发展阶段开始向国家发展战略层面跃迁，已从散点式的单向度推进开始向健全市场主体的体系化建设的阶段迈进"[②]。

2007年金秋十月召开的中国共产党第十七次全国代表大会上，第一次

[①] 孙若风：《"九五"文化产业的自觉时期》，《中国文化报》2000年11月1日。
[②] 本报编辑部：《文化产业的2006年断想》，《中国文化报》2007年1月5日。

图1-8　文化产业示范基地太阳岛卡通人物巡游（江虹摄）

将"文化软实力"的概念写进了党代会的报告之中，极具历史意义地提出了"文化产业占国民经济比重明显提高"的明确要求和增强我国"文化软实力"的战略目标，为文化产业的大发展、大繁荣提供了强大的精神动力。

2009年，国务院常务会议审议通过的中国首部《文化产业振兴规划》是一个划时代的里程碑式的文件。这一文件站在时代的高度，纵观国内外文化产业发展趋向，在总结现实、着眼未来的基础之上，首次从文化产业发展的指导思想、基本原则、规划目标、重点任务、政策措施、保障条件等方面进行了全面系统的综合阐述，明确了"文化产业已经成为我国国民经济体系中的一个先导性、战略性的产业"[①]，使文化产业的发展进入一个新的历史阶段。

2011年，党的十七届五中全会首次引人注目地将文化产业的目标定位为"推动文化产业成为国民经济的支柱性产业"，文化产业正式位列国家战略性支柱产业之中。

由于党和政府的大力提倡，以及国外文化产业创造的巨大效益和国内发达地区的先行引导，各省市党政领导都深为文化产业这一具有美好前景的朝阳产业所吸引，纷纷根据本地区的自然资源、历史资源、文化资源优势，制定规划，设置园区。一时间，文化产业园区（图1-8）风起云涌，

---

① 欧阳坚：《开启文化产业发展新纪元》，《中国文化报》2009年12月18日。

呈现出前所未有的发展热潮。在文化产业如潮奔涌、锐不可当的发展大趋势下，黑龙江冰雪文化产业顺应时代的潮流，以创新的精神不断做大做强，使过去单纯的冰灯游园逐渐发展成为集冰雪艺术、冰雪娱乐、冰雪体育、冰雪经贸、冰雪旅游于一体的冰雪文化产业链，成为名扬世界的亮丽品牌和黑龙江省国民经济发展中新的经济增长点。

第二章　冰雪文化产业的发展历程

文化产业（culture industry）的概念最早起自德国法兰克福学派的霍克海默和阿多诺合著的《启蒙辩证法》，可以译作"文化工业"，也可以译作"文化产业"。当时文化产业研究主要是对一些文化现象的社会批判。自20世纪八九十年代以来，文化产业以其巨大的能量在世界范围内呈现出爆发式发展，很多国家都将文化产业作为支柱产业优先发展。改革开放之后，我国的文化产业也有了巨大发展。

在文化产业的发展过程中，其概念也不断演变和丰富。1998年，联合国教科文组织的定义是：文化产业就是"按照工业标准，生产、再生产、储存以及分配文化产品和服务的一系列活动"。2003年9月，国家文化部制定的《文化部关于支持和促进文化产业发展的若干意见》认为，文化产业是"从事文化产品生产和提供文化服务的经营性行业……文化产业是社会生产力发展的必然产物，是随着中国社会主义市场经济的逐步完善和现代生产方式的不断进步而发展起来的新兴产业"。2004年，国家统计局在《文化及相关产业分类》中，又把文化产业界定为"为社会公众提供文化、娱乐产品和服务的活动，以及与这些活动有关联的活动的集合"。

虽然文化产业早有明确的定义，但由于地理、历史与文化传统不同，每个国家与地区都有不同的发展道路，而这独特的发展历程又给其他地区的文化产业的多元发展、更大发展以深刻的启示与借鉴。

"冰雪文化"一词起自于哈尔滨，流行于20世纪八九十年代。所有的事物都是先有实践，后有称谓，冰雪文化的起源可以追溯到人类出现的时候。冰雪文化是一种世界性的寒地区域文化。人类在刚一诞生时，为了生存就开始了同冰雪的搏斗。最初是利用工具在雪上滑行和用冰雪筑屋等，后来随着生产力的提高，逐渐将日常生活的实用转为冰雪娱乐。从18世纪开始，欧洲首先将滑雪、滑冰等分离成单独的冰雪体育项目。随后，一些与冰雪相关的娱乐方式在世界各地有冰雪的区域不断扩展，目前已经成为集多种冰雪文化形式于一体的现代时尚消费形式。广义的冰雪文化是指人类在冰雪环境中从事社会实践所创造的物质与精神文化总和。狭义的冰雪文化则专指冰雪艺术、冰雪娱乐等冰雪文化活动。以冰雪文化为内容从事有偿服务的生产经营行为及相关链条的集合则为冰雪文化产业。

与国内外其他地区文化产业不同，黑龙江省冰雪文化产业不是先有规划地设立园区，而是领导者在社会实践中，以炽热的爱民情怀、文化上的高度自觉，在素来被认为没有价值的自然资源——冰雪中发现富有酵母性质的文化基因，然后赋予冰雪以生命和灵魂，这种从独特的地域资源中挖掘出来的富有深厚文化底蕴的产业，唤起本地人民的巨大共鸣，也深深地吸引了广大的游人和企业。在经历了冰灯游园会、雪博会、冰雪节的举办及滑雪的兴起之后，1999年，集冰雪观赏与冰雪娱乐于一体的冰雪大世界又在松花江畔落成，并被国家文化部确定为"首批文化产业示范基地"，昭示着从国家层面对于冰雪产业作为文化产业的正式确认。

第一节　冰灯的缘起——丰富市民冬季文化生活

1963年的元宵节，正当神州大地仍然沉浸在传统的赏花灯、放河灯、舞龙灯的热闹氛围之际，在地冻天寒、银装素裹的北国冰城哈尔滨出现了一个风行全国、名扬世界的奇迹。哈尔滨人在以往冬日寂寞的兆麟公园，创造了一个纯洁晶莹、绚丽多彩的神奇世界，举办了有史以来第一个以冰灯为主要内容的游园会。

国内外的人们在惊喜之余，也好奇于素被称为蛮荒之地的北国为什么会绽放出这样一朵奇葩。实际上，略一追溯就可以发现，这一看似突然出现的冰雪之花实际蕴藏着深厚的政治、历史和文化积淀。哈尔滨所在的黑龙江省地处北纬40度以上，是中国最北面、最冷的一个省份，每年冬季冰封大地，白雪皑皑。在这寒冷的北国，自古居住着十多个强悍、奔放、无拘无束的少数民族，清代流人和"龙兴之地"开禁后闯关东者的来临又带来了中原地区传统文化中的雄健。始建于1898年的中东铁路建成后，多国侨民涌入哈尔滨。他们带来的滑冰、滑雪、交响乐、芭蕾舞和现代时尚的审美追求给这个城市以深深的影响。

中华人民共和国成立后,在国家大力发展体育运动的潮流中,这个热爱冰雪的城市开展了众多冰雪比赛,为其增添了活力。所有这些都孕育着在一个适当的时机出现美丽的爆发。

奇迹的出现缘起于这座城市当时的领导者那拳拳爱民之心和由此而萌发的对于他们的精神需求与文化需求的关注。那是20世纪60年代的一个冬天,时任哈尔滨市委第一书记的任仲夷在广州参加全国工业工作会议。当他置身于南国羊城的花团锦簇、郁郁葱葱之中时,想到了远在祖国北疆的哈尔滨早已是冰封大地,人们的生活单调而枯燥。当时正值困难时期,人们本就物质生活贫乏,如何才能使他们的文化生活丰富一些,并以此振奋精神呢?这成为时时萦绕在他心头的一个问题。

1963年2月1日,任仲夷和市长吕其恩去香坊区检查自由市场的春节供应时,偶然看到一个居民用"喂得罗"(水桶)冻了两盏冰灯摆在门前,晶莹漂亮又喜庆,很受启发。一个大胆的设想蓦然出现在任仲夷的脑海中——在兆麟公园冻些冰灯,让"猫冬"的市民都出来看看,既能丰富群众的文化生活,又能改变公园"半年闲"的状况。

任仲夷(图2-1)的想法得到了吕其恩、林肖侠等市委领导的赞同与支持。他们先是在自己家搞起试验,用桶、盆等能找到的容器装上自来水,然后冷冻。为了美观,有的还掺上了红色、蓝色的墨水,冻成了数盏彩色冰灯摆在自家的阳台上。纯洁晶莹的冰灯带来的美感坚定了领导们的决心,他们找来了主管副市长和市建设局的领导,讲解冰灯的冻制方法,交代布置了展出冰灯的任务。

在召开了别开生面的小型现场会之后,市园林处立即将所属的八九百名职工调入兆麟公园,用桶、盆、白铁焊的五星、和平鸽等模具冻制冰灯。大家连续苦战四天,制作冰灯上千盏,并完成布展。在元宵节的前一天,即1963年2月7日,一个创世纪的冰雪活动——"灯节冰灯游园会"大张旗鼓地拉

图2-1 1963年冰灯游园会创始人任仲夷
(右二)检查指导冰灯制作工作
(兆麟公园提供)

开了序幕。

兆麟公园举办冰灯游园会的消息传开后，人们欣喜若狂，奔走相告，往日寂寞的哈尔滨夜晚变成一片欢乐的海洋。市内、郊区及来到哈尔滨的游人，男女老少，从四面八方涌向兆麟公园观赏这前所未有的灯节奇观。

图 2-2 1963 年兆麟公园的冰花
（兆麟公园提供）

夜晚的兆麟公园一扫往日冬季的漆黑、寂寞，被千余盏冰灯装扮成一个五彩缤纷、纯洁晶莹的神奇冰雪世界。走进园内，首先映入眼帘的是题有毛主席《沁园春·雪》的大型屏风，四周是各种形状的冰灯，犹如水银柱一般闪光耀眼，"北国风光，千里冰封，万里雪飘"的著名诗句，在这里显得格外气派壮观。再放眼远望，园内的每个牌坊、每条小径、每座小桥和每座亭阁，都有别致的冰灯装饰着。银树上挂满了晶莹透明的冰制多棱柱灯、花瓣灯、五星灯和飞机灯。亭阁上垂着冰枝，摆着冰花（图 2-2），傲雪的鲜花在冰里争芳斗艳，美丽金鱼遨游的风姿也定格在晶莹的冰里，给人以独有的美感。引人入胜的小南岛（图 2-3）既有晶莹闪耀的冰山、冰制的灯塔，还有一头用雪塑成的大象（图 2-4），它的背上还驮着雄伟壮观、灯光闪耀的七层冰塔，画龙点睛地昭示着人们一年之始"万象更新"的喜悦与企盼。

公园中的两座假山也被冰灯点缀起来。假山上的亭台楼阁挂满了各色彩灯，亭檐上的冰柱有如嵌上了银珠，在月光映照下，分外皎洁。顺着阶梯登上山顶，那满园辉煌的灯火星罗棋布，恰似"银河"。在高高的冰橇滑道上，天真活泼的孩子们接连不断地从 40 米长的滑道上"飞流直下"，尽情地展示着他们的欢快喜悦与

图 2-3 1963 年兆麟公园小南岛冰灯
（兆麟公园提供）

勇敢顽强。

冰灯游园会原定展出三天，但第一天就涌入近5万人。后两天，潮水般的人流险些把大门挤破，守门员只好打开大门，免费开放，并把时间延期3天，前后6天共接待游人25万，占当时哈尔滨总人口的十分之一。

元宵节观灯是我国古老的民间传统，冰灯也绝非罕见，但像"冰灯游园会"这样大规模的由政府组织的游园会，还是有史以来第一次，开创了现代冰雪文化发展的新纪元。

图 2-4　1963年兆麟公园雪雕大象
（兆麟公园提供）

第二节　文化——赋予冰雪以生命

冰雪，并不是哈尔滨独有，但是国内外的游人却对哈尔滨情有独钟，吸引他们的是被赋予了生命与灵魂的冰雪奇观。

自1963年举办冰灯游园会以来，冬季的兆麟公园就成为美丽的人间仙境（图2-5、图2-6）。千百年来静躺在松花江中的冰块，经过冰雕艺术家们独具匠心的创造、雕琢和与声、光、电的艺术结合，成为充满灵性和文化意蕴的生命主体。改革开放之后，冰灯题材范围进一步扩大，并冲出公园，遍布大街小巷，短短几年就发展成为亮丽的城市名片。

冰雪赤子——雕冰塑雪的艺术家们，以融冰化雪的炽热情怀、生命感悟和对艺术的执着探求，雕凿"珠宫琳馆，琼榭瑶桥，银雕玉塑，高山险峰。聚天下胜景，拢大地灵秀，现古今奇观。白昼里，银辉闪烁，晶莹剔透，入夜后，流光溢彩，璀璨斑斓，跃动着生命的活力，受到中外游人的

图2-5　绚丽多彩的兆麟公园冰灯
（杜宇摄）

图2-6　纯洁晶莹的兆麟公园冰雕
（杜宇摄）

高度赞扬"[1]。

与其他建筑一样，"冰雕是时代情感、审美和潮流在空间的布局和凝固"[2]。冰雕是形象的诗歌，是凝固的音乐，在鬼斧神工、玲珑剔透、玉砌银镶、绚丽多彩的东方奇观中，镌刻着艺术家对时代生活的忠实记载与冰雪艺术的创新。

20世纪60年代的冰雪园林中有象征新年伊始万象更新的大雪象，有表现大庆人战天斗地的冰砌石油竖井，有表现城市建设发展成果的冰制三棵树跨线桥，有表现大丰收的冰雕麦穗和用冰块堆砌的象征大寨人艰苦奋斗的层层梯田，还有弘扬革命精神的延安宝塔，等等。

改革开放之后，又有体现思想解放的《三打白骨精》《飞天》《嫦娥奔月》《天女散花》。表现全国人民向"四个现代化"进军的尖端塔、航天塔、冰制机器人，表现全国人民拼搏精神的《巨龙腾飞》《女排奖杯》，还有可放映影片的巨型电视，等等，都洋溢着开放的时代气息。

历史悠久、博大精深的传统文化也给从事此项艺术创作的艺术家们以滋养。他们将睿智的钢钎、铁铲伸向历史的纵深，历代优秀的经典民族建筑被他们以精湛的技艺呈现在璀璨的冰雪艺术园林中，如冰筑的黄鹤楼、岳阳楼、滕王阁、布达拉宫等，这些独领风骚千余年的传统建筑在冰的世界里都焕发出新的光彩。

民间传说、古典名著也是冰雕艺术家冰雪雕塑的宝贵题材，《哪吒

---

[1] 王景富：《永不重复的童话》，《新晚报》1993年12月27日。
[2] 司秉军：《春光何意照冰城　只缘冰心春意浓——第16届冰灯游园会揽胜》，《哈尔滨日报》1990年1月5日。

闹海》《麻姑献寿》《唐僧师徒》《昭君出塞》《莺莺听琴》《黛玉葬花》《白蛇传说》等，都以独有的魅力吸引着游人。

历代民族英雄更是冰雕艺术家倾心表现的题材，为治水三过家门而不入的大禹、忧国忧民的屈原、大义灭亲的包拯、精忠报国的岳飞，以及成吉思汗、李自成、林则徐、邓世昌等我国历史上的杰出人物都被以冰雕的形式展现。这些冰雕作品更加刚劲地表现了他们崇高的爱国主义情怀和民族精神。具有浓郁北方特色的卜奎清真寺、宁古塔、铜坐龙、萧红故居等冰雕作品则以独有的地域特色，展现了黑土地的人文精神。

哈尔滨是一座中西多元文化交融的城市，素来有开放包容的传统。冰雕雪塑这种独特的艺术形式，更是以海纳百川的胸襟把全世界的文明成果尽揽于冰雪园林之中（图2-7）。

在这里，你可以看到冰制的世界各国代表性建筑。希腊的雅典卫城、埃及的金字塔、法国的凯旋门、英国古典主义建筑的代表——圣保罗大教堂、俄罗斯的圣巴西尔大教堂、日本的五重塔、老挝的金銮殿、越南的独柱寺、泰国的王宫、新加坡的鱼尾狮等，世界各地各个时期的代表性建筑应有尽有。身处冰雪园林中的游人，仅在一地就可以"观灯游天下"，尽情地品味世界文明的无限美好。

图 2-7　兆麟公园冰灯游园会绚丽多彩的冰制亭台水榭（江虹摄）

图 2-8　兆麟公园冰塔（杜宇摄） 　　　　图 2-9　兆麟公园冰人物（江虹摄）

图 2-10　兆麟公园冰动物（杜宇摄） 　　图 2-11　兆麟公园冰建筑（江虹摄）

哈尔滨冰雕艺术家在将世界各地、古今中外的文明成果纳入冰雕雪塑表现范围的同时，表现形式上也集雕塑、绘画、园林于一体，并融合了圆雕、浮雕、透雕，写实、写意的表现手法，创造了以冰与雪作为材料的精美雕塑，与此同时，又辅以现代的声、光、电技术，由此形成一种新的艺术美感（图2-8、图2-9、图2-10、图2-11）。

浸润着北方民族精神的冰雕雪塑作品，以独有的文化魅力矗立于世界艺术园林，不但多次应邀到国外展出，而且屡屡在世界冰雪艺术比赛中获奖。例如，冰雕作品《哪吒闹海》、《松鹤万年》、《天女散花》、《激流勇进》、《母子》、《龙舟》、《嫦娥奔月》、《奥林匹克之光》（图2-12），雪雕作

图2-12　在2013年俄罗斯杯国际冰雕比赛中获优秀奖的《奥林匹克之光》（庞宇摄）

品《飞天》《牧歌》《爱，希望之光》《屈原》《红绸舞》《白雪少女》《阿福》《戏佛》《生命·爱情·战争》《圣诞快乐》《自然博物馆》等都曾在世界冰雕、雪雕比赛中获奖。

第三节　将每年的1月5日确定为冰雪节的历史意义与所创造的广阔空间

　　历史的车轮前进到公元1985年，闻名遐迩的哈尔滨冰灯游园会已经举办了11届，它以纯洁晶莹、绚丽多彩的独特魅力，吸引着国内外的游人，影响力越来越大。然而在改革开放中被极大地激发出创造活力的哈尔滨人并不满足于此，他们要对冰雪的潜能、潜质与潜力进行进一步发掘。于是，随着一个新的创意在人们的心中涌动，哈尔滨历史的天空中出现了一道令全世界瞩目的绚丽彩虹。1984年12月，哈尔滨市政府决定，从1985年开始，每年的1月5日为哈尔滨冰雪节。

　　2001年，哈尔滨冰雪节升格为中国·哈尔滨国际冰雪节。这是世界上活动时间最长的冰雪节日。它虽然在每年的1月5日开幕，实际上冰雪节庆活动在上一年的12月便已开始，其间包含了元旦、春节、元宵节等重要节日，直到第二年的2月才结束。中国·哈尔滨国际冰雪节历经30余年的发展，目前已经成为"世界上内容最丰富、气氛最热烈、活动时间最长的冬令盛典之一（图2-13），已经深入到城市的政治、经济、文化和社会生活的各个层面，推动着城市经济与社会事业的发展"[①]。它是哈尔滨人

图2-13　冰雪节中红火的兆麟公园冰灯游园会（江虹摄）

[①] 编者：《中国·哈尔滨国际冰雪节》，《哈尔滨日报》2006年12月20日。

民的聪明才智和地方党政领导英明决策的结晶，是现代北方人民创新意识的集中体现。冰雪节为处于高纬度的冰城找到了恰如其分、独具特色的精神载体。

首届冰雪节于1985年1月5日下午4时30分在哈尔滨兆麟公园拉开序幕。王人生市长在开幕式上向全市人民致以节日祝贺的同时，深刻地阐述了设立冰雪节的伟大意义，他说："举办冰雪节，是哈市人民的新创举，是全市三百七十万人民共同关心的有益活动，是建设社会主义精神文明的一项具体措施。它是以冰雪艺术、冰雪活动为主的文化、体育、旅游和商业服务等综合性、群众性的活动。深入开展冰雪活动，必将对发扬哈尔滨人不畏冰雪严寒、勇于拼搏、开拓前进的精神风貌产生强大的推动力量……要一年比一年办得好，使之逐渐形成全市各族人民传统的节日，形成国内外游人别开生面的游览会。"[①]

冰雪节的举办犹如开启了一个神奇的梦幻之门。它创造性地以冰雪为中心，将冰雪艺术、冰雪体育、冰雪经贸（图2-14）、冰雪旅游等综合在一起，集中地形成城市的亮点，并在自此之后的每一届都有新的创意，增加新的内容与内涵，不断增添时代的新鲜活力与神奇魅力。1986年，第二届冰雪节创办了首届冰雪节交易会，首次使冰雪与经贸相结合，哈尔滨的名优产品以冰雪为平台得到了展示。1987年第三届冰雪节期间，兆麟公园冰灯游园会举办了首届哈尔滨国际冰雕比赛，来自世界各地的冰雕艺术家们在巨大的冰坯上展现了他们各自不同的艺术理想与高超技艺。1988年12月首届太阳岛雪雕游园会和1989年1月首届哈尔滨

图2-14 冰雪经贸会上如潮的人群
（江虹摄）

---

① 徐民滹：《我市人民欢庆首届冰雪节——昨日隆重举行开幕式，数万群众游园》，《哈尔滨日报》1985年1月6日。

冰雪节电影艺术节的举办，使第五届冰雪节又增添了新的亮点。

由于冰雪节的影响日益扩大，1992年由国家旅游局和黑龙江省人民政府联合主办了'92中国友好观光年冰雪风光游首游式暨第八届哈尔滨冰雪节，并进行了冰雪节狂欢游行。1994年第十届冰雪节在"冰雪搭台，经济唱戏，繁荣经济"的基础上，提出了"主题经济化、目标国际化、经营商业化、活动群众化"的办节原则。1995年和1996年，为迎接将在哈尔滨举办的第三届亚洲冬季运动会，冰雪节开辟了哈尔滨至玉泉狩猎场、二龙山和亚布力滑雪场的冰雪旅游专线，举办了中俄冬泳联谊赛等群众性冰雪体育活动。1997年，中国旅游观光年首游式在哈尔滨开幕，第十三届冰雪节又举办了国际女子冰球邀请赛和雪地足球赛。1998年，第十四届冰雪节期间，"'98国际北方城市会议"在哈尔滨召开，冰雪景观开始大规模走向大街小巷，改成步行街的中央大街被办成了冰雪艺术一条街，马家沟河建起了冰雪风景线和文化体育中心。1999年，为迎接新千年，哈尔滨被国家旅游局和中央电视台等单位确定为全国十个举办世纪庆典活动的城市之一，并成为唯一与国家旅游局联办神州世纪游首游式的城市。面对这千载难逢的大好机遇，哈尔滨市政府在松花江畔建起了集冰雪观赏与冰雪游乐于一体的世界最大的人工冰雪游乐园——冰雪大世界。

进入21世纪，哈尔滨市提出了建设国际冰雪旅游名城的目标之后，冰雪节的活动加快了国际化的步伐。太阳岛雪博会、哈尔滨冰雪大世界、兆麟公园冰灯游园会和日本、加拿大、法国、芬兰、意大利、韩国、美国等国家联合办节，使冰雪节的活动更加异彩纷呈。

冰雪节的举办改变了哈尔滨，使以往冰封雪裹、寒冷寂寞的哈尔滨冬天变得绚丽多彩，充满生命的激情和活力。每到冰雪节开幕之时，纯洁晶莹、如梦如幻的冰灯游园会，银装素裹、圣洁如玉的太阳岛雪博会，风驰电掣的冰爬犁、打滑梯，潇洒刺激的滑雪，被称为"勇敢者的运动"的冬泳，还有精彩的国际冰雕比赛、国际雪雕比赛、冰雪书画展、冰雪摄影展、冰雪体育比赛、冰雪服装展览、冰雪美食节、家庭冰雪趣味赛、冰上杂技表演（图2-15）、冰雪集体婚礼（图2-16）等相继举办。同时，由于城市知名度的提高，各种各样的国际性高端峰会、论坛、年会等活动也纷至沓来，接连不断。多姿多彩的冰雪活动使冰城充满令人无法抗拒的魅力。

过去，人们向往的只是冰城的冰雕雪塑美景。现在，国内外的游人来

图 2-15　冰上杂技（黑龙江省杂技团提供）　　图 2-16　冰雪集体婚礼（江虹摄）

到这个城市，不仅可以观赏冰雕雪塑，参与各种冰雪娱乐活动，而且可以谈生意、做买卖，这些热气腾腾的冰雪活动中，蕴藏着无限商机。冰雪节这一汇集了所有冰雪文化形式的综合性国际冰雪盛会，是哈尔滨与世界各国进行友好交往、开展经贸活动的重要桥梁和纽带。世界因冰雪节认识了哈尔滨，哈尔滨也因冰雪节走向了世界（图 2-17）。

图 2-17　2019 年"走进太阳岛·共享绚丽芬兰"太阳岛雪博会主雕塑（杜宇摄）

第四节　冰雪搭台，经济唱戏——产业化的前奏

哈尔滨的冰雪活动最初是为了丰富市民的文化生活，并以冰雕雪塑闻名遐迩。冰雪节的设立更使它长上了腾飞的翅膀。国内外游客纷至沓来，很多聪明的生意人借此机会做起了买卖。富有现代经济观念的哈尔滨市政府敏锐地抓住了这一振兴经济的大好机遇（图2-18、图2-19）。

在第二届哈尔滨冰雪节的开幕式上，宫本言市长在讲话时说："哈尔滨冰雪节是人民群众的创造，它将为哈尔滨的发展和振兴带来黄金优势。我们以冰灯游园会、冰雕雪塑、冰雪体育、冰雪艺术、冰雪娱乐、冰雪交易会等为主要内容，把第二届冰雪节办成一个较大规模的群众性、综合性的活动，促进经济、科技、文化辐射力和综合服务能力，充分发挥中心城市作用，加速两个文明建设。"[①]

伴随着宫本言市长的讲话，第二届冰雪节大张旗鼓地加进了经贸的内容。1986年1月5日上午9时，冰雪节交易会在松花江畔的老干部活动室隆重开幕。数千名中外来宾熙来攘往，交流、洽谈。在交易会所设的经济技术产品展馆、工业品展馆、科技市场和全省国防科技工业展品馆中，哈尔滨市获得国家金牌、银牌的83种产品和获得部优、省优的1300多种产品等得到展示。

自首届交易会之后，经贸活动一直是冰雪节的重头戏，并且占据越来越重要的位置。

1991年，《哈尔滨日报》评论员文章，还专门以《搭冰雪之台，唱经济大戏》为题，鼓励各企业在举办冰雪节期间积极进行经贸活动，正式

图2-18　冰雪经贸会上的人潮（江虹摄）

[①] 宫本言：《在第二届冰雪节开幕式上的讲话》，《哈尔滨日报》1986年1月6日。

图2-19 冰雪经贸会上展出的产品（江虹摄）

提出了"冰雪搭台，经贸唱戏"的口号。文章说："七年前我市创办冰雪节的初衷是，充分利用黄金时空，活跃我市人民的冬令生活，更为重要的是，以冰雪艺术为契机，启动全市经济、旅游、文化和体育诸多方面的同步运动，求取更大的社会效益和经济效益。""改革开放以来，市委、市政府为搞活企业，搭了不少台，冰雪节就是其中的一个好舞台，冰雪节期间，国内外宾朋如众，市委、市政府借机举办产品交易会，这是各企业宣传产品、销售产品、开拓市场、广交朋友、提高企业知名度的极好时机。"①号召各企业积极参加冰雪经贸活动。

1995年，市领导明确指出，本届冰雪节要重点突出经贸活动或围绕经贸活动开创一些新项目，以扩大哈尔滨市同国内外的经济贸易联系，创造招商引资大环境，建立地区国际经贸合作大市场，加速国内国际市场对接和将哈尔滨建设成为东北亚国际经贸城。

由于哈尔滨市委、市政府的提倡，冰雪搭台、经贸唱戏的主旋律越唱越响，冰雪节经贸交易的内容也越来越丰富，从最初的冰雪节交易会一个大会发展到冰雪节物资交易会、冰雪节超储积压物资调剂暨物资交流大会、专利信息发布暨技贸洽谈会、经济技术协作洽谈会、高新技术及新产品洽谈会、招商引资洽谈会等多个经贸活动同时举办，范围不断扩大。

冰雪节交易会最开始主要是推销本地产品，至1991年第七届冰雪节交易会，"当冰城工业摆开阵势，拥抱冰雪时空带来的交易热时，却惊愕地发现，往届冰雪节交易会上，冰城工商业独占众多展厅的独角戏地位已成过去，与冰城工商业同处一楼的长江南北的庞大展销团，占据了省展览馆四大展厅，并与冰雪节交易会同期开放。汇集全国商业精粹的上海、

---

① 本报评论员：《搭冰雪之台，唱经济大戏》，《哈尔滨日报》1991年1月6日。

广东、山东、北京、天津、浙江……近乎囊括了全国的工业精品，占据了100多个摊位，而冰城工商业则仅拥有70多个摊位"[①]。在冰雪节交易会上，首次形成了冰城与外地旗鼓相当、面对面竞争的商品大战。

这一惊人的变化透露出一个时代性的重要信息，即冰雪节虽为哈尔滨创办、主办，但是已经突破地域的局限，不再是冰城哈尔滨人自身的节日，冰雪节交易会也绝非冰城人独自唱主角的交易活动。全国各路商贸大军浩浩荡荡涌入冰城的现实，在给冰城工商界以警醒的同时也昭示着冰雪节交易会已成为富有巨大吸引力的全国性交易活动，充分地说明了举办冰雪节带来的巨大影响，使哈尔滨的商业、贸易已经在全国占有举足轻重的地位。

冰雪节交易会先是因冰雪旅游热的牵动，吸引了国内外游客。同时，冰雪旅游又唤起了人们对冰城地理位置的认识，冰城是欧亚大陆桥之一，是中国与东欧、俄罗斯进行经济贸易交流的重要集散地，这对南方各企业极富诱惑力。外地许多企业之所以在冰雪节积极涌入冰城，重要的因素之一是寻求俄罗斯及东欧的贸易伙伴。尤其是江浙、广东一带的企业，在经济发展之后，开拓市场闯入俄罗斯、东欧的愿望极为强烈。因此，他们不惜投入巨额资金，抓住一切机会参与竞争，由此使冰雪节交易会形成了吸引全国工商业的交易热。扩大开放，发展经济，使哈尔滨这一内陆城市尽快发展成为全国及国际贸易名城的想法，通过冰雪节的举办呈现出即将实现的态势。

经济的主旋律在冰雪节大舞台上唱响之后，不仅冰雪节交易会的内容与成交额逐年增加，而且经贸活动的层次也不断提高。

1993年第九届冰雪节，所有人都惊喜地发现，科技这个以往并不引人注目的门类，在本届冰雪节交易活动中变成了非凡的热点。追溯以往冰雪节，科技一直起着作用，但都是以配角的形式出现，现在却今非昔比。本届冰雪节有冰雪节交易会、冰雪节国际展览会、冰雪节经济技术洽谈会、冰雪节招商引资洽谈会等多项经贸活动。最引人注目的是由中国知识产权研究会、黑龙江省教委、哈尔滨市教委、哈尔滨市经委、哈尔滨市科协共同主办的高等院校专利技术高新技术产品信息发布会暨技术洽谈会。

[①] 邵猛：《九州同埠商战急——冰雪节交易会带来的思索》，《哈尔滨日报》1991年1月14日。

这个会上集纳了包括清华大学在内的国内60多所高等院校、科研院所的1500余项最新科技成果，哈尔滨市经委亦从本市各行业急需解决的技术难题中筛选出近70条，张榜公布目录，进行大规模公开招标。

从人们对科学技术成果的热衷程度可以看出，越来越多的企业家开始认识到科技的重要性，没有技术上的新进展与重大突破，没有新产品、新工艺、新设备、新材料、新技术的不断问世，经济腾飞的目标很难实现。于是，人们趋之若鹜，渴望新信息、新成果。科技就理所当然地热了起来。

通过冰雪节交易会这一平台，人们欣喜地发现科技活动从来没有像今天这样全方位启动。招商引资，外商首先考察项目技术的先进程度。商品展览，购买方首先看产品的技术含量。经贸洽谈，客商首先了解的是商品的技术附加值。

事实反馈给企业家们一个重要信息，即经济问题在某种程度上可以视为科技问题，随着知识经济时代的到来，经济文化一体化、全球化成为世界性的时代潮流。特别是加入世界经济贸易组织之后，我国经济进入世界经济大循环的轨道，科技成了参与国际竞争的制胜因素。因此，一位参加此次信息发布会暨技术洽谈会的教授说："这才是高层次的交易活动。"

随着将哈尔滨建设成为东北亚国际经济贸易城步伐的加快，冰雪节经贸活动的影响日益扩大。据不完全统计，10届冰雪节共接待来自美国、日本、俄罗斯等国家和中国香港、澳门地区的客商近2000人次，接待全国各省市工商界人士4万人次。

2003年之后，随着冰雪节的影响日益扩大，经贸活动又迈入更高的层次，相继在哈尔滨召开的高级经济论坛、年会、峰会构筑起独树一帜的财智平台，国内外著名企业的高级管理者纷纷参会。例如，在2003年的哈尔滨国际经济高级论坛上，美国通用电气公司、日本东芝株式会社等世界500强企业的高级管理者和国内著名经济学家，就"企业竞争战略""中国进入WTO后外资企业对华投资展望"等问题进行了讲演。2004年，五大洲赴"哈尔滨国际冰雪之约"的代表团和国家有关部门代表在参加冰雪游览活动的同时，也出席了"振兴东北老工业基地金融高层论坛"。2005年，"中国企业家论坛第五届年会""中国传媒峰会论坛""振兴老工业基地专场洽谈会""哈尔滨国际冬奥城市文化与旅游高峰论坛"等也都在冰雪节期间举办，来自国内外的企业界、旅游界、传媒界精英，以冰雪经贸洽谈会为平台，畅谈交流，谋划发展。

冰雪节促进了冰雪经贸的发展，冰雪经贸又为冰雪节注入了新鲜的血液，使冰雪节的内容更加丰富，增添了新的生命活力。更为重要的是，冰雪经贸为一直以冰雪观赏与冰雪游乐为主体的冰雪文化带来观念上的转变，注入了新的生机。冰雪经贸拉开了冰雪文化产业化发展的序幕。

第五节　滑雪的时尚潮流与企业家的介入

20世纪90年代，在如梦如幻的冰雕、雪雕风靡国内外之时，到黑龙江滑雪又成为一个新的热潮。"近年来，到黑龙江观冰赏雪已成为越来越多人们冬季旅游的首选。远离都市喧嚣、放松身心、融入自然、感受北国浪漫与神奇、体验滑雪的乐趣，把人与自然完美结合，北国冬季旅游的独特魅力让人无法抗拒。"[①]

滑雪是一项潇洒浪漫的冰雪体育运动。高山之巅，足蹬滑雪板（图2-20），在体验惊险和刺激之余，又能实现与大自然的亲密接触，感受它的静谧、纯净与浩瀚，实在是很惬意。早在几千年前，北欧与亚洲地区就有人用兽皮、兽骨制成滑雪的交通工具。现代滑雪运动起源于挪威，后风行于奥地利、瑞典、芬兰、法国、意大利、德国、俄罗斯和美国等国家，目前已成为世界四大绅士运动之一。

黑龙江在"20世纪40年代就已有雪场出现。60年代开发建设了乌吉密、亚布力等滑雪场，那时主要是竞技滑雪，专门为培养运动员而开发的。随着中国对外开放，黑龙江伊春的桃

图2-20　滑雪板（江虹摄）

---

① 周美扬：《又到一年滑雪时》，《黑龙江晨报》2002年11月28日。

山、朗乡等初级滑雪场逐步建设起来，旅游滑雪才开始起步"[①]。但对普通百姓来说，滑雪还是那样遥不可及。今天，滑雪能够成为冬季人们度假休闲的主要项目，要归功于滑雪节的设立。

1996年，第三届亚洲冬季运动会在黑龙江成功举办，极大地加快了黑龙江滑雪旅游的发展，亚布力滑雪旅游度假区的出现则使滑雪开始走向大众。1998年，由黑龙江省人民政府、哈尔滨市人民政府主办，黑龙江省旅游局、哈尔滨市旅游局和亚布力滑雪中心承办的首届中国黑龙江国际滑雪节正式拉开序幕。这是中国第一个以滑雪为主要内容的冰雪节庆活动，在此期间还成立了全国第一个滑雪委员会和第一个滑雪俱乐部，大众滑雪作为一种时尚运动开始在中国大地风行，首届滑雪节就接待滑雪爱好者30余万人。

1999年，第二届滑雪节由国家旅游局、黑龙江省人民政府、哈尔滨市人民政府共同主办，黑龙江滑雪节也由地方性节庆活动上升为全国唯一的国家级、国际性滑雪节庆活动。本届滑雪节不但首次推出了节旗、节徽和吉祥物等标志，创作了节歌《我们在雪原飞翔》。而且规模大、层次高、范围广，在邀请国家领导、部委领导、相关省市领导的同时，还邀请了美国、英国、瑞士等国家的大使、领事、参赞，以及国外旅游界、滑雪界、实业界、新闻界的嘉宾，仅参与报道的新闻记者就达140多人，扩大了滑雪节的知名度。

国际性滑雪节的巨大魅力和我国加入世界贸易组织，使黑龙江滑雪吸引了世界的目光。2001年，国际滑雪产业合作论坛暨第四届中国黑龙江国际滑雪节在哈尔滨举办。在本届滑雪节上确立了"黑龙江——21世纪中国滑雪旅游胜地"的主题，同时提出"到黑龙江滑雪——时尚与健康的选择"、"滑雪增强体魄，陶冶情操，回归自然"、"滑雪旅游——人与自然的完美结合"、"走向大众的滑雪"（图2-21）、"滑雪产业——白雪·白金"、"开放的黑龙江"等口号，开放时尚的追求使黑龙江与世界连接。

论坛期间，一是来自世界各地的滑雪相关产业的代表，就滑雪与冰雪旅游发展、滑雪与投资开发、滑雪与雪场管理、滑雪与国际文化交流、滑雪服饰市场开发、滑雪设备的现状与发展方向、滑雪与冰雪体育竞赛、滑

[①] 周亚臣、房英杰：《黑龙江省滑雪旅游发展的SWOT分析与对策》，《冰雪运动》2010年第3期。

图 2-21　刺激的滑雪运动（王东海提供）

雪与技术培训、滑雪与政府管理政策，以及如何架构滑雪产业合作桥梁等诸多方面进行了探讨；二是举办了"首届中国（哈尔滨）国际冬季体育用品·冬季服装展览会"和"黑龙江国际冰雪旅游风光图片展"；三是黑龙江省推出大型滑雪场和滑雪服装、器具、设备等30多个项目，吸引投资与开发。第四届中国黑龙江滑雪节与国际滑雪产业合作论坛的共同举办，实现了黑龙江滑雪产业与世界滑雪产业强国的直接接轨，使滑雪节具有了真正意义的国际性，初步树立了黑龙江作为滑雪旅游大省的形象，扩大了国际影响。

创新办节一直是中国黑龙江国际滑雪节的办节理念，每年滑雪旺季，创办者都会确定一个新的主题并推出令人惊喜的创新，有的是内容上的开拓，有的是形式上的创新。例如，2003年第六届滑雪节将开幕时间提前至11月26日，结束时间延后至2004年4月，并且细分为"初冬热身滑雪月""隆冬发烧滑雪月""春节黄金滑雪月""春天活力滑雪月"四个主题，使滑雪节月月有主题，进一步完善了滑雪旅游产品。活动的内容更是丰富多彩，全国大众高山滑雪比赛、哈尔滨滑雪俱乐部单板争霸赛、中日韩单板对抗赛、中俄滑雪邀请赛、梦幻圣诞滑雪游、冬季恋歌情侣滑雪比赛等吸引了众多的国内外滑雪爱好者。

中国黑龙江国际滑雪节的定位为国际标准。为使滑雪产品更加完善并达到国际前沿水准，让滑雪者享受到更好的服务，2001年黑龙江省旅游局制定了全国第一部《旅游滑雪场质量等级标准》。2008年，为迎接"大冬会"和使滑雪旅游提档升级，又会同省质量监督局进行了修订，由过去的3个等级变为5个等级。至2009年，黑龙江省已拥有S级滑雪场29家，其中5S级4家、3S级8家、2S级10家、1S级7家。

为进一步扩大黑龙江滑雪产业的国际影响力，2008年由黑龙江省旅游局发起成立了"国际滑雪旅游区域联盟"，中国、俄罗斯、韩国率先加入，开启了国际滑雪旅游区域合作的新时代。国际滑雪旅游区域联盟是一个非营利性国际组织，口号是"分享滑雪运动，共创美好人生"，目标是将世界各地滑雪爱好者联系在一起，通过国际友好互助，全面促进、普及和推广国际滑雪事业及旅游事业。2009年，黑龙江又"联合俄罗斯、韩国、罗马尼亚、捷克、斯洛伐克、芬兰、克罗地亚等国家发起'世界冰雪价值年'活动，成功开启了黑龙江'后大冬'冰雪旅游新时代，将赶超一流、蓬勃发展的中国滑雪产业推向更广阔的世界中心舞台，使黑龙江日渐成为海内外滑雪者喜爱的冬季旅游目的地，逐步树立了'国际滑雪旅游胜地''世界冰雪旅游名都'的品牌形象"[1]。

黑龙江滑雪产业的发展是国际化、品牌化的过程，也是市场化的过程。雪资源的开发与冰资源的开发不同，一开始就有大量企业资金投入。

1995年，中国国际期货经纪有限公司投巨资建设了亚布力风车山庄，使我国拥有了第一个符合国际标准的大型旅游滑雪场。1997年，黑龙江省又成立了全国第一个专营滑雪的龙珠滑雪集团。他们先是大手笔投资2亿多元，在风景优美的二龙山兴建了配套设施完善的龙珠二龙山滑雪场，然后又将目光投向中俄边境口岸城市，在美丽的卧牛湖畔建设了黑河龙珠远东国际滑雪场。2004年冬季正式开业后，来这里的滑雪者60%是俄罗斯游客，这是一座真正意义上的远东地区的大型国际滑雪场。

由于滑雪产业的前景可观，大型企业集团纷纷投资建设雪场，民营企业哈尔滨吉华集团2001年投资1.5亿元收购了"哈尔滨近郊一处位于国家级森林公园、山形奇特、山地坡度适宜的滑雪场。购置了造雪机、雪地摩托、滑雪板。兴建了造型独特、面积13000平方米"[2]的雪具大厅。增加了

---

[1] 李晶琳：《磨剑十三载滑雪盛宴炫目登场》，《黑龙江日报》2010年12月17日。
[2] 姜一海、李云涛：《多元化投入为滑雪产业提速》，《黑龙江日报》2005年3月10日。

"6条长1200米以上的雪道,兴建了两条吊椅式索道。与当地政府、有关单位联合投入1000万元兴建主干公路直接到雪场,成为哈尔滨近郊一处规模大、标准高、设施先进的旅游滑雪场"[①]。"广东华天民营企业集团与哈尔滨恒新企业集团合作投资3000万元对乌吉密滑雪场进行全方位的扩建和开发,新建设的哈尔滨华天乌吉密滑雪场引进了法国杆式造雪机和德国压雪机等造雪设备,成为哈尔滨周边又一颗亮丽的新星。[②]"民营企业马迭尔集团不仅每年投巨资建设哈尔滨冰雪大世界,还收购了哈尔滨近郊的玉泉滑雪场,以现代标准对雪道、索道进行提档升级,对住宿条件等进行综合改善,使滑雪爱好者又增添了一个滑雪好去处。

另外,牡丹江横道河子、双鸭山、七台河等地也相继根据各自的资源情况修建了各具特色的滑雪场,而且大多是由民营企业投资。据统计,黑龙江省民营企业与个体企业投资的滑雪场在全省占比高达70%以上,由于滑雪产业的巨大影响力、吸引力,这些企业有的投资几十万元,有的投资上千万元,更有积极者甚至投资上亿元。

黑龙江省人民政府在投巨资进行基础设施改造的同时,还积极吸引外资。2008年,新濠集团和雅旺斯集团投巨资在亚布力建造了高档酒店、亚布力国际会展中心等,使滑雪者来亚布力滑雪时可以享受到高雅的休闲环境。

开放开发、多元开发、联合开发的开发理念,吸引了众多国有、民营、外资企业投入巨资,使滑雪产业实现了真正意义上的企业化、市场化,形成了规模效应与产业效应,引领与促进了冰雪文化的产业化。

"目前黑龙江已拥有百余家各类滑雪场,拥有各类雪道200多条,总长度20余万延长米,各种索道160多条,雪具6万余副,滑雪俱乐部60余家,实现了滑雪产业的规模化经营,被称为世界十大滑雪度假区之一的亚布力滑雪旅游度假区,是'大冬会'滑雪主赛场,拥有国际一流雪道和设施,建有三家五星级酒店,一家豪华精品酒店,集竞赛、旅游、休闲、娱乐为一体,万人可以同时在滑雪区体验高山滑雪、越野滑雪、雪地摩托、狗拉雪橇等冰雪乐趣,深受滑雪爱好者喜爱的亚布力阳光度假村,更

---

① 姜一海、李云涛:《多元化投入为滑雪产业提速》,《黑龙江日报》2005年3月10日。
② 姜一海、李云涛:《多元化投入为滑雪产业提速》,《黑龙江日报》2005年3月10日。

是被美国的《时代》周刊网站评为亚洲最有进取的滑雪场。"①

滑雪节的举办,滑雪旅游知名度的提高,不但吸引了国企、民企、外企的投资,"也带动了相关滑雪产业雪服、雪具生产、雪场建设、配套服务设施建设等滑雪装备产业化的极大发展"②。2003年11月26日,全国首个滑雪装备产业强强联合集团——黑龙江省滑雪产业装备集团正式成立,该集团由哈尔滨鸿基索道有限公司、哈尔滨双威力旅游设备有限公司、哈尔滨乾卯雪龙体育用品有限公司、黑龙江大峡谷旅游规划服务有限公司和黑龙江亚布力滑雪装备有限公司组建而成。生产经营的产品囊括了索道、拖牵、造雪机、压雪机、滑雪板、滑雪杖、滑雪服、雪地摩托、雪橇、雪地车等。他们雄心勃勃,目标是争取通过引进国际先进技术、管理与销售手段,发挥企业的已有优势,生产出拥有一定品牌知名度的中高级滑雪设备,使省内销售额占有率达到80%,国内滑雪市场占有率达到70%,逐步发展成为全国龙头企业。这意味着黑龙江滑雪装备依赖国外或省外制造的局面即将结束,取而代之的将是地方产品。企业与滑雪时尚的结合,使白雪变成白金的过程实现了加速发展的"倍加效应"。

有专家指出,中国黑龙江国际滑雪节的举办和发展弥足珍贵,"它的重要意义在于:滑雪节开启了中国大众滑雪历史(图2-22),打响了中国迈向滑雪旅游国际化的第一枪,树立了中国滑雪旅游的辉煌形象。中国黑龙江国际滑雪节不仅完善了中国冬季旅游格局,丰富了大众旅游产品,还为全国其他省份发展滑雪旅游提供了宝贵的经验,推动了中国滑雪旅游的蓬勃发展"③。时任国家旅游局副局长王志发在第十一届中国黑龙江国际滑雪节新闻发布

图2-22 名都滑雪场的大众滑雪(江虹摄)

---

① 袁泉:《第十三届中国黑龙江国际滑雪节将于12月12日开幕》,人民网2010年11月29日。
② 王昀:《感受"白雪"变"白金"》,《黑龙江日报》2004年12月21日。
③ 李晶琳:《黑龙江滑雪构架中国旅游新格局》,《黑龙江日报》2008年12月12日。

会上，高度评价了黑龙江省对中国旅游业的贡献，他说："北方滑雪旅游近几年蓬勃发展，黑龙江是领头羊。从1998年创办第一届黑龙江国际滑雪节起，黑龙江每年都办滑雪节，开启了中国滑雪旅游的先河，带动了中国北方滑雪旅游成规模、上档次。"[1]

国外来宾对滑雪节也给予很高评价。驻华使节团团长、保加利亚共和国驻华大使格奥尔基·佩伊奇诺夫说："黑龙江是一个自然、神奇的好地方。虽然以前没有来过这里，但对它的名字却是耳熟能详，如诗如画的冰雪风光更是令人心向神往。今天，我们终于亲身走进了滑雪的天堂。辽阔的雪原，旖旎的风光，好客的人民，使初到这里的我们感到不虚此行。黑龙江省举办国际性滑雪节，是具有远见卓识的创举。11年来，滑雪节树立了中国滑雪旅游的辉煌形象，不仅打造出了一个富于时代特点和冬季特色的旅游产品，同时也是黑龙江省滑雪旅游走向市场化、国际化和品牌化的标志。"[2]

"为表彰黑龙江对世界冰雪旅游的突出贡献，国际旅游联合会主席埃里克·杜吕克亲临第十三届滑雪节开幕式，为黑龙江颁发世界冰雪旅游最高荣誉，授予黑龙江省政府'世界冰雪旅游卓越贡献奖'，授予黑龙江省旅游局'世界滑雪旅游杰出贡献奖'，授予哈尔滨市政府'世界冰雕艺术特殊荣誉奖'。"[3]埃里克·杜吕克对黑龙江的冰雪旅游产业给予高度评价，他说："从创办中国首个国际滑雪节、冰雪节等国际盛会，到建设中国首个北国风光特色旅游开发区，以黑龙江国际滑雪节等旅游品牌为引领，黑龙江冰雪旅游在推动中国旅游业发展，奠定中国旅游产业国际地位上都做出了突出贡献，为推动世界冰雪旅游产业的发展做出了突出贡献。"[4]

国际旅游联合会主席在寒冷的冬季，亲自来到第十三届中国黑龙江国际滑雪节开幕式现场，为黑龙江颁发冰雪旅游最高奖，这既是对黑龙江冰雪旅游现状的嘉奖，也是对多年来黑龙江冰雪旅游产业发展成就的高度肯定，更有对冰雪旅游未来发展的美好期待。这不仅在黑龙江，即使在中国旅游发

---

[1] 李晶琳：《黑龙江滑雪构架中国旅游新格局》，《黑龙江日报》2008年12月12日。

[2] 李晶琳、王志强：《滑雪节领跑滑雪旅游助力经济增长 中外嘉宾盛赞》，《黑龙江日报》2008年12月19日。

[3] 李晶琳、王志强：《滑雪节为黑龙江荣获世界冰雪旅游最高荣誉》，《黑龙江日报》2010年12月17日。

[4] 孙娜：《多元多彩龙江吸引四海宾朋——访国际旅游联合会主席埃里克·杜吕克》，《生活报》2010年12月13日。

展史上也是前所未有的，这璀璨辉煌的一页必将在浩瀚的旅游史册中长存。

第六节 主题公园冰雪大世界的出现及其产业化发展道路

20世纪90年代，就在精美绝伦、蜚声国内外的哈尔滨冰灯和惊险、刺激、飘逸的滑雪已呈蔚为壮观之势，以特有的魅力吸引着全世界的目光之时，富有创新精神的哈尔滨人又把冰雪这一亮丽的品牌推向一个新的高峰：一座以冰雪主题公园为中心，以产业化运作为管理方式，"集天下之美景，汇大地之灵秀，现古今之奇观"的冰雪王国——哈尔滨冰雪大世界，赫然呈现在世人面前。

冰雪大世界刚一出现，就以前所未有的气魄，定位于集天下冰雪艺术之精华、融世界冰雪游乐于一园，每年都有一个新的主题。

首届冰雪大世界（图2-23）坐落于松花江哈尔滨城区段，以防洪纪念塔为轴心，在江中沙滩约20万平方米范围内向东西两侧展开，以"千年庆典"为中心，设立了"世纪之声""冒险乐园""卡通世界""冰上风情""雪场欢歌"等景区。园内的千禧雪龙、世纪钟楼、万里长城、大滑梯恢宏壮观、精美绝伦，滑雪、攀冰岩、滚冰、狗拉爬犁热闹非凡。集冰雪观赏与游乐于一体的冰雪乐园，如一幅大型的冰雪史诗画卷展现在世人面前，以夺人的气魄给即将踏入新世纪的世界一个令人震撼的惊喜。

表现时代精神是冰雪大世界的主要特色。第二届冰雪大世界以"走进新时代"为主题，园址仍然设在松花江的江心沙滩，占地29万平方米，总用冰量15万立方米，是当时世界上最大的人工冰雪游

图2-23 哈尔滨冰雪大世界主塔（江虹摄）

第二章　冰雪文化产业的发展历程

乐园。全园分4大区域，数千件冰雪艺术精品矗立在23个主题景区，令人目不暇接。雄伟壮观的珠穆朗玛峰、法国凯旋门、埃及金字塔，创冰建筑最高纪录的天鹅堡，神奇圣洁的布达拉宫及恐怖大峡谷群雕等，配以现代高科技的多彩灯光，具有极强的震撼力与吸引力。本届冰雪大世界还首次引进"人造小太阳"、激光组合等高科技手段，迷离闪烁、变幻无穷的灯光与冰雪美景交相辉映，使园区夜晚成为神奇多姿、绚丽夺目的人间仙境。在上百项冰雪娱乐（图2-24）活动中，既有滑雪、打滑梯、溜冰等冰雪体育项目，也有冰雪迪斯科、冰雪化装舞会等冰雪文艺活动，

图2-24　哈尔滨冰雪大世界中的冰雪娱乐
（杜宇摄）

图2-25　哈尔滨冰雪大世界的冰糖葫芦摊床
（徐崔巍摄）

还有堆雪人、冬季垂钓、民俗村冬令营等民间民俗形式，使人玩得开心，乐而忘返。

　　为方便游人，园内还设有中西餐饮店、各式冰点小吃摊（图2-25）、俄式快餐店，出租棉衣、运动器械，出售特色旅游纪念品等，使人们在大饱口福的同时也留有值得珍藏的记忆。

　　哈尔滨因冰雪而闻名，作为冰雪文化象征的冰雪大世界，凝聚着设计者的奇思妙想、制作者的鬼斧神工，每一届都有新的亮点。第三届冰雪大世界迁到江北上坞区，以"世界中国年"为核心，用冰雪胜景记录了2001年祖国迈出的坚实的脚步：入世成功和申奥胜利。在方圆30万平方米的园区内，冰雪大世界的建设者用8万立方米冰、12万立方米雪，建成了中华世纪坛、40米高的"梦幻城堡"等令世界瞩目的冰雪奇观。开

49

园之际，园中的"中华锦绣""巨龙腾飞""神奇龙江""碧海仙踪""热带雨林""圣诞乐园""欧陆风情""冬韵情怀""火山奇观""雪场欢歌"等十个景区内到处都是欢歌笑语。宛若神话般的冰雪世界，晶莹剔透，流光溢彩。冰雪筑就的人间仙境醉倒了慕名而来的游客，开幕式当天来冰雪大世界的游客就达5万人，其中有来自44个国家的驻华使节及海外宾朋。

第四届冰雪大世界在展示世界风光和文化的基础上，还建设了富有浓郁地方特色的"龙江风貌"等景区，在"国际广场""龙江风貌""中国园林""南亚掠影""欧美风情""俄罗斯之旅""极限世界"游览，游人既可以欣赏到世界著名的经典建筑艺术，也可以感受到民族文化、地域文化的独特魅力。

高38米的雪花塔是第四届冰雪大世界最高的标志性建筑。"冰雪长城"景区由冰长城与连绵嶙峋的雪山、冰川构成，再现了宏伟壮观的万里长城。在冰长城的最高点——烽火台，可以将冰雪大世界尽收眼底。奇巧瑰丽的冰雪景观和惊险刺激的游乐项目引来游人的一片惊叹。首次上演的雪幕电影更是国内一绝。该雪幕电影的屏幕是由洁白的雪花修砌而成的一堵雪墙，墙宽13米、高5米，幕墙厚1.5米，背面饰有霓虹灯，它利用灯光的变幻，制造出如梦如幻的人间奇景。此外乘坐直升机游览、女子铜管乐队表演、俄罗斯歌舞、攀冰岩等活动也为冰雪大世界增添了欢乐的色彩。

第四届冰雪大世界不但规模大，接待游客多，而且是哈尔滨冰雪旅游项目首次进行市场化运作的尝试。马迭尔集团在投资4000万元的同时，还引进了外资，由泰国旅游部门投资建造了冰雪泰王宫。最初的规划设计中并没有这个项目，但泰国旅游部门被冰雪大世界创造的梦幻世界深深吸引，主动和马迭尔集团联系，希望在冰雪大世界内建设代表泰国文化的泰王宫，并送来相关的图纸、资料与资金。泰王宫建成后，对泰国游客产生了很大吸引力。1月4日试开园时，就接待了数百名泰国游客。为了扩大影响，本届冰雪大世界还举办了"这里的冬天最美丽——冰雪大世界杯"有奖征文、摄影大赛。

从第七届开始，冰雪大世界的主题与国家的重大文化活动联系更加紧密。2006年是"中俄友好年"。在精心规划的"冬宫""红场""十月广场""欢乐城堡""彼得广场""尼古拉广场""风情小镇""列宁广场"等八大景区中，以冰雪的形式精彩地展现了俄罗斯的文化精髓。无论是精妙绝伦的经典建筑、热情火辣的民俗风情，还是举世闻名的历史名人，其规模、数量和文化内涵都超过往届。高耸的莫斯科红场钟楼为园区主景观，以50米的高度创造了冰雪建筑史上的世界之最。景区内文化、体育、歌舞表演等活动内容更加丰富多彩，特别是俄罗斯著名的冰上魔术团在园区内进行的为期50天表演，更是给游人带来独有魅力的美好享受。

2007年是"中韩交流年"，名扬中外的冰雪大世界再次迎来海外投资方，韩国艾斯欧公司投资3000万元人民币与马迭尔集团合办第八届冰雪大世界。

以"中韩友好冰世界"为主题的第八届冰雪大世界，设"中韩友谊广场""韩国风情园""中华风情园""冒险乐园""未来世界"五大景区。最高的冰雕建筑——中韩友谊塔高46米，最高的雪雕作品——雪佛高16米，最大的冰广场面积达1万多平方米，园中千余件精雕细刻的冰雪雕塑艺术作品，多元地展现了中韩两国的民族文化、社会历史、建筑风格及人文精神。

为扩大影响，本届冰雪大世界还邀请韩国当红明星李英爱等与游人互动，举办富有韩国特色的演艺活动，演出了丰收舞、扇舞等韩国传统节目。在共同的投资建设经营中，韩方在带来多元文化的同时，也带来了现代化的管理方式。

第九届、第十届冰雪大世界都以冰雪体育盛会为基本元素。

2008年是中国奥运年，以反映时代精神为特色的第九届冰雪大世界将"冰雪世界、奥运梦想"作为主题。对于园区的布局，设计者别出心裁，实现创意上的新突破，将跑道和冰道相结合，使旅游者沿着溜冰场的跑道（图2-26）环行，就可以依次进入一个又一个主题景区。为反映冰城人心向北京奥运，园区精心设有奥运圣火景区、2009大冬会景区、奥运徽宝景区、奥林匹亚圣山景区、福娃景区、欢乐天地景区和奥运情怀景区。中心景区的北京标志性建筑天安门和前门的冰雕景观，恢宏壮观，令人景仰，主景40米高的"奥运圣塔"是当年世界上最高的冰建筑。本届冰雪大世界还"将LED、大型探照灯、梅花灯、礼花灯、霓虹灯等表现力较强的大型灯具与冰景照明和舞台灯光有机结合，运用程控手段对灯光进行调节，通过光色的合理搭配组合，在空中形成动静结合、色彩斑斓、绚

图 2-26　2008 年冰雪大世界以"冰雪世界、奥运梦想"为主题的跑道（徐崔巍摄）

丽夺目的灯光效果"①。为增强游人的参与兴趣，在冰雪娱乐方面不仅有传统的大滑梯、溜冰、雪地摩托车，还有俄罗斯风情歌舞表演、挪威冰乐器表演，以及迷宫寻宝、雪地高尔夫练习等，多姿多彩，趣味无穷。

　　第十届冰雪大世界的主题是"冰雪大世界喜迎大冬会"，设五大主题景区。"冬运圣火城"景区汇聚了冬运圣火城堡、会徽、吉祥物、历届各主办国国旗，"魅力哈尔滨"景区建有文庙、教堂和滑梯，"激情大冬会"景区主景为冰雪天鹅堡，"梦幻新时代"景区主要是结合了 LED 照明的冰雪景观，"瑰丽冰雪世界"景区主要将表演活动与卡通冰雕结合在一起。始于 19 世纪下半叶的红磨坊（图 2-27）也在冰雪大世界表演歌舞，使游客有机会一睹强劲、美丽、地道、欢快淋漓的欧洲歌舞。

　　第十届冰雪大世界"移植"了北京奥运会国家游泳中心"水立方"的灯光技术，在现代科技灯光映照下的冰雪景观集中展示了冬季运动在世界各国的发展与冰城人民雕冰塑雪的非凡创造力。园区内最大的冰建筑"米兰大教堂"，以 LED 为光源，高大雄伟，色彩斑斓。首届国际 LED 冰雪景

---

① 张春艳：《冰雪旅游资源价值形成与实现机制研究》，博士学位论文，哈尔滨工业大学，2008 年，第 60 页。

观照明创新设计大赛也在这里举行。根据地势地貌，设计者还为游客专门设立了滚雪坡、打滑梯、冰爬犁等参与性娱乐活动。

哈尔滨冰雪大世界创造的冰雪盛景，以独特的魅力使国内外游人争相前往，也吸引着世界著名媒体的目光。在2010年冰雪节开幕式上，哈尔滨冰雪大世界和美国五洲电视台共同举办了"五洲同唱一首歌"冰雪文艺晚会，来自中美两国的顶级艺术家和时尚明星在"欢乐的冰雪节""哈尔滨与世界握手""永远的冰雪世界""五洲同唱一首歌"四大篇章中共同讴歌冰雪。

追求创新、永不停步的哈尔滨冰雪大世界在第十二届之后，又将目光投向时尚、动漫（图2-28）、年轻与快乐，以"冰雪世界 童话王国""林海雪原 动漫天地""梦幻炫动冰火 神奇冰雪动漫""冰雪动漫世博会""冰雪欢乐颂 相约哈尔滨"为主题，吸收时尚元素，将全国经典动漫形象和世界10个国家的著名动漫品牌，如喜羊羊、麦兜、愤怒的小鸟、倒霉熊、大黄鸭、蓝精灵等引进园区。上演"COOL哈尔滨"大型冰上杂技秀、"冰雪霓裳"时装秀、冰雪欧秀、欧陆风情歌舞表演，举办"冰雪动漫嘉年华"、冰雪户外CS对抗赛，冰酒吧·雪旅馆体验秀等。在世界最大的室外冰雪实景舞台上，将充满激情、刺激的滑雪与红色经典《林海雪原》（图2-29）进行艺术结合，配以现代的声、光、电，场面壮观而震撼。

2018年，第十九届哈尔滨冰雪大世界又与腾讯《王者荣耀》合作，进行冰雪与电竞的跨界强强联合，共同打造了冰雪艺术与数字文创最佳融合的产品——王者峡谷，为游人提供了一种崭新的时尚体验。

冰雪大世界不仅每届都有新的创意和新的突破，给人以新的惊喜，而

图2-27 哈尔滨冰雪大世界的红磨坊演艺广场（江虹摄）

图2-28 哈尔滨冰雪大世界的动漫雪雕（江虹摄）

图 2-29　哈尔滨冰雪大世界实景冰雪舞台上表演的《林海雪原》"胜利会师"场景（江虹摄）

且通过参股经营、独立承办、吸引社会资金，与外国企业合办，成立股份有限公司等形式，率先将企业化的管理模式运用于冰雪旅游项目之中。

冰雪大世界大手笔、大框架、大规模的建设思路和现代化的管理方式，使它很快成为冰雪旅游中的亮丽品牌，以当今世界规模最大、冰雪艺术景观最多、冰雪娱乐项目最全、夜晚景色最美而闻名海内外。

在近 20 年的历史中，冰雪大世界创造了多项冰雪建筑史纪录。例如，2002 年的中华世纪坛，2005 年的雪花塔、红场钟楼，2006 年的三峡大坝，2007 年的中韩友谊塔等都创造了当时的"世界之最"；2010 年的秦朝大殿更成为世界上体积最大的冰制宫殿。

由于冰雪大世界不断创新，给人以惊喜，每年都有数百万国内外游客奔涌而至，在冰雪节这一冬季最美好的时刻相聚于哈尔滨，充分发挥了冰雪旅游中的龙头作用，打破了我国冬季旅游南热北冷的局面，也收获了很高的荣誉，2016 年被国家旅游局评为"2015 年度中国旅游产业投资百强企业"。历经 20 来年的发展创造，冰雪大世界的成功已毫无疑义。美丽壮观的冰雪大世界给人以美感，更给人以启迪。透过那气势磅礴、巧夺天工、流光溢彩的冰雪景观，我们看到了它成功的路径与秘诀：激情、视野、开拓、时尚、开放、创新，再创新……

第三章　冰雪文化产业的丰富内涵与外延

内涵与外延是逻辑学术语，近代作为逻辑学教本之一的《波尔·罗亚尔逻辑》第一次提出了内涵与外延的区别。虽然后来的逻辑学家对这种区别的合理性有争议，但内涵与外延这两个术语却沿用下来。

《现代汉语词典》认为，内涵是指"一个概念所反映的事物的本质属性的总和"，外延是指"一个概念所确指的对象的范围"。现实的概念内涵必须通过相应的具体事物来体现。

冰雪文化产业起自于智慧的北方人对于冰雪文化的崭新发现。其内涵主要是指在冰天雪地的自然环境里生活的人们，长期以来所创造的与冰雪相关的生产、生活方式及精神文化，在此基础上，以冰雪文化为载体，将冰雪文化与经济有机结合起来，从事经营活动并形成规模效应的产业。外延包括冰雪雕塑、冰雪经贸、冰雪文艺、冰雪体育、冰雪旅游等。内涵极其丰富，外延无比广阔。

50多年来，智慧的黑龙江人以不断创新的精神，在千里冰封、万里雪飘、白雪皑皑的冰天雪地里，创造了精妙绝伦、内涵丰富的冰雪盛宴。兆麟公园冰灯游园会、太阳岛雪博会、冰雪大世界、牡丹江雪城堡和遍布大街小巷的冰雪雕塑美景，让人流连忘返。松花江冰雪乐园、哈尔滨冰雪欢乐谷、伏尔加庄园、维也纳音乐广场万米大冰场等冰雪娱乐场所，传统的滑冰和冰爬犁，现代的冰上保龄球、冰上卡丁车、雪地足球赛等，应有尽有，游客可以尽情地体验冰雪运动带来的快乐。从高高的冰滑梯上"飞流直下"，惊险又刺激。冬泳、冰雪汽车拉力赛、冰上摩托车赛等挑战人类极限的运动吸引着勇敢的冰雪壮士。被称为"四大绅士运动"之一的滑雪，由于众多滑雪场的建立，已经成为一种大众时尚。在亚布力滑雪场、龙珠二龙山滑雪场、帽儿山滑雪场等专业滑雪场可以观赏到精彩的国际比赛。在乌吉密滑雪场、大兴安岭映山红滑雪场、名都滑雪场等个性化的滑雪场，滑雪爱好者可以尽情地体验特色滑雪的乐趣。在专门为孩子们辟建的儿童滑雪场，年仅几岁的娃娃也可以脚蹬滑雪板，享受与大自然亲密接触的机会。勇敢无畏、敢于战胜风雪严寒的黑龙江人还善于把他们美好的情怀幻化为艺术的形式，如冰雪歌曲、冰雪美术、冰雪杂技、冰雪动漫、冰雪窗花等，为博大精深的中国艺术园林增添了新的活力与魅力。更令人兴奋的是，国内外的游人、嘉宾在这里不但可以欣赏冰雪美景，体验冰雪娱乐与滑雪带来的无限乐趣，而且可以洽谈生意，签约项目。冰雪节期间举办的经贸洽谈会项目逐年增加，范围逐年扩展。随着其影响的不断扩大，一些高层次的经贸论坛、峰会、年会，也都选择在冰城召开。来这里的游客可以同时享受冰雪美景和冰雪经贸带来的双重收获。

第一节　以冰灯、雪雕为主体的冰雪观赏与比赛

哈尔滨兆麟公园（图3-1）是现代冰灯的发源地，自1963年以来，已成功举办了45届冰灯游园会，先后创造了多项基尼斯世界纪录。它以鲜明的地域特色和奇特的造型手段创造的纯洁晶莹、如梦如幻的美好景观征服了世人。它是哈尔滨一张亮丽的名片，也是哈尔滨走向世界的桥梁和纽带，许多外国人是通过冰灯知道哈尔滨的。

1963年，在哈尔滨兆麟公园举办的首届冰灯游园会，展出了用水桶、盆等模具冰冻的十几种上千盏冰灯和冰花。1964年举办的第二届冰灯游园会，除了增加冰灯花样外，还开始使用松花江的天然冰作为材料制作冰灯。天然冰是晶体结构，经专家试验成功后，又被用于建造高大的冰建筑，使冰灯景观更加多姿多彩。从这一年开始，冰景制作也由一般的冰景升华为表达思想内容的艺术品，出现了许多气势宏伟、富有内涵的冰雕（图3-2、图3-3、图3-4），如表现工农业发展的《红旗塔》《炼钢炉》《农业丰

图3-1　如梦如幻的兆麟公园冰灯（杜宇摄）

收灯》《工农兵人物群像》，反映勇攀事业高峰的《珠穆朗玛峰》，象征农业丰收的冰雕麦穗、白菜、苞米，象征大庆精神的冰砌石油竖井，象征农业现代化的冰水电站、拖拉机等。

1979年，粉碎"四人帮"后，因"文革"中断了12年的冰灯游园会重新举办。当年举办的第五届冰灯游园会鲜明地体现了改革开放的时代特色。步入宏伟壮观、晶莹透亮、具有民族特色的冰制门楼，便是7米高的"向四个现代化进军"巨型冰塔和"奔向2000年"尖端塔。《飞天》冰屏和《三打白骨精》《天女散花》《嫦娥奔月》《哪吒闹海》等，突出地反映了冰雕艺术在清除极"左"思想之后百花齐放和回归艺术的局面。

图3-2 1964年兆麟公园的冰雕工农兵人物群像（兆麟公园提供）

图3-3 兆麟公园最早的冰瀑布（兆麟公园提供）

随着时代的发展和冰雕水平的不断提高，冰灯游园会的视野更为广阔。其一是传统民族文化逐渐被纳入冰雕的表现范围，如《玉龙戏珠》《鱼跃龙门》《唐僧师徒》《麻姑献寿》等都以冰雕的形式出现。其二是表现祖国各地名胜已成为每届的亮点，中国的著名建筑黄鹤楼、滕王阁、岳阳楼、九龙壁、天坛、布达拉宫等都是冰灯游园会上重要的一景。同时还有体现民族风情的傣族金像、侗族风雨桥、清真寺、大昭寺金刚、观音菩萨等。"这些建筑设计精巧，造型独特，有的斗拱重叠、八角攒顶，有的檐牙高琢、宝刹凌

57

图 3-4　第十五届兆麟公园冰灯游园会的人造卫星（兆麟公园提供）

空，体现了中华民族古典建筑的特色。"[①] 每个冰建筑都镂刻精细、栩栩如生。其三是哈尔滨素有对外开放的传统，在冰灯的制作中更体现了这一特色。很多世界名胜古迹相继出现于哈尔滨冰灯游园会之中，如古希腊的雅典卫城、埃及的金字塔、俄罗斯的圣巴西尔大教堂、澳大利亚的悉尼歌剧院，等等。其四是中国历史上的仁人志士大禹、屈原、成吉思汗、岳飞、郑成功、林则徐、邓世昌和历史传说中的人物等也都以冰的语言进行呈现。

　　冰灯游园会开始采取的是依据公园景观特点顺势造景的中国传统园林景观建造方式，内容为以当年的生肖为载体表现时代精神，如龙年是盛世龙年、巨龙腾飞，鸡年是雄鸡报晓，马年是万马奔腾、跃马争春，羊年是三羊开泰，蛇年是蛇盘玉柱等，体现出鲜明的民族特征。到 20 世纪 90 年代中期，为了以新的面貌呈现在世人的面前，冰灯游园会改变了以往综合办园的模式，每一届有一个新的主题。1995 年，为迎接第三届亚洲冬季运动会，在游园会一进门处便用中西合璧的手法打造了一座现代大门，两条巨龙高擎"亚冬会"的标志，以昂首向上的英姿展现了中华儿女勇敢坚强、拼搏进取的雄心和力量，以及黑龙江人喜迎亚冬会的积极热情。与之相配合，特设的"亚洲风情"园区，表现了日本、韩国、缅甸、印度、柬埔寨等亚洲国家的人文历史景观。1997 年香港回归，冰灯游园会建造了镶有香港区徽标识的 11 米高的巨型冰帆船。1998 年，为体现哈尔滨走向世界的胸怀和决心，冰灯游园会以"庆世纪盛会，迎国际友人，架起通往世界桥梁"为主题，以"聚天下盛景，拢大地灵秀，观壮丽山河古今之奇观"为内容，设立了"中华腾飞""异域采风""开心乐园""艺术广场"等景区。其中世界最高的冰建筑圣·索菲亚大教堂和最长的冰建筑冰长城还

[①]《冰灯雪景迎嘉宾——第二十届冰灯游园会导游》，《哈尔滨日报》1994 年 1 月 5 日。

入选了基尼斯世界纪录，充分体现了民族艺术融入世界文化园林的能力。

进入21世纪，冰灯游园会（图3-5）的视野更加开阔。2001年，以"新世纪·冰之梦"为主题，建造了"奔向明天""世纪舞台""科幻太空""北疆冬趣""南亚采风"等九大景区。2006年是"中俄友好年"，则以"冰释华夏文化看古今，灯结中俄友好话未来"为主题，通过"梦回红楼"、"梁山好汉"、"大话西游"、"三国鏖兵"和"俄罗斯风情"五大景区，再现了中俄经典文化。2008年是中国奥运年，又以"中国冰雪游·冰雪家园之旅"为主题，以"欢乐冰雪大家庭·和谐奥运中国年"为主要内容，设立了八大景区，并且创造了最大冰花、最大米老鼠和世界首个可演奏的冰钟三项世界之最。

哈尔滨冰灯游园会的发展是一个不断增加文化内涵的过程。2007年以"奇思妙想——再现世界著名童话故事"为主题的第三十三届冰灯游园会，设立了"哈利·波特""格林童话""一千零一夜""中国童话""安徒生童话""动物童话""韩国风情园""童话天地"八个景区，将世界著名童话囊括其中。2009年，第三十五届冰灯游园会首次和世界娱乐巨头迪士尼公司联合举办，设立了"米奇与朋友""小美人鱼""迪士尼公主""木偶奇遇记""阿拉丁城堡""玩具总动员""汽车总动员"等十大景区（图3-6）。一个个家喻户晓的迪士尼经典故事经过冰雕艺术家鬼斧神工的精彩演绎，让

图3-5　兆麟公园冰灯（江虹摄）

白雪·白金——冰雪文化产业的崛起与发展

图 3-6　2009 年兆麟公园与美国迪士尼公司合办的迪士尼冰灯游园会（江虹摄）

图 3-7　2009 年兆麟公园迪士尼冰灯游园会上的主雕塑（江虹摄）

游客仿佛走进了梦幻的童话世界（图 3-7）。冰灯游园会从展示地域风光到与世界娱乐巨头公司联合，实现了历史的跨越和与国际接轨。2010 年之后，冰灯游园会在引进动漫时尚元素与新潮娱乐形式的同时，更注重将冰灯的历史文脉和与科技相结合的独创性。2014 年，由哈尔滨冰灯艺术博览中心员工创意设计的用脚弹奏的世界上最大"音乐频谱冰钢琴"深受广大国内外游客欢迎。

雪雕观赏主要集中在美丽的太阳岛。1988 年，在哈尔滨兆麟公园冰灯风行全国、饮誉世界之际，太阳岛雪雕游园会也悄悄拉开序幕，并以其独有的巨大魅力，很快成为与冰灯游园会并驾齐驱的冰雪活动。

"千里冰封，白雪覆盖了太阳岛，覆盖了夏日的喧嚣，然而这里没有寂寞，聪明智慧的太阳岛人赋予了这皑皑的白雪以新的生命，雪雕已发展成为绽放在冰雪园地与冰灯媲美的一朵奇葩。"[①] "到过雪雕博览会的许多人，都为园内堆银砌玉的雪世界而惊叹，那些或大气磅礴或小巧精致的雪

---

① 张亚伟：《今朝雪雕更好看》，《黑龙江日报》1995 年 1 月 8 日。

雕、雪塑，令人领略到雪的神奇、雪的魅力。"[①]虽然早在1963年首届兆麟公园冰灯游园会上就出现了背驮七层宝塔的雪象，但直至1988年哈尔滨才有了大规模的雪雕展览。1988年，太阳岛风景区管理处为改变公园"半年闲"的状况，率领员工在太阳湖上用锹、铲等工具堆起了弥勒佛、北极熊、老寿星、狮身人面像、大象、狮子、鲸鱼等20余件雪雕作品。这些作品展出后受到热烈欢迎，一个新的冰雪艺术盛会也由此正式诞生。

雪雕的成功展出唤起了冰城人对雪雕创作的热情。太阳岛风景区在1989年举办了哈尔滨第一届群众雪雕比赛，参赛者将《春之声》《月亮神》《鄂乡情》《梅花鹿》《北极熊》等一大批优秀的雪雕作品呈现在美丽的太阳岛上。

1996年太阳岛风景区举办了首届哈尔滨国际雪雕比赛。来自世界各地的雪雕艺术家，以鬼斧神工的精湛技艺，赋予洁白如玉的雪坯以生命的灵性。一届届的比赛扩大了影响，促进了交流，也为雪雕游园会国际品牌的打造提供了基础。

2000年，太阳岛雪雕游园会在更名为哈尔滨雪雕艺术博览会的同时，也打破传统的办会方式，以"新世纪的冰雪童话乐园"为主题制作了冰雪景观，并增加了人工飘雪等参与性的内容。2001年，第十三届雪博会首次开始进行大型雪雕景观制作，创造了《万马奔腾》等雪雕作品，展现了雪雕艺术的宏伟壮观和渐臻成熟。2003年，太阳岛雪博会又有新的创意，以"都市雪乡，雪塑奇观"为主题，设立了"星光大道""太阳广场""情系天河"等十二大主题景区，还开展了"泼雪节""冰雪霓裳"、百名模特巡演等丰富多彩的冰雪文化活动。2004年的第十七届雪博会是太阳岛二期整治改造之后的第一届雪博会，融景观展示和雪雕观赏于一体，设有"浪漫雪旅""吉祥雪娃""太阳雪""冰雪驿站""梅香鸿运""辉煌华夏""四季雪风""沸腾雪乡"八大主题景区，并推出寻找"太阳使者"、冰上芭蕾、动感卡通游等一系列独具特色的冰雪文艺活动。

为打造国际品牌，太阳岛雪博会突出了规划设计的国际化。2005年第十八届太阳岛雪博会与日本旭川市合作办会。游人们在"瑞雪迎宾""泱泱华夏""黑土神韵""雪野欢歌""快乐归途"等景区尽情地领略《百鸟朝凤》《飞天》《太阳公公》《华盖》等雪雕作品中华神韵的

---

① 毛丽萍：《雪之缘》，《哈尔滨日报》2002年12月14日。

同时，也在"东瀛掠影"景区观赏到日本的城堡、古建筑、神话传说等30余件从不同侧面反映日本历史文化的雪雕作品。

2007年，太阳岛雪博会又以"枫叶红了的时候"为主题，和加拿大蒙特利尔市联合办会。大型主雕塑《穿越白令海峡》与《尼亚加拉大瀑布》（图3-8）气势恢宏，以一群身披兽皮的原始人，顶着风雪严寒，步履艰难，却目光坚定、神情刚毅地从落日的方向走过来的壮观情景，表现了他们历经千辛万苦，坚韧不拔地穿越凶险的陆地和严酷至极的白令海峡冰面，终于从亚洲到达美洲新大陆的传说和勇敢顽强、百折不回的伟大精神。在"枫叶之旅""圣·丹尼斯街""胜利女神""史努比快乐城堡""和平使者"等景区都可以体会到浓浓的加拿大风情。在魁北克古城名街——圣·丹尼斯街的"甜蜜小屋""狂欢小屋""冰酒吧""枫糖店"等4个特色小屋还可以品尝加拿大美食。

图3-8 2007年太阳岛雪博会中获上海大世界基尼斯纪录证书的《尼亚加拉风光》雪雕（杜宇摄）

2008年，第二十届太阳岛雪博会又以"风情法兰西·相约哈尔滨"为主题，与世界名城法国巴黎合作，展示具有法兰西特色的标志性建筑和文化。主雕塑《浪漫风情》（图3-9）的中心是

图3-9 2008年太阳岛雪博会中获上海基尼斯纪录证书的主雕塑《浪漫风情》（杜宇摄）

一个美丽的法国妙龄少女,她以长长的飘逸的秀发、伸展双臂托起的长纱和手中的香槟酒,优雅、动感、迷人地展示了法兰西独有的浪漫风情。"凯旋大道""塞纳河畔的岁月""喜迎奥运""辉煌历程""雪韵奇观追浪漫"等景区,向游人展示了中西合璧的冰城雪雕艺术杰作。

图3-10 太阳岛与芬兰共同举办的雪博会上的《圣诞快乐》雪雕(杜宇摄)

2009年,太阳岛雪博会与世界著名旅游城市芬兰以"走进太阳岛·共享绚丽芬兰"为主题(图3-10),在白雪皑皑的太阳岛设置了"圣诞老人村"。雪博会开幕之际,正宗的圣诞老人不远万里来到冰雪"圣诞老人村"办公,接待游客,解答问题,分发礼物。主雕塑《北极光下的童话》以世界最大单体雪塑圣诞老人而被世界多家媒体报道。2015年,第二十七届太阳岛国际雪博会主雕塑《绽放》又以"具有巨大震撼力和冲击感"而入选美国《赫芬顿邮报》评选的2014年"全球50个历史时刻"(图3-11)。

图3-11 《绽放》入选美国《赫芬顿邮报》评选的"全球50个历史时刻"(杜宇摄)

太阳岛雪雕的神奇、美丽、独特和国际化的办会道路，使其很快成为享誉国内外的一个亮丽品牌。

就在兆麟公园冰灯与太阳岛雪雕相映生辉、饮誉国内外之时，1999年冬天，哈尔滨又以一个新的创意把冰雪活动推向新的高峰，一个美丽奇特的冰雪王国——冰雪大世界赫然出现在世人的面前。

冰雪大世界高屋建瓴，海纳百川，新颖气派。第一届以"世纪门""快乐门""卡通门"为中心建设的"世纪之声""卡通世界""冒险乐园""冰上风情""雪场欢歌"五大冰雪景区，首次将冰雪美景观赏与冰雪娱乐集于一园，在以大景观、大冰雪让人震撼的同时，也突出了冰雪的娱乐性。在"世纪之声""卡通世界"景区设有供游人观赏的千禧龙、世纪门、世纪钟、华表、香港会展中心、澳门大三巴牌坊、台湾赤嵌楼、哈尔滨50年辉煌成就展廊、白雪公主、圣诞老人等冰雪景观。在"冒险乐园""冰上风情""雪场欢歌"景区，则有动感十足的参与性项目，有滑冰、滑雪、抽冰尜、神秘峡谷等冰雪娱乐活动，也有惊险刺激的雪山索道、攀冰岩、北极寻踪、雪地足球、雪地摩托车等。自此之后，每一届冰雪大世界都有一个具有鲜明时代特色的主题，都是集冰雪观赏与冰雪娱乐于一体，给游客以新的美感与体验。

每年都举办的冰雕、雪雕比赛，已从最初的哈尔滨市群众冰雕比赛发展为冰雕与雪雕齐头并进的全省、全国乃至国际性的冰雕、雪雕比赛（图3-12、图3-13、图3-14、图3-15、图3-16）。例如，全国大学生冰雕比赛、哈尔滨国际冰雕比赛、哈尔滨国际雪雕比赛、国际大学生雪雕比赛，还有哈尔滨市中小学生冰雕、雪雕比赛等。这些比赛由于参加的人员不同，展现出不同的特色。全省雪雕比赛体现了振兴黑龙江的宏大气魄。全

图3-12 第八届全国大学生冰雕比赛一等奖作品《纪念曼德拉》（杜宇摄）

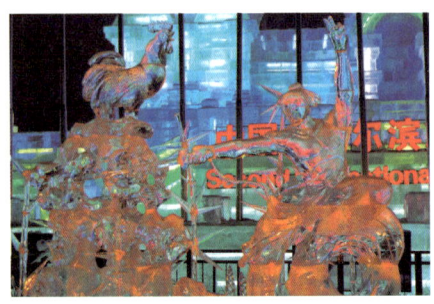

图3-13 第二届哈尔滨国际组合冰雕比赛一等奖作品《闻鸡起舞》（江虹摄）

图 3-14　第二十三届哈尔滨国际冰雕比赛一等奖作品《美女战士》(杜宇摄)

国雪雕比赛表现了祖国各地的冰雪艺术家对于中华民族文化和不同地域文化的个性阐释。在国际冰雕、雪雕比赛中，来自世界各国的冰雪艺术家带来了其各自国度的不同观念、文化传统和表现手法。全国大学生冰雕比赛和国际大学生雪雕比赛，表现的是一个共同的主题——青春的梦想与对未来的期望。中小学生冰雕、雪雕比赛作品，尽管还比较稚嫩，但同样表现出了热爱大自然与热爱科学的情怀，呈现出朝气与希望。

图 3-15　第十六届全国雪雕比赛一等奖作品《博客》(江虹摄)

图 3-16　第四届国际大学生雪雕比赛一等奖作品《皇家卫兵游行》(江虹摄)

第二节 以滑雪为主体的冰雪运动

黑龙江的冰雪运动具有悠久的历史，冰雪运动是北方人冬季主要的娱乐活动。中华人民共和国成立之后，黑龙江又有组织地开展了广泛的冰雪体育运动。早在20世纪50年代初，就在哈尔滨举办了全国第一届冰上运动大会。1959年，第一届全国冬季运动会的部分赛事也是在哈尔滨进行的。改革开放之后，在黑龙江先后举办了第三届、第五届、第七届、第十届、第十一届全国冬季运动会。1996年，举办了第三届亚洲冬季运动会。2009年，又举办了第二十四届世界大学生冬季运动会。集竞技与群众冰雪娱乐于一体的冰雪运动是黑龙江冰雪旅游与中国体育界一个值得自豪的项目。

一、名扬世界的黑龙江滑雪旅游

黑龙江大众滑雪源起于1996年在亚布力召开的第三届亚洲冬季运动会，兴盛于1998年开始的第一届中国黑龙江国际滑雪节，目前已经成为集冰雪竞技与冰雪旅游于一体的冬季休闲运动方式。

1. 国际水平的高端滑雪

闻名中外的亚布力滑雪场地处张广才岭余脉，位于由大锅盔山、二锅盔山和三锅盔山所围绕的广阔腹地。世界十大滑雪场之一、亚洲最大的滑雪场——亚布力滑雪场隶属于黑龙江省体育运动委员会，是"中国规模最大，设施最先进，服务最完善，集竞技滑雪与旅游滑雪于一体的综合性高档次滑雪场。亚布力滑雪场拥有国际标准的场地、场馆和附属设施，其中高山滑雪场、自由式滑雪场、K90m跳台滑雪场已于1995年通过国际滑雪联合会（FIS）的验证，并被授予证书。单板U池场地，越野滑雪场地和冬季两项滑雪场"[1]，也得到国际滑雪联合会（FIS）和冬季两项联盟（IBU）的认可。2009年举办大冬会期间，服务设施进一步提档升级，引进了电子

---

[1] 《黑龙江哈尔滨旅游景点大全》，豆丁网《互联网文档资源》2016年9月29日。

测距系统，滑雪空中技巧比赛也启动了电子评分系统，并且实现了大规模的高清转播，建在亚布力的国际广播电视中心，每天把赛会信息传递到世界各地。

亚布力滑雪场凭借得天独厚的自然条件和完善的场地设施，不仅举办过第三届、第五届、第七届等全国冬运会，还成功举办过第三届亚洲冬季运动会和第二十四届世界大学生冬季运动会等国际雪上赛事，在这里曾涌现出李妮娜、贾宗洋等令人自豪的世界冠军。

亚布力滑雪场还是国家很多冬季项目的训练基地。"国家极地科学考察办公室的冬季训练基地自 1984 年在这里设立以来，已经接待了 29 批赴南极科学考察的人员，他们在这里进行冬季适应性训练。2003 年，中国残疾人冬季训练基地也设立在亚布力滑雪场，中国滑雪协会也把亚布力滑雪场设为国内的滑雪训练基地。"[①] 苇亚铁路开通之后，亚布力拥有了中国第一个滑雪场火车站（图 3-17），更如虎添翼，名声远扬。

哈尔滨体育学院的帽儿山滑雪教学基地（图 3-18）坐落在尚志市帽儿山镇，由初级雪场和大青顶子高山雪场组成。帽儿山滑雪场是大学生的滑雪乐园，洋溢着青春和现代的气息。走进滑雪场，远远地就看见运动员

图 3-17　直达亚布力滑雪场的我国第一座滑雪场火车站（江虹摄）

---

① 《黑龙江哈尔滨旅游景点大全》，豆丁网《互联网文档资源》2016 年 9 月 29 日。

图 3-18　帽儿山滑雪场的滑雪者（王东海提供）

公寓楼顶矗立着的巨型单板滑雪板模型，张扬的未来感、青春感十足。帽儿山滑雪场是中国大学生冰雪运动项目训练基地、国家U形槽单板滑雪训练基地，也是国家体育总局体育社会科学研究基地和教育部大学生冬季冰雪训练基地。该雪场拥有7条滑雪索道和各类雪道7条，配备了亚洲第一条具有整体防风罩和电加热座椅的6人吊箱、4人吊椅混合式全自动脱挂索道以及世界最先进的全自动电子靶系统，培养了众多优秀的运动员。2009年，帽儿山滑雪场和亚布力滑雪场共同承办了第二十四届世界大学生冬季运动会。

　　坐落于国家4A级风景区二龙山的龙珠滑雪场也是国内外久负盛名的滑雪场。龙珠滑雪场是黑龙江省民营企业较早投入巨资的滑雪产业。从20世纪90年代创立至今，龙珠滑雪集团逐渐发展成为中国最具规模的滑雪旅游产业集团。继1996年参与承办第三届亚洲冬季运动会赛事项目建设后，1999年又投资2.8亿元建设了龙珠二龙山滑雪场（亦称"龙珠滑雪场"）。2000年，龙珠滑雪场被中国滑雪协会指定为备战冬奥会自由式滑雪训练基地，多次承办自由式滑雪比赛、全国高山大众滑雪系列赛等重要赛事。2004年，"国际雪联自由式滑雪空中技巧世界杯分站赛又选择了龙珠滑雪场，这是国际雪联首次在我国举办的国际性滑雪赛事，龙珠滑雪场作为我国第一家举办如此高水平国际赛事的滑雪场而被载入了史册"[1]。2003年，会同格力集团对亚布力地区原有的高山滑雪场进行改造，龙珠滑雪场正式更名为龙珠·环球动力（亚布力）国际滑雪场。2004年，龙珠集团又投资建设了黑河龙珠远东国际滑雪场，这座位于祖国最北端的省级风景名胜区滑雪场，是远东地区第一个大型旅游滑雪场，也是龙珠滑雪集团迈向国际滑雪旅游市场的里程碑。

---

[1]《永求卓越的龙珠滑雪集团》，《中国企业报》2014年1月12日。

2. 独具魅力的个性滑雪

随着滑雪产业的发展壮大，黑龙江不但兴建了能承担全国与国际滑雪赛事的高端滑雪场，而且逐渐兴建了具有个性魅力的特色滑雪场。2008年，黑龙江省旅游局推出了最具影响力滑雪场、最具挑战滑雪场、最受欢迎滑雪场、最具竞争力滑雪场和最佳服务滑雪场五大个性滑雪场。2010年，又推出自然生态滑雪场、最具韩国风情滑雪场、时尚度假滑雪场、中俄风情滑雪场，以及平山神鹿儿童滑雪场、吉华儿童滑雪场、名都儿童滑雪场（图3-19）三大儿童滑雪场。这些个性滑雪场以其自身的优势和特色魅力吸引着来自国内外的滑雪爱好者。

位于哈尔滨市阿城区的玉泉国际狩猎滑雪场是中国最早的滑雪场，始建于1931年。中华人民共和国成立后，黑龙江省将这个昔日只有少数人可以使用的滑雪娱乐场所变为滑雪人才培养基地，曾有数名全国滑雪冠军从这里诞生，其中的佼佼者还代表国家参加冬季亚运会、世锦赛和冬奥会。

被称为中国"滑雪之乡"的乌吉密滑雪场始建于1964年，是我国首个举办正式比赛的滑雪场。第一届、第二届、第三届全国滑雪比赛都是在此举办的。在条件艰苦、设施简陋的情况下，该滑雪场为国家输送了700多名优秀的滑雪健儿，其中有30多名成为滑雪冠军。2008年，在第十一届中国黑龙江国际滑雪节"隆冬发烧友滑雪月"开滑式举办之时，第一届乌吉密韩国投资企业协会单板比赛选择了乌吉密滑雪场，中韩滑雪爱好者在这里共同分享了滑雪带来的快乐。

大兴安岭映山红滑雪场地处我国最北部，以独特的浩瀚林海、神奇的北国风光、浓郁的少数民族风情和独有的冰雪资源闻名于世。这里从每年的10月下旬到次年的5月上旬都可以滑雪，是我国最早进入滑雪期、最晚结束滑雪期的地区。每年的黑龙江初冬

图3-19　名都儿童滑雪场（江虹摄）

热身滑雪月活动都在这里举办，是全国著名的"初冬滑雪胜地，晚春戏雪乐园"。在这个我国最早开滑的广阔滑雪场上，无数滑雪爱好者抑制不住按捺已久的滑雪激情，纷纷从各地赶来大过初冬滑雪之瘾。

哈尔滨吉华旅游集团斥巨资建设的吉华滑雪场，是一个融合了大众旅游滑雪和竞技滑雪的滑雪场。每年3月，中国黑龙江国际滑雪节"春天活力滑雪月"开滑式都在这里举办。年年举办，年年出新。新颖独特的泳装滑雪表演、雪上芭蕾、雪上千手观音、卡通滑雪、雪山飞狐、"雪之恋"系列滑雪表演等新颖独特的冰雪活动和发烧友滑雪挑战赛、滑雪俱乐部春季滑雪对抗赛、全国大众高山滑雪巡回系列赛分站赛、"赏春雪·滑春雪·赢大奖"等精彩赛事和活动，为广大来宾展示了春季滑雪的时尚、浪漫、潇洒和这个季节特有的清新与惬意。多年的快速发展为吉华滑雪场带来殊荣，其先后被评为5S级旅游滑雪场和"最受欢迎滑雪场"等。

由于滑雪产业的巨大魅力，有条件的地区都根据本地的资源优势开发独具特色的滑雪场，如佳木斯卧佛山滑雪场、伊春梅花山滑雪场、铁力日月峡滑雪场、鸡西动植物园滑雪场、横道河子滑雪场、方正得莫利滑雪场、双峰滑雪场等。而哈尔滨的滑雪场就更多了，月亮湾滑雪场、冰雪大世界滑雪场、伏尔加庄园滑雪场等都吸引了很多滑雪爱好者。阿城区还联合《新晚报》开办了滑雪超市。在他们陆续开发的众多滑雪场中，有可接待大型比赛和高端滑雪发烧友及高级赛事的3S级雪场，有可接待团体、冬令营、会员、旅行社、散客的2S级雪场，也有适合初级滑雪者进行训练和体验的小雪场，还有雪地高尔夫练习场。为提升阿城区滑雪产业整体形象，有关部门还举办了大学生雪地节、极地越野赛、青少年滑雪比赛等冰雪活动。

3. 异军突起的儿童滑雪

中国滑雪人数逐年增加，越来越多的青少年投入到这项活动中，儿童滑雪游客占比大幅度提升。为适应儿童的滑雪需求，很多滑雪场设置了专门的儿童滑雪场地。2003年11月，龙珠二龙山滑雪场建设了首座儿童滑雪场，仅对身高在140厘米以下的儿童开放。雪场内设置了雪上巡逻队，专门有滑雪教练教授滑雪技术，还推出了"酷宝宝滑雪月"活动。2004年，为深入开展"百万青少年上冰雪"活动，哈尔滨儿童公园建设了市内第一个儿童滑雪场，使热爱滑雪的小朋友在家门口就可以享受到滑雪的乐趣。2005年，吉华、亚布力等大型雪场也相继开设了儿童滑雪场。在滑雪热潮中，儿童滑雪也渐成时尚。

2006年年末，在黑龙江省旅游局、省森林工业总局的支持下，黑龙江省森林旅游管理局、平山旅游区管理局投资300多万元打造的平山神鹿儿童滑雪场一出现，就很快成为滑雪旅游的亮点。平山神鹿儿童滑雪场是在借鉴了北美、欧洲等世界一流儿童滑雪场的建造标准和模式基础上创建的与国际接轨的世界一流专用儿童滑雪场。黑龙江省旅游局薄喜如局长说："平山儿童滑雪场的建成，标志着黑龙江省、我国结束了没有儿童专用滑雪场的历史，儿童滑雪场的建成也标志着黑龙江省滑雪产业的全面提速。"①

这些儿童滑雪场的先后建立，为开展丰富多彩的儿童滑雪活动提供了基础。第九届滑雪节期间，黑龙江省旅游局首次向社会征集10岁以下的"滑雪宝贝"，让他们在滑雪场上展示自己的滑雪技艺。这项活动得到了很多家长的支持。他们认为，在冰天雪地中滑雪是让孩子们接触大自然的最好运动方式之一，不仅可以提高孩子的身体素质，而且可以磨炼孩子战胜困难的顽强意志。而这些"滑雪宝贝"的适应能力和娴熟的滑雪技艺也赢得了阵阵赞许声。2006年，哈尔滨市首届全国少儿滑雪冬令营在二龙山龙珠滑雪场开营，孩子们离开父母，开始了亲近自然、锻炼身体、互相帮助的滑雪健身之旅。

4.举办多项全国与国际滑雪比赛

由于黑龙江滑雪场（图3-20）得天独厚的自然条件和完善的设施，很多全国和国际雪上项目比赛选择了在这里举办。第三届亚洲冬季运动会使亚布力滑雪场名扬中外，第三届、第五届、第七届、第十届、第十一届全国冬季运动会也曾在黑龙江举行。2009年，亚布力滑雪场和帽儿山滑雪场共同承办了第二十四届世界大学生冬季运动会的雪上项目。在这次运动会中，涌现出很多的世界冠军。其中，李妮娜以领先对手50分的成绩，获自由式滑雪女子空中技巧金牌，为中国

图3-20 白雪之巅的滑雪场
（王东海提供）

---

① 王昀：《儿童雪场为黑龙江省滑雪产业提速》，《黑龙江日报》2006年12月29日。

图 3-21　比赛进行中（王东海提供）　　图 3-22　到达终点（王东海提供）

代表队夺得大冬会历史上首枚雪上金牌；又在贾宗洋获自由式滑雪男子空中技巧金牌后，和贾宗洋、刘忠庆三人共同获得了自由式滑雪男女混合团体金牌。刘佳宇在帽儿山赛区单板滑雪女子U形池决赛中，以46.7分的成绩摘得金牌，此项目的银牌、铜牌和第四名也都被中国女孩包揽，帽儿山见证了中国滑雪健儿为国争光的辉煌时刻。

滑雪集刺激性、休闲性、娱乐性与健身性于一体，目前已经成为冬季的一种时尚活动。每到冬季，各种滑雪活动和赛事令人目不暇接（图3-21、图3-22），如"全国高山滑雪大众滑雪系列赛""吉华长寿山风雪行全国春季大众滑雪精英赛""中日韩单板对抗赛""中俄滑雪邀请赛"，以发烧友为主体的"中瑞滑雪发烧友高山挑战赛"、哈尔滨体育学院高山滑雪场发烧友"北国风情"越野滑雪赛，"企业家论坛名人滑雪邀请赛"、全省新闻界"长寿山·雪上飞"杯滑雪大赛、"伏尔加庄园千人越野滑雪"、"中国雪乡林海雪原越野滑雪"，还有浪漫的"冬季恋歌情侣滑雪比赛""化妆滑雪表演"，以及"中小学生滑雪冬令营""中国青少年滑雪大奖赛""滑雪宝贝"评选等，热闹非凡。国内外的滑雪爱好者纷至沓来，本就热爱冰雪的黑龙江人更是积极投入滑雪行列。第一届中国黑龙江国际滑雪节就接待游人30万，第二届增加到40余万，第五届首超100万，第九届时已高达400万。

二、精彩纷呈的冰上运动

虽然目前滑雪的声势最大，但黑龙江最早的冰雪体育运动却是冰上活动。早在20世纪50年代，滑冰、冰球等就成为广大人民群众所喜爱的冰上体育活动。早期著名的冰雪歌曲《冰上圆舞曲》和冰雪影片《冰上姐妹》等都是表现滑冰的。在这个边疆大省创造了若干个冰上运动第一，如组建了全国第一支工人业余冰球队，承办了东北地区第一届冰上运动会和全国第一届冰上运动会，出现了全国第一个冰上运动世界冠军等。

改革开放之后，中共中央发出进一步发展体育运动的通知，并指出体育是"关系到人民的健康、民族的强盛和国家的荣誉"的大事，要求全国各地都要"立足本地区，面向全世界"，"在本世纪内把我国建设成体育强国"。在此号召下，黑龙江省的冰上运动有了更大的发展。1985年举办首届哈尔滨冰雪节之际，还举办了丰富多彩、项目齐全的首届冰雪运动会。

在众多的冰上运动中，冰球因为要求运动员有超强的力量和速度，还要勇敢敏锐、机智果断，且比赛激烈对抗而充满魅力，因其现场比赛火爆、精彩、刺激曾在哈尔滨风靡一时。20世纪80年代，哈尔滨的多家大工厂组织了业余冰球队，不定期进行比赛。冰球最火的时候，每场比赛都是群雄争霸、胜负难分，一票难求。哈尔滨一队曾多次在全国甲级联赛中夺冠。1985年组建的女子冰球队也成绩不俗，在全国比赛中屡战屡胜。中国国家女子冰球队成员大多数是黑龙江人，曾于1996年和1999年两次获得亚洲冬季运动会女子冰球比赛金牌，1998年获得在日本长野举办的冬奥会女子冰球比赛第四名。

1993年，哈尔滨建成了有史以来规模最大的冰球馆和人工制冰场，面积达12835平方米，拥有现代座席4830个，不但让运动员冬季不再忍受风寒之苦，可以一年四季都在室内进行训练，而且多次承办全国与世界性冰上大型比赛，如国际女子冰球邀请赛、全国女子冰球锦标赛、世界冰球赛远东地区资格赛、世界花样滑冰大奖赛，中、日、俄女子冰球比赛，亚洲冰球联赛等。2005年10月，黑龙江省体育竞赛管理中心成功承办的哈尔滨国际女子冰球邀请赛，让冰城观众大开眼界。2007年在齐齐哈尔举办的世界冰球甲级A组锦标赛，又让鹤城观众目睹了国际级的冰球竞赛水平。2008年4月4日至12日在哈尔滨举办的世界女子冰球锦标赛，更是吸引了国内众多观众的热情参与，精彩激烈的竞技场面令观众兴奋不已，掌声不断。2009年1月4日和5日晚，俄罗斯苏维埃冀队和中国哈尔滨队男子冰球对抗赛在哈尔滨冰球馆进行，两支球队的精彩对抗让现场的冰球爱好者感受到了冰球带来的激情和快乐。

冰雪体育是北方人的骄傲。冰上运动的普及，培养和张扬了北方人热爱冰雪和勇于拼搏的精神。滑冰不但和冰球一样深受黑龙江人民喜爱，而且有众多的运动员登上了世界最高领奖台。

2009年，在哈尔滨举办的第二十四届世界大学生冬季运动会上，中国冰雪健儿以18枚金牌的战绩位居金牌榜首，实现了历史性的突破。花样滑冰名将申雪、赵宏博坚韧拼搏，分别在1998年、1999年、2003年、2004年、2006年共5次获得国际滑联花样滑冰大奖赛冠军，又在2010年2月的温哥华冬奥会上夺得我国第一个花样滑冰双人滑冬奥金牌，打破了俄罗斯运动员在这个项目上长达46年的冬奥金牌垄断。同样是在这届冬奥会上，王濛一个人拿到3块金牌：一是短道速滑女子500米冠军，在王濛本人实现该项目蝉联冠军的同时，也创造了中国队该项目的三连冠；二是女子短道速滑1000米冠军；三是和周洋、张会、孙琳琳共同拼搏，获得中国首个女子短道速滑3000米接力赛冠军。2012年，哈尔滨姑娘于静在加拿大举行的速度滑冰世界锦标赛上，创造了女子500米的世界纪录，并成为世界首个突破500米37秒大关的女选手。2018年韩国平昌冬奥会，武大靖又在夺得短道速滑男子500米金牌的同时，打破该项目的世界纪录，极强地显示了北方运动员为国争光，为世界创造奇迹的坚强实力。

而在全国性的冬季运动比赛中，黑龙江的成绩就更是所向披靡了。2003年，在十冬会上，18岁的王霏一人获得速滑女子1500米、3000米、5000米、全能四项冠军，成为十冬会最具爆炸性的新闻。2005年4月，在全国瞩目的第十届全运会上，由于杨扬、王濛、王伟的参赛，女子短道速滑的全部金牌都被七台河滑冰队尽揽囊中。多年来，被称为"冠军摇篮"的七台河女子短道速滑训练队培养的近百名队员参加了国内外重大比赛，成绩傲人，曾经荣获奖牌400余枚，并有十余次打破全国、亚洲、世界纪录。

最令人自豪的还是新生力量在国际冰坛上的头角峥嵘。2009年，首次参加国际大赛的隋文静、韩聪在2009—2010年国际滑联花样滑冰大奖赛总决赛青年组双人滑比赛中脱颖而出，喜获冠军。与此同时，他们的分站赛、积分赛、总决赛"小满贯"更给大家带来后继有人的惊喜。在2011年的短道速滑世锦赛中，范可新在女子500米中神勇夺冠后，又和刘秋宏、李坚柔、张会共同获得女子3000米接力赛金牌，以年轻的肩膀挑起女子冰上运动的大梁，使中国队保持了在此项目上的优势地位。

三、飞跃发展的冰壶运动

冰壶（图3-23），也叫冰上溜石，是一种集健身与竞技、运动与智慧于一体，以队为单位在冰上进行投掷性比赛的冬季项目。冰壶运动于14世纪起源于苏格兰，18世纪传入北美。因其高雅、绅士的特点和对体能的要求不高，而深受各年龄层人们的喜爱，并很快传播开来，在加拿大、美国、瑞士、挪威及丹麦都很流行，目前已经成为全球性冬季运动和冬季奥运会比赛项目。

哈尔滨从1988年初开展冰壶运动，地点在南岗体育场。9名体育工作者俱乐部的工作人员为培养冰壶爱好者在此准备了冰壶，供有兴趣者投掷。为促进冰壶运动的更大发展，1995年，黑龙江省体委聘请了有经验的日本教练员在哈尔滨举办了第一届全国冰壶培训班。翌年，松花江上的冰雪游乐中心专设了冰壶场，供游人使用。

冰壶运动的兴起引起国家体育局的重视，1997年正式批准在我国开展冰壶运动。2000年2月，哈尔滨首次组队赴日本参加在轻井泽町举办的冬奥会纪念杯国际冰壶冠军赛。在此前后，哈尔滨还举办了全国冰壶锦标赛和国际冰壶邀请赛。2002年，中国首支冰壶专业队在哈尔滨正式宣告成立，开启了冰壶运动专业化的新时代。

2003年，全国第十届冬季运动会在哈尔滨举办，冰壶首次被列入正式比赛项目。在这次比赛中，哈尔滨男队、女队技压群雄，双双夺冠。2004年2月，在沈阳举行的全国冰壶冠军赛，哈尔滨市体育运动学校代表队力挫群雄，获男子组冠军，哈尔滨市代表队获女子组冠军，再一次彰显了黑龙江冰壶运动的实力、水平。

一般来说，一个国家开展冰壶运动要10年至15年才能出成绩，但刚刚组队几年的中国女子冰壶队，就已冲出国门，在世界性比赛中连创佳绩。2004年，哈尔滨女子冰壶队代表中

图3-23 2014亚太青年冰壶锦标赛（杜宇摄）

国第一次参加泛太平洋地区冰壶锦标赛，获得第四名。2008年，在加拿大弗农举办的世界女子冰壶锦标赛中，中国女子冰壶队又获银牌，世界为之震惊。

2009年是哈尔滨姑娘连续刷新中国女子冰壶与冰雪运动历史的一年。2月，在哈尔滨举办的第二十四届世界大学生冬季运动会上，经过9天的激烈角逐，在和世界劲旅加拿大冰壶队鏖战10局之后，中国女子冰壶队荣获冠军，实现了中国在世界综合性冬季运动会集体项目上金牌零的突破，填补了空白。同年3月，由哈尔滨姑娘组成的中国女子冰壶队再次出征并创造了奇迹，在韩国江陵进行的2009世界女子冰壶锦标赛决赛中，以8：6战胜都灵冬奥会冠军瑞典队，首夺世锦赛冠军，为家乡和祖国争得了荣誉。冰壶队的姑娘是哈尔滨的骄傲，也是中国的骄傲。

中国冰壶队在国际比赛中的辉煌战绩极大地激发了群众冰壶活动的开展，在温哥华冬奥会后成立的中国首支中小学生冰壶队落户哈尔滨。一些冰壶爱好者还成立了黑龙江昊远冰壶俱乐部、哈尔滨传世冰壶俱乐部等。中小学生户外冰壶比赛、万名网友冰壶趣味体验活动也在有关部门及传媒的热情组织下举行。2018年3月，黑龙江省残疾运动员代表国家出征平昌冬季残奥会，以6：5战胜挪威队，获轮椅冰壶总冠军，为我国赢得冬季残奥会首枚金牌。

四、丰富多彩的群众冰雪体育活动

北方人的冰雪体育活动具有悠久的传统。继往开来的"百万青少年上冰雪"活动起源于1978年，是由黑龙江省政府办公厅牵头，原省体委、省教委等12家单位共同发起的。在40多年的发展中，这一活动不断增添新的内容，并被赋予新的内涵。例如，哈尔滨市中小学除了上冰上课以外，还开展多种多样的主题冰雪活动。冰雪大世界滑雪场、二龙山龙珠滑雪场和吉华滑雪场都创办了哈尔滨"百万青少年上冰雪"活动基地。

"十一五期间，'百万青少年上冰雪'活动不仅争取到了国家体育局的资金支持，还利用黑龙江省体育彩票公益金对各地进行资助，购置冰刀70000双，为总计16857所学校开展冰上活动创造了条件，共浇冰场8143

块，组织吸引了583万人参与上冰活动。"①

松花江江上冰雪娱乐中心和位于果戈里大街的俄罗斯冰雪健身河园等都是已有多年历史的群众冰雪体育活动场所。2009年1月，冰雪节期间，哈尔滨市旅游局和《生活报》在道外区维也纳音乐广场联手打造了全国最大的室外万米公益冰场。同时，八区体育场冰场、古梨园冰场、北大荒中心冰场、黛秀湖冰场、万宝镇政府广场冰场等也都向社会大众免费开放。

为吸引游客，每个冰雪园区都举办了独具特色的冰雪体育活动。冰雪大世界从第一届的千禧年冰雪主题乐园开始，就从单纯的冰雪景观观赏华丽转身，引进冰雪体育与冰雪娱乐项目，2001年还举办了"报达杯"国际攀冰友谊赛和"电信杯"第三届攀冰锦标赛。2010年，又增加了冰上碰碰车、雪地足球等冰雪竞技项目。

太阳岛雪博会在戏雪园区设有雪爬犁、雪滑圈、雪地卡丁车等，"脚滑子争霸赛"和"冰雪嘉年华"活动更是给热爱冰雪体育的游人带来了无穷乐趣。

2009年，哈尔滨冰灯游园会与迪士尼合作打造的冰雪娱乐世界，设置了冰上自行车、冰上摩托车、滑雪板、滑雪圈、冰上保龄球、冰上碰碰车、冰雪橇等冰雪体育娱乐项目，为传统的冰灯名园增添了新的活力。

各大滑雪场也都设置了滑雪圈等名目繁多的冰雪娱乐项目。香炉山"冰川雪谷"的过雪山、雪地摩托车、雪地足球、滑雪、雪上飞碟、攀冰、雪地CS（野外拓展活动），伏尔加冰雪乐园的越野滑雪、冰上保龄球、雪球大战，都新颖独特，趣味无穷。2010年，黑龙江电视台和黑龙江省体育局联合举办的旨在将冰雪体育融入民心的"冰雪乐翻天"，更是吸引了众多的市民与游人积极参与。

第二十四届世界大学生冬季运动会举办之后，一些专业冰雪场馆向市民开放，使热爱冰雪的人们有了更多更好的去处。2016年，黑龙江省将每年的12月20日确定为"黑龙江省全民冰雪活动日"。2018年国家体育局与黑龙江省人民政府共同举办的"赏冰乐雪"活动，更为极大地促进了群众冰雪体育的发展。冰天雪地中那矫健的身影，生动地展现了冰城酷省人民昂扬向上的精神风貌。

---

① 陆小平：《冰雪体育长廊主线与支线齐飞》，《黑龙江日报》2010年12月28日。

第三节 以诗文、音乐、美术为主体的冰雪艺术创作

一、冰雪文艺作品使冰雪美景变为永恒

冰雪,经过富有创造性的点染、演化、孕育出精美绝伦的冰灯游园会、雪雕艺术博览会和令人流连忘返的冰雪大世界等堪称人间仙境的冰雪活动场所。遗憾的是,这些良辰美景每年只有两三个月的生命,每到春暖花开之际,就消失得无影无踪了。然而,艺术家们呈现在舞台、荧屏、银幕上的冰雪文艺作品(图3-24),却将"瞬间的辉煌"变为永恒。并且,随着时间的推移,这些美景变得更加珍贵隽永、意义非凡。

生于北国,长于北国,生生息息与冰雪为伴的黑龙江人,不但富有喜爱冰雪、战胜严寒的豪迈,而且善于把他们的这种情怀付诸令人耳目一新的艺术形式。早在古代就有赞美冰雪的诗文,中华人民共和国成立后,冰雪体育运动的开展和1963年哈尔滨兆麟公园冰灯游园会的创办,引发了无数艺术家的情思,使对冰雪美景的赞美出现了前所未有的高潮。改革开放之后,随着冰雪文化产业的崛起,呈现出了通过冰雪诗文、冰雪音乐、冰雪摄影、冰雪书画、冰雪影视、冰雪动漫等传统与现代艺术形式全方位地表现冰雪的爆发态势。

最早表现冰雪的音乐作品是曹大沧作词、滕胜友作曲的《冰上圆舞曲》:"冬天来到北方,绿树披上银装,秀丽的松花江上,结成了天然冰场。啊!北方姑娘,冰上健将,在银色的冰上飞翔,纪录不断刷新,体魄无比坚强,青春的美妙理想,放射着五彩光芒。啊!北方姑娘,冰上健将,在银色的冰上飞翔!"这首赞美哈尔滨热火朝天滑冰运动的冰雪歌曲,以其独有的清新强健,被中国唱片社灌入新中国第一

图 3-24 冰上杂技
(黑龙江省杂技团提供)

批唱片之中,作为中华人民共和国成立十周年的献礼作品,并很快流传开来。哈尔滨火车站将它作为迎宾、送客曲播放。哈尔滨发往全国各地的列车也经常回响着它优美的旋律。

自此之后,冰雪歌曲就像飞扬的雪花一样,不断地飘洒在缤纷的文艺舞台上。《冬之歌》《冬令营之歌》《啊,冰帆》《冬泳之歌》等都以独有的情怀和旋律抒发了对冰雪的热爱和赞美。1980年,由王德作词、刘锡津作曲的《我爱你,塞北的雪》更是使冰雪歌曲的创作达到一个前所未有的高峰。"我爱你,塞北的雪,飘飘洒洒漫天遍野,你的舞姿是那样的轻盈,你的心地是那样的纯洁。你是春雨的亲姐妹哟,你是春天派出的使节,春天的使节。我爱你,塞北的雪,飘飘洒洒漫天遍野,你用白玉般的身躯,装扮银光闪闪的世界,你把生命溶进土地哟,滋润着返青的麦苗,迎春的花叶。"它以拟人的手法、优美的曲调,赞美了雪的高洁与柔情。经著名歌唱家周琪华、李广仙、殷秀梅的演唱,立刻成为大江南北广为传唱、经久不衰的冰雪经典歌曲,并被定为哈尔滨冰雪节节歌。

20世纪80年代中期,哈尔滨举办冰雪节之后,冰雪文艺作品更多地以文艺晚会的形式表达对冰雪的赞美,并且随着时代的发展,晚会的规格、层次也不断升级。

1988年,第四届哈尔滨冰雪节文艺晚会上的《嬉雪》第一次以舞蹈的形式表现了少年喜雪、恋雪,在雪中自由快乐地嬉戏时的喜悦心情。同台演出的小提琴曲,以优美的旋律表现了哈尔滨冰灯游园会的绚丽多彩。第五届哈尔滨冰雪节文艺晚会从整体上创造了冰雪的意境。在千里冰封、万里雪飘的背景中,身着晶莹雪花服的女主持人像雪花仙子一样,从雪野深处走来,独唱演员深情地唱着《我爱你,塞北的雪》。

1991年的第七届冰雪节文艺晚会,哈尔滨市文化部门精心地设计了以冰雪为中心的"飞雪迎春""冰城风采"等四个部分。在"飞雪迎春"中,几个身着银装的舞蹈演员,手持晶莹的雪花,在冰灯、树挂的映衬下,翩翩起舞。在"冰城风采"中,闻名全国的哈尔滨冬泳和滑冰被搬上了舞台,8名年轻漂亮的女演员足蹬冰鞋边滑边舞,将舞蹈的轻盈和冰雪体育的健美有机地融合在了一起,创造了一种新的艺术美。在最后部分,8名扮作八仙的京剧演员,用字正腔圆的京剧唱腔赞美了如梦如幻、绚丽多彩的哈尔滨冰灯。

冰雪艺术的独有魅力和深受欢迎,使一些大型体育赛事的开幕式、闭幕式与文艺晚会也以冰雪为载体。1991年在哈尔滨举办的第七届全国冬季运动会开幕式上，首次推出了大型冰雪舞蹈艺术作品《冬之春》。《冬之春》共分四场。第一场"北国之冬"展现在观众面前的是银镶玉砌的童话世界。在清脆的鞭声中，3只狗驾驶的爬犁拉着冰雪老人跃上冰面。16对分别身着蓝衣红袄的青年男女，足蹬冰鞋，手舞红帕，热情奔放地扭起东北大秧歌。在《我爱你，塞北的雪》的歌声中，8名姑娘在冰上跳起了欢快的舞蹈，同冰雪老人、秧歌队员一起欢迎来自四面八方的冰雪健儿。冰舞《冬之春》是哈尔滨最早推出的大型冰雪艺术作品，它成功地运用冰上表演和舞台艺术相结合的形式，表现了哈尔滨的冰雪魅力，表达了冰城儿女的火热情怀。

1996年举办的第三届亚洲冬季运动会开幕式上的《太阳·冰雪·亚细亚》和2003年举办的第十届全国冬季运动会暨第十九届中国·哈尔滨国际冰雪节开幕式上的《冰雪飞扬》等大型文艺演出，也都是以冰雪为中心热情讴歌冰雪体育精神的。

《太阳·冰雪·亚细亚》气势恢宏地在会歌《赞美冰雪》中拉开序幕，上千名演员和冰雪健儿在"飞雪迎宾""吉祥如意""冰雪奇葩""亚细亚走向辉煌"中，进行了陆海空、上中下立体交叉的冰雪艺术表演。

以"冰雪飞扬"为主题的第十届全国冬季运动会暨第十九届中国·哈尔滨国际冰雪节开幕式规模盛大，由"序幕""冰雪之巅""冰雪之光""冰雪之风"和"相约哈尔滨"5个部分组成，黑龙江省歌舞团、俄罗斯莫斯科明星芭蕾舞团等20多个单位的1000多人演出了大型歌舞、冰上芭蕾舞、花样滑冰等多种形式的冰雪文艺节目。著名花样滑冰运动员申雪、赵宏博也在冰上施展绝技。演出采取冰面、舞台和空中多维进行的形式，如在第一场中，一群少年在冰面上滑冰舞，独唱演员在舞台上演唱《从冰雪中走来》，同时几个身着白衣的杂技演员从斜拉于空中的钢架上徐徐下落，如同白雪仙子从天上翩翩而降。

冰雪书画与冰雪摄影近年来也获得了极大的发展。由于对冰雪的热爱，很多书画与摄影艺术家把目光投向了冰雪世界。冰雪书画、冰雪摄影在20世纪80年代中后期至21世纪出现了前所未有的兴盛。以冰雪为标题的书画展和摄影展已经成为近年来冰雪文化活动中一道极具人文内涵的亮丽风景。

自1985年哈尔滨举办冰雪节以来，《黑龙江日报》每年都举办"冰雪笔会"，众多国内外艺术家挥毫泼墨，书冰绘雪。此外，哈尔滨日报社、黑龙江省中华文化发展基金会、黑龙江省老年书画研究会等也都举办过冰雪笔会。哈尔滨市的很多单位，如哈尔滨市老龄委、哈尔滨市老干部活动中心、哈尔滨市老年书画研究会等单位还举办过冰雪节书画展。例如，1992年的"东北三省老年书画展"，1996年的"第三届亚冬会书画展"，2003年的"冰雪情"全国中老年书画名家大展，等等。

如果说各种各样的冰雪笔会、书画展览显示了黑龙江书画艺术家对冰雪艺术的热爱和积极参与的热情，那么以于志学为代表的"冰雪山水画派"的出现则以开宗立派的气势给中国画坛以巨大的惊喜与冲击（图3-25、图3-26）。从小与冰雪结缘的于志学立志要用画笔为冰雪立传。在长期的艰苦探索中，他研究出独有的表现冰雪的绘画方法，很多有志于冰雪山水画的学子追随其后，逐渐形成声势浩大的冰雪画派，名扬国内外，在每年一次的冰雪画展上都有令人惊喜的新作出现。

冰雪摄影虽然在20世纪四五十年代就有作品出现，但真正兴盛起来还是在1963年哈尔滨兆麟公园举办冰灯游园会之后。白天纯洁晶莹、晚上绚丽多彩的冰雪美景，激发了摄影者的创作激情，素有冰雪情结的他们纷纷将镜头对准了冰灯这一北国冰城独有的美景。崔彦勤、郑学清、郭存发、刘维滨等摄影记者都拍摄了很多冰雪美景。如梦如幻的冰灯，洁白如玉的雪雕，飞驰而下的滑雪，多姿多彩的冰雪娱乐，都曾被摄入他们的镜头。很多业余冰雪摄影爱好者也加入了这个队伍。每当大雪过后，或冰灯、雪雕游览会开园之际，

图3-25　于志学冰雪山水画《寂静的雪野》（卢平提供）

图3-26　于志学冰雪山水画《塞外曲》（卢平提供）

都有无数的冰雪摄影爱好者满怀激情，不畏严寒，携带着"长枪""短炮"，前往冰雪胜地拍摄。

神奇多彩的哈尔滨之冬还吸引了很多国内外的摄影者，仅哈尔滨师范大学艺术学院就曾经接待过从北京、杭州、西安、珠海、新疆、江西，以及俄罗斯阿穆尔州、符拉迪沃斯托克等地前来黑龙江拍摄冰灯、雪雕的不少摄影艺术家。

有的本地摄影艺术家不满足于城市的冰雪美景，以探险的精神向外开拓。哈尔滨驻军摄影师毕强以艺术家的眼光发掘出林海雪原的浩瀚之美，使世代深藏于深山的"雪乡"——双峰林场声名远扬。孟伟除了拍摄冰城冰景、雪乡雪景，还拍摄了镜泊湖的冰瀑、五大连池的雪地白桦、伊春大坪乡的雾凇、齐齐哈尔扎龙的丹顶鹤。徐力群和夫人潘蓉走得更远，他们自费去冰岛、丹麦、挪威、瑞典、芬兰、加拿大，拍摄那里的冬天。2013年，著名摄影家王建男在历经7年16次深入北极圈8个国家探险之后，在哈尔滨举办了"生命北极——王建男环北极摄影考察（16回合）作品展"，将他以镜头记录的北极真实状况呈现给广大市民与游人。由于冰雪摄影作品的大量涌现，以及为扩大对冰雪文化的宣传，哈尔滨冰雪节自1986年第二届起就相继举办了多次冰雪摄影展览，如"北国之冬"摄影大赛、"腾飞的哈尔滨"冰雪摄影展。自1997年后每年一届的冰雪摄影大赛，还有近年来先后举办的"冰雪黑龙江主题摄影大赛""哈尔滨中小学生寒假冰雪摄影""黑龙江职工冰雪摄影""手机冰雪摄影"等活动都影响广泛。而由黑龙江省旅游局、《中国国家地理》杂志共同举办的"旨在通过高品位、富有冲击力和感染力的黑龙江冬季影像展示中国冰雪的魅力，通过摄影艺术带动全国人民了解冰雪，走上冰雪，助力2022冬奥会"的首届"冰雪之冠·黑龙江"国际冰雪摄影大展声势浩大，高水平地展现了酷省之冬的冰情雪韵之美。40多年来，有关部门相继出版了几十部冰雪画册，如《中国哈尔滨冰雕》《冰灯奇观·哈尔滨冰灯游园会》《哈尔滨之冬》《神奇冰雪》《哈尔滨冰雪大世界·世纪奇观》，等等。另外，还有很多冰雪摄影作品被制成了冰雪明信片、冰雪挂历、冰雪纪念邮票等。

冰雪文艺作品不但在传统文艺形式中注入了体现新美学的元素和强健的阳刚精神，而且以时尚的英姿为现代艺术创造了新的亮点。哈尔滨国际冰雪节、黑龙江国际滑雪节和在哈尔滨召开的亚冬会、十冬会都曾以冰雪卡通形象作为吉祥物，冰娃、雪娃的清新、可爱的形象深为广大游人所喜

第三章　冰雪文化产业的丰富内涵与外延

爱。2007年，在哈尔滨举办了中国冰雪动漫主题创意大赛。2009年3月，意在展示哈尔滨风光的动漫作品《雪娃》又在中央电视台播出，其动人的表演更使观众印象深刻。

2011年，由黑龙江省委宣传部等多家单位联合举办的首届中国冰雪动漫展（图3-27、图3-28）在哈尔滨开幕。被称为"点亮冬日灵感的动漫雪塑"，"以360立方米冰，3000立方米雪为原材料创作的30组以喜羊羊、黑猫警长、葫芦兄弟等国产经典动漫形象为主题的冰雕及雪雕作品是本届冰雪动漫展的一大亮点。同时，哈尔滨冰雪大世界还以冰墙为背景，展出了文化部'原创动漫扶持计划'所扶持的部分优秀原创动漫作品和国家十部委联合主办的'首届中国动漫艺术大展'的部分优秀作品"[1]。以新鲜的创意为热爱冰雪的游人打开新视野。

图3-27　首届中国冰雪动漫展上的动漫形象之一（江虹摄）

图3-28　首届中国冰雪动漫展上的动漫形象之二（江虹摄）

经过几十年的发展，表现冰雪的文艺作品已经涵盖歌曲、舞蹈、绘画、相声、影视、动漫等多个领域，用多姿多彩的文艺形式全景式地表现了冰雪美景独有的魅力和黑土地人民热爱冰雪的浪漫情怀与勇敢战胜严寒的伟大精神。

"谁能让壮观恢宏的冰雪大世界永驻，谁能让流光溢彩的冰雕色彩斑

---

[1] 阴祖峰：《最初的梦想最快的起航——漫谈首届中国冰雪动漫展》，《哈尔滨日报》2011年1月25日。

83

斓，谁能让千里冰封的北国风光化为永恒，谁能在炎炎的夏日展现欢乐的冬天。"① 唯有冰雪艺术能将时间定格。

二、冰雪文艺创造了自然、人与时代相交融的新的艺术美

所有的冰雪文艺作品，无论是冰雪歌曲、冰雪舞蹈、冰雪书画、冰雪杂技、冰雪摄影，还是冰雪影视片，都是以大自然赐予北方的冰雪为载体，如冰雪山水画中的雪山峻岭、玉树琼枝；冰雪风光片中的冰灯、雪雕、冬泳、冰帆、滑雪等。冰雪文艺晚会大幕拉开时展示的往往是银装素裹或如梦如幻的世界。演员们有的在北国风光中坐着狗拉爬犁驶上舞台，有的手持洁白的雪花在冰灯树挂的映衬下翩翩起舞，就连京剧演员也穿上冰鞋，在晶亮的冰上舞枪弄棒。纯洁晶莹的冰雪，绚丽多彩的冰灯，飞驰而下的滑雪，优美自然的滑冰，充满冬趣的冰帆、打滑梯等都生动地表现了北方人对冰雪的热爱和蓬勃向上的乐观精神。历来在人们心目中被视为寒冷象征的冰雪，经过艺术家们的激情创作，以一种全新的艺术情景和清新之美呈现于中国艺术之林。

在冰雪艺术中，人们既品味到冰情雪韵的美好，也感受到北方人热爱冰雪、战胜冰雪的勇敢精神和豪放情怀。例如，《从冰雪中走来》中的"茫茫宇宙混沌初开，炎黄子孙从风雪中站立起来，冰封中开辟一条大路，这大路连接着过去未来，我们从冰雪中走来，为中华复兴奋斗好气派"，就以独有的气魄唱出了北方人的刚劲与豪迈。《冰·雪·火》中的"我们有冰一样的聪明灵性，我们有雪一样的纯洁品格，我们有火一样的旺盛活力，我们就是冰雪，我们就是火"，则高度凝练地表现了黑土地的人文精神。

自然、人与时代的互相交融使现代的冰雪文艺作品具有了新的形式，为中国的艺术宝库增添了新的美学元素，为发展中的文化产业增添了新的活力。其中，冰雪绘画与冰上杂技格外突出。

"中国画有很悠久的文化传统，这无疑是我们整个民族文化传统中一笔珍贵的精神财富。但是从另外一个角度来说，正因为悠久，在演变的过程中，往往就出现一些定性的问题，形成种种丧失生命活力的程式，甚至给人以'结壳'的感觉，让每一位有志于创造的中国画家举步维艰。在这

---

① 郑学清：《第六届雄霸杯冰雪摄影大赛影展前言》。

样一种背负着沉重的历史负担的前提下,哪怕是一点微小的创造,都需要一个画家投入一生的精力,甚至一个群体或几代人的努力。而从近百年中国画所走过的路向来看,更多激进的画家总是借助西方的一些艺术观念和绘画手法来改造中国画,给人感官上的耳目一新(个中得失,在此不论)。但是站在中国画自身的文化立场,据实而言,能够另辟蹊径的空间已经非常狭窄。"[1]而于志学的冰雪山水画却如横空出世,给了中国与世界画坛一个意外的惊喜。

生于东北农村的于志学天生和冰雪有缘。他说:"冰雪,以它独特的形式在我的童年时代就和我的生活发生了密切的联系,也给我的童年带来了欢乐和希望。"[2]"我要用毛笔揭示冰雪的神奇和美妙……要锻造一把钥匙,打开北国风光的大门……要营造一种氛围,无论你生在哪里,无论你来自何方,只要你站在冰雪大自然母亲面前,就会感到仿佛进入柔和、晶莹、洁净的原始清凉世界。"[3]多年来,他的双脚踏遍了东北大地的山山水水(图3-29)。北国冬季的壮阔之美,使他感受到大地母亲的深情呼唤。冰雪山川、林海雪原、雪野月色、雪岭人家给他以无限的激情和灵感。但是,中国传统雪景画却只有"留白"的表现方法,仅能表现江南和中原的微观冰雪,无法表现千里冰封、万里雪飘的浩瀚风光。

"法在哪?"于志学认为"法在自然中"。那北国边疆冰雪的浩瀚、苍茫、圣洁,高山峻岭的雄浑、险峻、神奇、素丽,以及裹挟着北方人文

图3-29 于志学率弟子在冰天雪地中写生
(卢平提供)

---

[1] 苏高宇:《于志学和他的山水画》,中国百杰画家网2007年6月29日。
[2] 赵毅:《时代骄子北疆奇葩——在第三届冰雪画派作品展理论研讨会上的讲话》,《文艺评论》2005年第3期。
[3] 赵毅:《时代骄子北疆奇葩——在第三届冰雪画派作品展理论研讨会上的讲话》,《文艺评论》2005年第3期。

图 3-30　于志学冰雪山水画《雪月送粮图》获中国美术家协会颁发的金奖（卢平提供）

传统的冰雪风情，为艺术家表现自然之美提供了不竭的创作源泉，也为他的开宗立派创新提供了强大的精神动力。于志学经过数年的反复探索，创造出一种不同于古人的全新的冰雪景观画技法，一种传统水墨方式之外的新的水墨体系。"雪皴法""泼白法""重叠法""滴白法"等有别于中国传统山水画的新技法，以独有的水墨语言表现了冰雪世界的"冷逸之美"，填补了中国画一千多年来不能直接画雪，更不能直接画冰的空白。冰雪山水画独有的表现手段和全新的艺术精神，引起黑土地美术家的强烈共鸣，从而形成庞大的冰雪画派群体，影响日益广泛。

　　40多年来，于志学创作的千余幅冰雪山水画多次在全国，以及美国、日本、英国、法国、加拿大、新加坡等国家展出。他的《杳古清魂》1990年获美国首届国际艺术大赛绘画类一等奖，《雪月送粮图》（图3-30）1992年获中国美术家协会颁发的金奖，《红军不怕远征难》《兴安颂》等画作曾被选为搭载神舟六号、神舟七号、天宫一号进行飞天之旅的作品，在太空遨游。2006年，应白俄罗斯共和国文化部邀请，中国文化部和白俄罗斯文化部在白俄罗斯共和国首都明斯克市白俄罗斯国家历史文化博物馆共同举办了"中国冰雪画展"，来自中国的43位冰雪画家的54幅近期冰雪画作参加了展出，许多观看画展的白俄罗斯人都对这一清新圣洁、展现冰雪自然美的崭新形式感到惊喜，说给了他们以"心灵的震撼"。

　　由于冰雪山水画的巨大影响，于志学的名字被收入英国的《世界名人录》。美国国际传记研究院还曾授予他金钥匙奖牌和终身荣誉勋章。2010

年联合国经济与社会事务部授予他"艺术成就奖"。他还被选为联合国"新纪元世界艺术联盟艺术科学院院士"。他的名字和贡献将永远被记录在中国与世界的艺术史册中。

冰版画（图3-31、图3-32、图3-33、图3-34）也是冰雪文化发展中出现的一个新画种。它是以冰作为模板，雕刻之后，染上颜色，然后用宣纸拓下来。由于冰在拓印的过程中不断融化，每次印出来的效果都不相同，因此，每张冰版画都是独一无二的绝版。

早在20世纪80年代，黑龙江就有人做冰上印画的尝试。进入21世纪之后，哈尔滨有多位冰雪艺术家开始进行试验，很快涌现出一大批作品。2006年1月，由哈尔滨冰灯艺术博览中心顶尖艺术家共同创作的几十幅冰版画在兆麟公园冰灯游园会上展出。同年6月，由20多位冰灯艺术家创作的冰版画又在哈洽会文化产业展区精彩亮相。经过多年探索，冰版画在选材、雕刻、颜料配色、纸张拓印等方面已经成熟，并且形成了独有的风格。具有代表性的冰版画艺术家朱晓东十多年来创作了几百幅冰版画，都以哈尔滨的老街、老建筑、老房子为题材。2014年在哈尔滨市兆麟街123号展馆举办的冰版画展览中，精选的《老道外》《太阳岛》《圣·索菲亚教堂》等冰上画作，尽显哈尔滨风情。目前，冰版画受到越来越多人的喜爱，不仅吸引了包括鲁迅美术学

图3-31 朱晓东冰版画之一（朱晓东提供）　　图3-32 朱晓东冰版画之二（朱晓东提供）

图3-33 朱晓东冰版画之三（朱晓东提供）

图 3-34　呼兰女子拓彩冰雪版画
（江虹摄）

院、清华大学等高等学府的艺术学子，而且吸引了国外的艺术家。2006年，来自俄罗斯远东地区的两位油画家专门来到哈尔滨冰灯游园会，学习制作冰版画。2011年，朱晓东应邀赴美国芝加哥进行冰版画展览。2014年，俄罗斯阿穆尔州又邀请朱晓东携他的冰版画前往展出。

随着冰雪文化的发展，以冰雪为内容或形式作画，在黑龙江已经形成一股潮流，涵盖了传统与新创的数个画种，如冰雪油画、冰版画、冰雪烙画，等等。

与冰雪绘画异曲同工的是黑龙江省杂技团的冰上杂技。在经济文化全球化的今天，由于国内外新兴艺术形式的冲击，很多艺术团体与艺术形式都陷入举步维艰的困境，杂技这一古老的艺术形式更是如此。在黑龙江省杂技团遇到困难的时候，是大自然赋予黑土地的神奇馈赠——冰雪给了他们以精神的滋养、灵感的启迪、再生的勇气，激发他们创造了冰上杂技这一崭新的艺术形态，赋予了杂技这一古老的传统形式以全新的艺术魅力。

2000年，黑龙江省杂技团推出了大型冰雪杂技晚会《冰雪王国》。该场冰雪杂技晚会以独具北方特色的冰雪为背景，分"冰宫""森林""雪城"三大板块，展示了北国的地域特色和北方人勇于战胜冰雪的精神。

冰上杂技（图3-35、图3-36、图3-37）以创新的思维，将花样滑冰与杂技技巧进行了巧妙结合。舞台呈现中既有花样滑冰洒脱飘逸的流动美，又有杂技惊险刺激的高超技艺。在洁白晶莹的冰雪空间中，还可以将生动的故事与冰雪杂技相结合，使冰雪主题晚会在浪漫的冰情雪韵中精彩演绎。

冰上杂技由于独有的巨大魅力，刚一出现就受到热烈欢迎，并很快成为黑龙江文化界乃至全国杂技界一个新的品牌和亮点。2006年3月至5月，初见雏形的《冰上北极光》应上海虹口区政府的邀请，在上海演出近百场。同年10月，冰上杂技首次以民间文化交流的形式赴台湾演出一

图 3-35　冰上杂技——花盘
（黑龙江省杂技团提供）

图 3-36　冰上杂技——天鹅湖
（黑龙江省杂技团提供）

图 3-37　冰上杂技——溜冰
（黑龙江省杂技团提供）

个多月。2007年1月，受黑龙江省委、省政府委派，冰上杂技团赴意大利都灵，在第二十三届世界大学生冬季运动会闭幕式上演出了冰雪创意节目《魅力中国龙》。同年7月，受邀参加中央电视台录制的"迎奥运大型综合冰上专题晚会"。8月，在完成中央电视台录制活动后，冰上杂技团赶赴俄罗斯进行了为期一个月的商业演出。国务院新闻办还以冰上杂技为题材，拍摄了冰雪杂技专题片，在欧美国家播出。2008年1月，由哈尔滨对外文化交流中心和韩国BLUENET公司共同打造的大型风情秀"COOL·2008哈尔滨"在哈尔滨上演。有关媒体评价说，这台冰雪节目让玩冰赏雪的游客全方位地体验魅力无穷的冰雪神韵，同时填补了以往冰雪产业只有冰雪景观而没有文化的空白。冰上杂技以冰雪为载体，创造了新的业态，同时又为冰雪增添了深厚的文化内涵。

为增加冰上杂技的国际元素和市场竞争力，2008年，黑龙江冰上杂技团又从美国拉斯维加斯请来CAP演出创意公司的编导，用现代的制作手法打造了"COOL·2009哈尔滨"，整台节目以冰上舞蹈和冰上鼓韵为表现形式，集国际艺术时尚、中国主题元素、地域文化特色于一体，将高难度的杂技技巧与飘逸的滑冰技术完美地融合在华美绚丽的舞台表演之中，精妙绝伦地展现了哈尔滨冬天的冰雪之美。

目前，冰上杂技已经成为和冰雕、雪雕并列，甚至更有优势的冰雪名片。冰雕雪塑景观每年只有三四个月的展出时间，到了春天就冰消雪化了。而冰上杂技凭借特制的冰上舞台，可以常年演出。

在表现生活、表现恬淡的艺术中开拓更广阔、更深层次的空间也是哈尔滨冰雪艺术的一种追求，"比如刘恒甫开创的冰窗花艺术表现形式（图3-38、图3-39），首先用影像世界让我们对冰雪有了微观的认识，这种认识有一种抽象的冷峻之美，带有一种奇幻、瑰丽的色彩，这种色彩和自然界给予我们美的震动，与我们肉眼所看到的原有表现的冰雪山水是有很大区别的。这是今天创意冰雪新美学的基础，是一个艺术创作上的重大突破。这个艺术创作的突破是借用了现代化的科学技术手段，是通过显微镜以及其他一些方法所实现的，代表了当代艺术发展的理念，就是传统题材的突破进入到影像的世界，进入到艺术家观念的世界。给人的感受是清新的，带有世界性的语言和世界审美意识的立足点……带给我们的新的审美感受是鲜活的，有震撼力的"[1]。"这些作品内涵丰富、创意独特，诠释了冰雪的自然之美、艺术之美和人文之美，展示出冰雪文化乃至北半球寒地文化的厚度和高度，将成为龙江冰雪造型艺术的新亮点，极大地创新与拓宽了龙江冰雪文化的发展空间。"[2]

目前，以冰窗花为酵母创建的哈尔滨冰雪艺术中心已经完成创意、研

图 3-38　刘恒甫设计的冰窗花图案
（江虹摄）

图 3-39　灵感来自冰窗花的产品
（江虹摄）

---

[1] 贾大雷：《创冰雪艺术奇葩展地域美学主张》，《哈尔滨日报》2010 年 1 月 24 日。
[2] 贾大雷：《创冰雪艺术奇葩展地域美学主张》，《哈尔滨日报》2010 年 1 月 24 日。

发、生产、出售一条龙的产业链，展厅中的雪花清韵、冰彩神奇、窗花梦幻、冰雪人文、冰雪精艺、当代艺术、文化沙龙等七大板块，以冰雪艺术与文化产业的双重效应彰显出特有的价值。

冰雪文艺作品以冰清玉洁、如梦如幻的独有魅力和勇敢、坚韧、豪迈的人文精神滋润着亿万人民的心灵，也常在全国性的文艺评奖中榜上有名。歌曲《我爱你，塞北的雪》在全国广为传唱，曾获得中国音乐家协会颁发的"晨钟奖"、国家文化部和共青团中央等联合举办的"当代青年喜爱的歌"二等奖、中国音乐家协会等单位组织的庆祝新中国成立四十周年"唤起我美好回忆的那些歌"一等奖，还获得了中央人民广播电台举办的首届"叱咤全球华语歌曲排行榜"民歌歌曲第一名。1991年舞蹈《嬉雪》在全国舞蹈比赛中获得一等奖。1994年，《冰·雪·火——中国·哈尔滨冰雪节晚会》在中央电视台播出，通过卫星传向亚洲、澳洲、非洲、欧洲的60多个国家和地区，还获得了第八届全国电视文艺"星光奖"。龙江电影制片厂与中央电视台联合摄制的我国第一部表现少儿滑冰运动的故事片《冰上小虎队》荣获1998年度中国电影华表奖优秀儿童片奖。以上获奖作品充分地显示了我国冰雪文艺作品所达到的艺术水准。

三、冰雪文艺作品使北方现代的冰情雪韵、冰雪情怀飞向全世界

虽然自哈尔滨冰灯诞生以来，曾有国内外很多城市和地区邀请冰城冰雪艺术家前往举办冰雕展览，但是，这些展览毕竟受时间、地点和条件的限制。而冰雪文艺作品以超越时空的独有优势，通过现代传媒，将北国世界的冰情雪韵和北方人纯洁美好、坚韧豪放的品格与情怀，传向世界各地。1980年，黑龙江电视台录制的第一部冰雪风光片《冰灯》刚一问世，香港电视台就为其所吸引，购买了播映权。同年，黑龙江电视台拍摄的哈尔滨系列风光片《冰天雪地》又参加了法国戛纳国际电视节目展播。

冰雪艺术以独有的魅力吸引着世人的目光。1994年，中央电视台和哈尔滨电视台在第十届中国·哈尔滨国际冰雪节期间，联合录制了大型综艺晚会《冰·雪·火——中国·哈尔滨冰雪节晚会》，晚会时长100分钟，分上下两集，与外景结合，多侧面地反映了哈尔滨的冰雪文化和冬季风情。冰城纯洁的冰、圣洁的雪、火一样的热情，通过现代媒体的传播，像纷飞的雪花一样，飘向世界各地。

与此同时，表现冰雪的影视片也相继问世，如中央电视台与哈尔滨电视台合拍的《冰城雪城》、黑龙江省艺术研究所拍摄的电视剧《冰美神在融化》、中央电视台在哈尔滨拍摄的展示冰雪世界之神奇的《逛冰城》、龙江电影制片厂拍摄的《冰上小虎队》、黑龙江影视中心录制的《雪乡之虹》等，这些冰雪影视作品绝大多数是表现冰雪风采和冰雪运动员勇敢拼搏的精神。2009年黑龙江电视台拍摄的22集电视连续剧《大约在冬季》，是我国第一部直接以冰雪文化和冰雪运动为内容的都市情感剧。它以雪乡女孩艾雪顽强不屈地与命运抗争为主线，全景式地展现了黑龙江独特的冰雪美景，哈尔滨冰雪大世界、兆麟公园冰灯游园会、太阳岛雪博会、吉华滑雪场、雪乡等著名的黑龙江冰雪旅游胜地尽收其中，冰雕艺术、雪雕艺术、滑雪、雪地足球、冰滑梯、狗拉爬犁等也都有精彩的展现。

优美的冰雪歌曲、展现冰雪魅力的影视片等多姿多彩的冰雪文艺作品，把北国之冬的美好盛景传向五湖四海，与此同时，冰雪世界的神奇和人们勇敢战胜严寒的豪情也吸引着世界各地热爱冰雪的艺术家纷至沓来。

早在1983年，哈尔滨冬泳浴场刚刚建立，香港新闻有限公司就派摄制组来哈，历时92天，拍摄了从破冰到冬泳活动结束的全过程。此片在东南亚发行后，轰动一时。1987年，日本TBC电视台也来哈尔滨拍摄冬泳专题片。他们从冬泳健儿更换泳衣、雪地热身、高台跳水，一直拍到上岸。为了赞扬冬泳者的勇敢精神，片名被叫作《挑战者》。

美丽的哈尔滨冬季风光也吸引了大洋彼岸的电视人。1987年，美国著名的《看东方》电视节目主持人、美籍华人靳羽西女士也来拍"黑龙江"专辑。她以"哈尔滨的冬天"为主要内容，录制了兆麟公园冰灯游园会、国际冰雕比赛、冰上婚礼、冬泳等。

2008年，第二十四届中国·哈尔滨国际冰雪节期间，经国务院新闻办批准，新西兰自然历史公司来到哈尔滨拍摄了反映冰城盛景的《哈尔滨冰雪节》。该片采取以人物为主线，全程展现制作过程的方式，真实地记录了18000名工人冒着严寒建设冰雪大世界，国内外选手进行冰雕、雪雕比赛，以及冰上婚礼等一系列多姿多彩的哈尔滨冰雪文化活动，展示了北国冰城独具特色的冰雪文化魅力，既令人赏心悦目，又富有故事性。此片于2008年12月陆续在加拿大、德国、意大利、英国、新西兰和亚洲各国播出，全球166个国家和地区超过2.7亿的电视用户都可观看到该片。

国内外著名媒体前来哈尔滨共同唱响冰雪礼赞，使其影响更为巨大。

冰雪文艺作品突破时空限制的传播，让世界上更多的人了解了冰城哈尔滨，了解了黑龙江酷省的冰雪美景，并且为之神往。

第四节　以冰滑梯、冰爬犁、抽冰尜为主体的冰雪娱乐

冰雪娱乐起源于北方儿童的天然游戏。北方的孩子都天生不怕冷。每到冬天来临、瑞雪纷飞之时，他们便欣喜若狂、三五成群地跑到户外，堆雪人，打雪仗，抽冰尜，打出溜滑，冰雪给他们的童年带来了无比的快乐（图3-40、图3-41）。

中华人民共和国成立后，由于人民生活水平的提高，冰雪体育运动更加广泛地开展起来，很多学校都组织了滑冰等比赛。改革开放之后，外地游

图3-40　哈尔滨市区冬景（杜宇摄）

客大增，很多没有见过雪的南方人出于好奇，也要体验一下冰雪的乐趣。游客的参与促进了冰雪娱乐活动的广泛开展，很多冰雪活动园区设立了冰雪娱乐项目，并且随着时代的发展，不断丰富，不断升级。冰雪娱乐目前已经成为一种集竞技、趣味、健身于一体的时尚休闲项目。

个性突出、形式多样是冰雪娱乐的突出特点。兆麟公园冰灯游园会从一开始就设置了冰滑梯，供孩子们玩耍。从高高的滑梯上飞驰而下，惊险刺激的体验，给孩子们带来了无穷的乐趣，也锻炼了他们勇敢的精神。第二届冰灯游园会上，

图3-41　兆麟公园的冰滑梯（杜宇摄）

93

儿童公园分会场又增添了多项儿童游乐活动。2009年，哈尔滨冰灯游园会携手迪士尼打造冰雪娱乐世界，在展出绚丽多彩的冰雪雕塑精品的同时，还设置了冰滑梯、滑雪圈等各种冰雪娱乐项目，可以说是名副其实的冰雪娱乐大全。2015年又引进冰上UFO特技车、冰上遥控坦克、冰上迷你小火车等冰雪游乐设施，集冰上翻滚、飞跃峡谷、极限攀登于一体的"勇敢向前冲"活动更是让游人体验了冰雪闯关游戏的激情。

太阳岛雪博会的冰雪娱乐（图3-42）是以雪为载体。2003年第十五届雪雕艺术博览会的"戏雪乐园"景区，以"长城"造型的滑梯为主景，以朵朵莲花及"小中阁"为配景，设置了雪滑梯、雪爬犁、雪滑圈、狗拉爬犁、雪地卡丁车等多种游乐项目，之后又增加了雪地摩托车、雪地滑板、雪地高尔夫、雪地冰壶等冰雪运动项目，至今已连续举办数届的堆雪人大赛更是为人们创造了与自然亲密接触的机会，吸引无数游人在塑雪、娱雪中展示才艺，寻回童年的记忆。

哈尔滨冰雪大世界2010年以"冰雪建筑华章，欢乐相约世界"为主题，设置了冰上碰碰车等游乐设施，开展了雪地足球活动。2016年的"冰雪嘉年华"又增加了摇摆冰滑车、滚雪桶、七彩滑板等冰雪娱乐项目。每届都设置的冰滑梯更是常创新高，游人在这里可以尽情地体会冰雪运动的乐趣。

哈尔滨等城市还专设了很多免费的冰雪娱乐场所。松花江畔的斯大林公园一直是非常活跃的冰雪娱乐风景线。设在道里区九站的哈尔滨职工体育乐园是较早开展冰雪娱乐活动的好去处，从1985年首届冰雪节开幕之际，就开始举办各种各样的冰雪娱乐活动，园内晶莹透亮、巍然屹立的冰滑梯上，每天都有无数的冰雪运动爱好者和游人飞驰而下。1989年道里区政府又在防洪纪念塔下建造了江上游乐中心，冰雪游乐场占地30000平方米，分冰雕区、冰挂世界区、娱乐区、冰雪体育区、旅游服务区五个景区，在这里有可自由穿越的冰川、雪洞，双轨立体交叉的冰滑梯，还有宽

图3-42　太阳岛的雪滑梯（杜宇摄）

敞光滑的溜冰场、冰柔场、跑马场和潇洒奔驰的冰爬犁、雪地摩托车。之后，每年面积都不断扩大，活动不断增加。第二届增加了冰舢板、狗拉爬犁、儿童小火车穿越冰川溶洞。第五届在大棚内设置了白天可以观看的《红楼梦》《西游记》等古典名著冰雕。1996年制作了象征香港回归的大型冰景和北京天坛回音壁。2003年经过精心策划，在防洪纪念塔至九站公园区段，建造了百猴园和极地冰雪乐园，园内岸边都是形态各异的冰猴和企鹅等极地动物，还有南极考察队的长城站、中山站、科考船。图片展示与文字说明让游人更好地了解了南、北两极的冰雪世界。

江上冰雪娱乐中心的冰雪娱乐活动项目每年都有增加，从传统的冰滑梯、雪滑圈、溜冰、爬犁，到近年新出现的雪地摩托车、冰帆、雪簸箕等应有尽有。2009年，又新增冰球场，既为专业及业余冰球队提供了比赛场地，又为热爱冰雪的市民及游人提供了进行冰雪活动的场所。

南岗区的马家沟河也是快乐的冰雪游乐场所。2004年，位于果戈里大街的俄罗斯冰雪健身河园免费向游人开放，众多冰雪爱好者在家门口就能体会到冰雪健身的乐趣。在儿童公园附近的河园冰雪娱乐区内，雪圈、卡丁车、雪地摩托车等雪上游乐项目吸引了众多市民，在长260米、高17.5米的滑雪台上，众多小学生争先恐后地滑起了雪圈。位于果戈里桥附近的滑冰场上，滑冰健儿或进行速度大比拼，或优雅自如地压弯道，一些六七岁的小朋友也在家长的指导下滑得津津有味。滑雪场上，大显身手的发烧友们在雪道上尽情驰骋，令初学者羡慕不已。

从香坊的黛秀湖大冰场，到南岗的河园大冰场，再到《生活报》万米公益大冰场，三大冰场贯串整个马家沟河。

每到冬季，有关部门还举办众多的冰雪活动和比赛。哈尔滨市的中小学自1978年以来，一直坚持开展"百万青少年上冰雪"活动，并把冬季冰雪活动纳入全市中小学必修课，列入考试科目。中小学除上冰上课以外，还开展多种多样的冰雪体育活动，如2005年年底道外区开展的"我运动，我健康，我快乐"主题冰雪活动，全区115所中小学的学生参加了冰球、滑冰、冰柔、冰上保龄球等八大类冰上活动。

2003年，团市委与旅行社组织的冬令营活动，整个冬天就有5000多名学生参加。道里区沿江小学2003年举办的校园冰雪节，开展了滑冰、打冰爬犁、冰上赛跑、冰上拔河、雪地足球等冰雪活动。

普及冰雪雕塑知识也是中小学教育改革的重要内容之一。哈尔滨市教育局校外办从1984年1月开始至今已连续数年举办全市中小学生冰雕比赛和雪雕比赛。其中的万件小冰雕展评活动更是极大地鼓舞了孩子们的冰雕热情。

以上活动在使学生增强体质、锻炼意志、陶冶性情的同时，也丰富了冰雪文化的内涵，培养了冰雪后备人才。

2005年，为深入贯彻国家"全民健身计划"，丰富冰雪节活动内容，为第二十四届世界大学生冬季运动会营造氛围，哈尔滨市又有计划地把"百万青少年上冰雪"活动向纵深拓展，将每年的12月15日至次年的1月15日确定为"全民上冰雪活动月"，使哈尔滨的冬天更加精彩。

在"全民上冰雪活动月"中，很多社区团体举办了独具特色的冰雪娱乐活动，如哈尔滨市"全民上冰雪活动月"启动仪式暨南岗区家庭冰雪趣味运动会，南岗区的冰上运动会，道里区的"万人上冰雪、万人健身月"活动，道外区的"宏伟杯"抽冰尜比赛、"淮河杯"冰壶赛、冰爬犁比赛，平房区的冰上运动会，阿城区的乡镇冰上运动会、雪上运动会等。

一些冰雪园区的冰雪娱乐活动更是吸引了众多的市民与游人，如2007年哈尔滨极地馆举办的以"观冰赏雪游极地"为主题的首届爱斯基摩冰雪节，将真实的爱斯基摩生活还原在游人面前，还伴有爱斯基摩风情巡游表演。2009年首届伏尔加冰雪游乐园以"相聚伏尔加，冰雪乐无穷"为主题，创办了"伏尔加冬趣节"和"音乐之冬"两大主题活动。北大荒现代农业园将"冰雪嘉年华"融入冰雪狂欢节，大胆地把冰雪娱乐和热带风情巧妙结合，创造出"冰火两重天"的效果，动感十足，被称作独具特色的冰雪盛宴。

"从最本原的角度来审视，无论滑冰、滑雪，还是冬泳、冬钓，都是哈尔滨人同冰雪之间的一种抗争，这种抗争经过千百年的文化塑造，或者成为一种信念，或者成为一种乐趣"[①]，但也有勇敢者追求的是冰雪竞技带来的刺激。

2003年在东北三省同时推出的雪地足球争霸赛就是很有影响力的一个活动。"他们想打开市民们被严冬冰封的门，让市民走出户外，让运动开启快乐，以火焰的方式，向亘古的冬之肃杀与寥落签发最后的驱逐令，

[①] 清峰：《冰雪游戏的人气新星——新年相约玩冰钓》，《哈尔滨日报》2007年1月5日。

让关东大地告别无尽的寒冷与寂寞，让这个冬天动起来。"①这个活动吸引了众多的足球运动爱好者，2007年有170支球队参加比赛，其中还有一支外国留学生足球队。他们认为，在雪地上踢一脚球、栽个跟头的感觉非常好。

冰雪嘉年华也是近年来深受欢迎的冰雪娱乐活动。2005年12月，"走进南岗——二〇〇六·冰雪嘉年华"在哈尔滨国际会展体育中心10万平方米广场免费开放。整体活动区域由中俄文化区、冰雪娱乐运动区、商服区、群众性文化活动区四部分组成。其中冰雪娱乐运动区有大型滑雪场和雪山、溶洞，广场上设有大型儿童滑梯、雪地自行车、狗拉爬犁、抽冰尜、滑冰场、雪地足球、攀冰岩、欢乐大舞台等娱乐项目。

2006年12月，太阳岛第十九届雪博会举办了"冰雪总动员·欢乐太阳岛"冰雪嘉年华活动。该活动"历时两个月，通过脚滑子争霸赛、松鼠搬家、雪地大富翁、雪地列车、雪地探秘等一系列极具趣味性的比赛，令游人在参与的同时，更能体会冰雪运动带来的乐趣"。为突出此次活动的参与性、互动性，主办方"还特别加设了最具人气奖、最默契团队奖、最幽默先生、最幽默女士、最佳参与奖等10个奖项"。②

2008年12月，由第二十四届世界大学生冬季运动会组委会、哈尔滨啤酒集团、黑龙江省体育局共同主办的冰雪嘉年华因参与人数众多而格外引人注目。本届冰雪嘉年华游乐项目丰富多彩，雪地足球争霸赛、脚滑子冰球争霸赛、雪地运动会、冰雪闯关等传统与现代冰雪娱乐活动应有尽有。"深受欢迎的冰雪乐翻天，以竞技、娱乐、悬念为主线，通过勇攀雪山、冰洞求生、雪轮狂舞等其乐无穷的冰雪项目，展示了冰城人的精神风貌和城市魅力。"③这是黑龙江有史以来规模最大的一次冰雪娱乐活动，吸引了众多不同年龄段的市民参与其中。在零下20多摄氏度的气温下，运动员充满活力和斗志的身姿，体现了哈尔滨人独有的特色，传达出冰雪运动的文化内涵和冰城人的精神风采。

正在哈尔滨冰雪嘉年华如火如荼地举行之际，"由OZARK（奥索卡）品牌、哈尔滨申格体育主办，哈尔滨体育学院帽儿山滑雪场承办的

---

① 广州：《哈啤：让这个冬天动起来》，《黑龙江日报》2003年11月18日。
② 张薇、卢军、邵晶吉：《雪博会"冰雪嘉年华"启动10个奖项助兴》，《黑龙江日报》2006年12月11日。
③ 《冰雪嘉年华—周乐翻天》，《新晚报》2008年12月26日。

OZARK（奥索卡）雪地嘉年华活动在哈尔滨帽儿山滑雪场拉开战幕。当天，共有来自全国各地的户外运动爱好者近200人参与了本次嘉年华活动，OZARK（奥索卡）雪地嘉年华自2005年创办以来，一直受到广大户外运动爱好者的追捧。经过几年的发展……OZARK（奥索卡）雪地嘉年华来到了中国的冰雪之都哈尔滨，OZARK（奥索卡）希望通过举办此次活动让人们充分感受户外运动的乐趣，切身体验户外运动带来的那份激情，让更多的人爱户外，爱生活"。[①]

在热火朝天、充满激情与活力的冰雪娱乐活动中，还有很多冰雪娱乐设施创造了全省、全国，甚至世界性的最高、最长、最多、最大纪录。冰滑梯是冰雪娱乐场所最常见的一种冰雪娱乐设施，自出现以来不断打破纪录。2004年，在防洪纪念塔下，松花江冰雪乐园内建造了高31.8米的冰滑梯。哈尔滨冰灯游园会也曾建造过一座双侧滑道共计366米长的冰滑梯。2009年12月，国内最长冰滑梯入驻北大荒现代农业园。这座冰滑梯单侧全长398米，不只是哈尔滨最长的冰滑梯，还是中国，甚至世界最长的冰滑梯。景区在366米处标示红线，每一次登上滑梯滑下，都有挑战纪录的机会，令人神往。

冰爬犁是北方传统的交通工具，也是现在各大冰雪娱乐场所最常见的一种冰雪娱乐形式。2009年在松花江南岸出现了全市滑行距离最长的冰爬犁，创意独特，设计新颖。这个由奔驰车改装的冰爬犁，弥补了小型冰爬犁滑行距离短、游客无法尽兴的不足，可以从松花江南岸一口气滑到松花江北岸，成为目前冰城滑行距离最长的冰爬犁。

2010年，胡志刚在传统冰爬犁的基础上融入现代工艺技术研制的"脚控式冰橇"问世，并且获得了国家专利。2012年，全国第一个撑橇组织——黑龙江省撑橇协会正式成立。撑橇的研制得到了省内体育运动专家的热情支持，在组织者、专家与撑橇爱好者的共同研讨下，系统的撑橇比赛规则、撑橇竞赛场地标准、撑橇竞赛器械规划、撑橇裁判法等也一一出台。"快迪杯"冰上撑橇运动会吸引了哈尔滨体育学院、哈尔滨师范大学、黑龙江省工程学院、大兴安岭和哈尔滨市南岗、动力、香坊等区的撑橇爱好者（图3-43、图3-44）。

佳木斯以突出群众性、参与性、娱乐性为特色的泼雪节，是一个吸纳

[①]《奥索卡雪地嘉年华哈尔滨落幕》，中国户外网2009年1月5日。

第三章　冰雪文化产业的丰富内涵与外延

图 3-43　"快迪杯"撑橇比赛
（黑龙江省撑橇协会提供）

图 3-44　黑龙江撑橇运动第三届"快迪杯"俱乐部邀请赛合影
（黑龙江省撑橇协会提供）

地方民俗，赋予冰雪文化内涵，动感、时尚、充满浪漫魅力的冬季休闲娱乐项目。2006年1月，在第三届泼雪节开幕式上，占地40000平方米的佳木斯冰雪大世界出现了万人泼雪的宏大场面。雪花飞舞，万民欢腾，同事之间、朋友之间、素不相识的人之间都互相泼洒纯洁晶莹的雪花，互相祝福。上海大世界总部易德先生应邀来到现场，相关公证处的工作人员对冰雪节人数进行了公证，此次共有11860人参加活动，是世界上规模最大、参加人数最多的泼雪活动。

打雪仗是北方孩子非常喜欢的一个游戏。2010年1月，伊春市"十万青少年上冰雪"活动启动仪式上，随着一声发令枪响，5000多名学生在白雪皑皑的雪地上，手拿雪球，激烈"战斗"。吉尼斯世界纪录认证官吴晓红对此次参加打雪仗的学生进行了认证，有效人数为5060人，打破了美国人此前保持的3745人一起打雪仗的纪录。

第五节　以"冰洽会"为核心的冰雪经贸

哈尔滨独具魅力的冰灯在改革开放之后绽放出更加耀眼的光彩，吸引着国内外的游人纷至沓来，很多有经济头脑的商家利用此机会，做成了一笔又一笔买卖。顺应此潮流，1986年第二届冰雪节期间，首届冰雪节交易会应运而生。

冰雪节交易会的成功举办吸引了国内外的客商，也极大地刺激了举办者的积极性。1987年，第三届哈尔滨冰雪节经贸交易会又有了新的突破，

99

一是在面向国内的同时，进一步把范围扩大到国际市场；二是变单一的产品推销为开展工商业之间的横向经济联合和科技交流、技术咨询等活动；三是除了统一的交易会之外，各系统还有专业会，大会套小会，互为补充；四是使交易会既是商品展销会，又是信息反馈收集会，成为掌握市场发展趋向的综合渠道。

"充分发挥时空优势，通过经贸、旅游等活动，增强哈尔滨的凝聚力、辐射力和综合服务能力，把哈尔滨建设成开放式、多功能、社会化、现代化的城市"[①]，是冰雪节与冰雪交易会的初衷。

全国商家的涌入使冰雪节交易会的规模不断扩大，内涵不断丰富。1997年，第十三届哈尔滨冰雪节交易会给哈尔滨带来了可观的经济效益，交易会上签订了近3000份购销合同。与此同时，经济技术协作、项目洽谈、招商引资、物资交易会等经贸活动亦取得了可喜成果，交易活跃，成交额巨大。冰雪节经贸活动带给哈尔滨的效益远不是数字可以表达的，它给哈尔滨地方企业带来的观念上的冲击，以及在提高哈尔滨的知名度、拉动地方经济发展方面所起到的作用是无法用成交额衡量的。

冰雪节经贸活动年年有新变化和新发展。1998年的冰雪节经贸活动，有明显的向专业化发展的趋势，往年由市经协主办的经济技术协作洽谈会、国家优秀专利项目发布会，改为优秀专利技术产品信息发布会暨全国专利技术新产品交易会和经协项目发布会。科技会议由市科委主办，经济协作会议由市经协负责召开。福建永春柑橘哈尔滨冰雪节展销会和冰雪节灯具五金展销会，将经贸活动集中到单一产品也是专业性展销的一种方式。

面向全国的冰雪节交易会也促使黑龙江省的经济结构顺应时代发展发生了巨大的变化。在最初的几年里，机电产品总是冰雪节交易会的主打产品，占成交总量的1/3，甚至一半，其他产品在全国同行业中处于落后水平，无法形成优势。而到1989年的冰雪节交易会，这种状况有了根本性的改变，原来每年成交额只有一两千万元的医药行业，成交额达到4300万元，到1990年的冰雪节交易会时增长到6000万元。2010年冰雪节交易会期间，专门举办了汽车购销节。在经历了交易会、洽谈会两个阶段之后，从2013年开始，冰雪节的经贸活动，主要将展出、洽谈聚焦于寒地

---

① 宫本言：《在第二届冰雪节开幕式上的讲话》，《哈尔滨日报》1986年1月6日。

第三章　冰雪文化产业的丰富内涵与外延

产品与寒地城市建设（图 3-45、图 3-46、图 3-47）。

为使冰雪节交易会提档升级并提高企业的发展、创新、开拓能力，冰雪节期间还举办了企业发展战略规划与实施高层讲座和企业发展论坛。一些高端的企业年会、峰会也将哈尔滨作为首选之地。比较有影响力的如"冰雪之约"企业竞争优势与战略发展论坛、"冰雪之约"国际投融资与企业发展高峰会、国际友好城市交流与合作论坛、东北四城市加快推进老工业基地建设高层论坛、全国企业自主创新工作论坛、哈尔滨国际商务论坛、哈尔滨国际经济高级论坛、中国·哈尔滨国际经济与企业发展论坛、首届国际营销节论坛、冰雪体育产业发展高端论坛、"智慧之光"寒地半导体照明技术论坛、智慧城市论坛，等等，参加这些年会、论坛的人员，既有国内各地著名的经济学家、企业家，也有来自美国、俄罗斯、日本、韩国、澳大利亚等各国的驻华使节、商务精英和世界 500 强企业代表。

图 3-45　寒博会中的除雪设备（江虹摄）

以亚布力为永久性地址的中国企业家论坛年会，是按照瑞士达沃斯世界经济论坛模式设立的。自 2001 年以来，分别以"新千年 新经济""CEO 与中国企业发展""变革时代的领导力""中国企业成长新动力""中国企业基业长青之道""亚布力 10 年——企业家思想力""新十年 新思维 新力量""改革开新局——企业家精神与中国未来""市场的决定作用——理念与行动""经济转型与企业家创新""新时代的企业家精神——改革开放 40 年"等为主题，就企业的现状与未来进行了高端探讨。这些论题几乎涵盖了企业发展中遇到的所有问题与挑战，也见证了论坛关注中国社会并同祖国经济发展同呼吸、共

图 3-46　寒博会中的机器人（江虹摄）

101

图 3-47 寒博会中的旅游展区
（江虹摄）

命运的历程。在这一极具影响力的平台上，来自各个领域的企业精英以自由平等的精神，畅所欲言，在交流中贡献他们的新思维，为中国经济的成长注入新力量。目前"已经成为传播中国企业可持续发展理念，探索中国企业创新商务模式，展示中国企业家崭新形象，催生中国的世界级水平企业和企业家的权威的、有影响力的企业高层论坛"[1]。

很多经济高层论坛还和经贸洽谈会相结合。2011年，由台湾中华整厂发展协会理事长带队的300台商参加了第二十七届冰雪节经贸洽谈会。组委会为深化交流洽谈，在专门辟设台湾精品展的同时，还组织召开了"两岸论坛——哈尔滨新战略投资"研讨会。

哈尔滨国际冰雪节两岸区域经济合作论坛和富力集团专场推介等一系列论坛，极大地加强了哈尔滨市与各界的密切联系。"两岸区域经济合作论坛上，4位来自台湾的企业家分别就两岸合作开创科技化重工产业的契机及建议策略、创新制造迎接未来二化融合与物联网应用、两岸农业合作发展契机、生质能源产业与农林业的发展等4个专题进行演讲。哈尔滨市各区、县（市）的招商部门及市直有关单位与台湾50多位知名企业家共计200多人在会上相互交流推介项目，这在冰洽会历史上还是首次。""真诚的邀请，诚挚的合作。冰洽会正向着新的高度冲击。"[2]

高层经贸、商务会议、论坛活动的增多，不仅仅是带来直接的经济效益，更重要的是提供了与国内外的资本流、信息流、商贸流对接的机会，借此搭建起国内独树一帜的高端财智平台，提升哈尔滨国际冰雪节与冰洽会的知名度，为哈尔滨的经济发展提供持久强劲的驱动力。

2013年，中国·哈尔滨国际冰雪节经贸洽谈会更名为哈尔滨寒地博览会后，吸引了芬兰、德国、俄罗斯、日本、加拿大、拉脱维亚、新西

---

[1] 《中国的达沃斯——亚布力企业家论坛》，网易论坛2009年2月7日。
[2] 本报记者：《奏响冰雪经贸新序曲》，《哈尔滨日报》2011年1月14日。

兰、韩国等10个国家的13个城市前来。在展会设立的716个展位中汇集了国内外百余家企业展示的寒地城市除雪设备，寒地城市建筑采暖新材料、新技术、新产品，寒地服饰等产品。2014年又吸引了意大利、奥地利、日本等国家的7个友好城市，国内的知名企业如北京中关村、中联重科，以及省内的哈尔滨工业大学、哈尔滨工程大学、703研究所等高校院所也展示了他们的科研新成果。

目前，哈尔滨国际冰雪节经贸洽谈会及寒地博览会已连续举办33届，累计有美国、俄罗斯、德国、英国、韩国、澳大利亚、日本、新加坡、瑞士、芬兰等50多个国家和地区，以及包括香港、澳门、广东、上海等国内绝大多数地区的百余万中外客商参会，总成交额达千余亿元人民币。冰雪节的经贸活动经历了最初的地方产品展示、中期的经贸洽谈与现在的寒地博览会三个阶段，已经发展成为国内外影响广泛的大型知名经贸盛会。2014年哈尔滨寒地博览会中，上海自贸进出口商品博览会和绥芬河综合保税区的进驻，使其更具影响力和吸引力。

第六节 以"酷"为特色的冰雪旅游

经过多年的发展，冰雪文化产业已经发展成为集冰雪雕塑、冰雪娱乐、冰雪经贸、冰雪文艺等于一体的产业链。冰雪旅游连接了冰雪产品与游人，连接了产业链中的各个产品，也是黑龙江连接其他地区的桥梁与纽带。冰雕雪塑吸引了游人，旺盛的人气带动了冰雪经济的发展。冰雪文化产业链的扩大促进了经济的发展，吸引着更多的人来旅游和投资，实现了良性循环。

一、哈尔滨冰灯点亮了冰雪旅游

就旅游而言，黑龙江原本并没有太多的优势。它既没有北京、南京、西安的名胜古迹，也没有烟雨江南的秀丽山水。冰天雪地（图3-48）、荒蛮苦远曾是它的代名词，这里长期以来一直是很少有人问津的旅游地点。哈尔滨冰灯的横空出世以纯洁晶莹、如梦如幻的独有魅力打破了长期固守

图 3-48 "酷"：严寒中的生命（杜宇摄）

于人们心中的印象，吸引了国内外的游人，出现了前所未有的旅游热潮。1963年，哈尔滨冰灯刚一问世，新华社和《光明日报》就都发了消息，哈尔滨人凭借聪明才智创造的奇幻美景为世人所知。第二届冰灯游园会除本地市民一如既往地争相观赏外，北京、天津、广州、武汉、呼和浩特等30多个城市的游人也前来观赏。本省齐齐哈尔、牡丹江、佳木斯的园林部门和辽宁的沈阳、抚顺，吉林的长春等地还专门派团来学习。冰灯展出40天，共接待游人80余万人次，拉开了我国冰雪旅游的序幕。

1979年，改革开放之后，冰灯游园会题材扩大，内容新颖，不仅国内游人纷至沓来，而且吸引了海外的游人。1980年，中国香港4名年轻人冒着被冻掉鼻子、耳朵的危险，来到哈尔滨探险旅游。他们不仅没有被冻伤，反而为美丽的冰灯所折服。消息传开后，海外游人纷纷前往。"据《哈尔滨日报》报道，1982年的第八届冰灯游园会接待中外游客180万人。"[①] 其中，"美国、日本、加拿大、英国、法国、斯里兰卡等国外宾客和由香港专程来哈观赏冰灯的港澳同胞7000余人次"[②]。"1984年底，美、英、法、日、荷兰、澳大利亚、加拿大、意大利8国和香港地区的冰灯观赏团在国家旅游局、国家旅行总社等单位的同志的陪同下来到哈尔滨"[③] 参观冰灯，冰雪旅游也由此正式跨入国际旅游的行列。

---

① 王景富：《哈尔滨冰雪文化发展史》，黑龙江人民出版社2005年版，第259页。
② 王景富：《哈尔滨冰雪文化发展史》，黑龙江人民出版社2005年版，第259页。
③ 王景富：《哈尔滨冰雪文化发展史》，黑龙江人民出版社2005年版，第259页。

二、政府的多项举措使冰雪旅游插上腾飞的翅膀

一个小小的民间冰灯能够发展成为集冰雪艺术、冰雪经贸、冰雪文艺、冰雪旅游于一体的冰雪文化产业和名扬中外的亮丽品牌,省、市政府的多项举措、大力推进是至关重要的。

1. 政府主导,纳入规划

首先,1963年兆麟公园举办的首届冰灯游园会就是在哈尔滨市委第一书记任仲夷的倡导下主办的。1979年,改革开放之后,黑龙江省旅游局组织有关部门赴香港召开新闻发布会宣传冰灯。香港的同胞为美丽的冰灯所吸引,纷纷前来观光旅游。在香港的宣传取得明显效果后,省旅游局又组织有关部门奔赴日本和欧美国家介绍哈尔滨冰灯。1985年,哈尔滨市政府将每年的1月5日确定为冰雪节,扩大了冰雪文化的影响,吸引了更多的游人前来。

黑龙江省在日渐火热的冰雪旅游中看到了可观的产业发展前景。为使冰雪旅游登上一个新的台阶,1996年,省委、省政府在专门听取了旅游工作情况汇报后,确定了凭借独特的旅游资源,加快步伐,把黑龙江省建设成特色旅游强省的目标,提出"树立大旅游观念,确立旅游业在第三产业中的重点和支柱产业及外向型经济先导产业的地位"[1]和把旅游业作为新的经济增长点与支柱产业来抓的战略思想。1996年9月19日,副省长王宗璋在全省旅游工作座谈会上的讲话强调指出:"黑龙江要发展自己的优势经济、特色经济,就必须大大加快第三产业的发展,把它摆在全省经济发展的战略地位来抓,特别是要把旅游业作为全省的一个新兴经济支柱产业和新的经济增长点去发展,我们必须从调整全省经济结构、产业结构的战略高度来认识旅游业的地位和发展旅游业的重要作用。"[2]之后,黑龙江省又出台了《关于加快发展旅游业的若干意见》《黑龙江省旅游业管理条例》等促进旅游业发展的法规政策,增加了对旅游业的投入,使黑龙江旅游业进入了快速发展的轨道。

在省委、省政府大力发展旅游业的宏观战略下,黑龙江加快了发展旅游业的步伐。1997年哈尔滨市政府将旅游业定位为第三产业的支柱产业,摆

---

[1] 姜一海:《黑龙江省确立建设特色旅游强省目标》,《中国旅游报》1996年7月16日。
[2] 王宗璋:《发展特色旅游 培育新的经济增长点——在全省旅游工作座谈会上的讲话》,《黑龙江日报》1996年9月22日。

图 3-49　如梦如幻的牡丹江雪堡（杜宇摄）

上优先发展的战略地位，1999年举全市之力，使哈尔滨入选首批中国优秀旅游城市，2001年在"十五"规划中确立了"创建世界冰雪旅游名城"的战略口号，同时将第十七届冰雪节升格为中国·哈尔滨国际冰雪节。

以哈尔滨国际冰雪节为龙头，牡丹江（图3-49）、佳木斯、齐齐哈尔等城市也都将旅游业纳入城市发展战略规划，出台优惠政策，分别举办了牡丹江雪城旅游文化节、佳木斯三江国际泼雪节、关东文化旅游节等活动。这些冰雪节庆活动虽然内容、形式不同，但有一点是相同的，即都是以政府的名义举办的。

2. 领导重视，亲自上阵

黑龙江历届省、市领导对冰雪旅游都非常重视，对于每年的重大冰雪节庆活动都提前谋划，科学布局。每到冬季，都以省、市政府的名义向各国使节、国际组织、友好城市代表、世界500强企业及文化、体育、旅游等各界人士发出邀请，欢迎他们前来旅游、参会、参赛或进行经贸洽谈（图3-50）。

每逢冰雪节庆活动开幕，黑龙江省、市的党政主要领导

图 3-50　寒博会上的哈尔滨市国际友好城市展区（江虹摄）

都会出席。从20世纪60年代的冰灯游园会,到21世纪绚丽多姿的冰雪节、泼雪节;从大到国家旅游局、黑龙江省政府、哈尔滨市政府主办的哈尔滨国际冰雪节、黑龙江国际滑雪节,到各园区举办的冰博会、雪博会、专项冰洽会,都有省、市主要领导剪彩、宣布开幕或致辞。2009年第二十五届中国·哈尔滨国际冰雪节,省委书记吉炳轩、省长栗战书、省政协主席王巨禄和国家旅游局领导共同出席,栗战书代表省委、省政府和全省人民向中外嘉宾表示热烈欢迎,哈尔滨市委书记杜宇新和国家旅游局领导刘金平也都分别致辞。

为了扩大冰雪旅游的影响,就连一些冰雪节新闻发布会,市领导也要出席。2004年11月,哈尔滨市政府在香港万丽海景酒店举行第二十一届中国·哈尔滨国际冰雪节新闻发布会,副市长王大伟出席并致辞。2011年1月,伊春市副市长出席省政府主办的新闻发布会,并在会上亲自介绍"伊春市森林冰雪欢乐季"系列活动安排情况。2012年,哈尔滨市政府在人民大会堂举办第二十九届中国·哈尔滨国际冰雪节新闻发布会,市委副书记、市长林铎亲自在会上做主旨发言。

领导的重视使黑龙江冰雪旅游的影响不断扩大,冰雪活动也不断提档升级。哈尔滨国际冰雪节、黑龙江国际滑雪节都由地方主办升格为由国家旅游局、黑龙江省人民政府、哈尔滨市人民政府共同主办,齐齐哈尔的关东文化旅游节由中国旅游协会、黑龙江省旅游局、齐齐哈尔市人民政府共同举办。与其他国家联合举办冰雪活动已经成为黑龙江的特色与常态。

2012年,集中国欢乐健康游·中俄旅游年和第二十八届中国·哈尔滨国际冰雪节于一体的盛大冰雪旅游活动在哈尔滨盛装启幕,全国政协副主席郑万通,省委书记吉炳轩,省政协主席杜宇新,省人大常委会副主任符凤春,省委副书记杜家毫、副省长孙尧,市领导宋希斌、王涛志、王颖、邹新生出席开幕式。市委副书记、市长林铎亲自主持开幕式,国家旅游局局长邵琪伟,俄罗斯联邦旅游署副署长萨利什维利,省长王宪魁分别致辞。

在"2012中国欢乐健康游·中俄旅游年启动仪式牡丹江分会场活动暨第11届牡丹江雪堡·镜泊湖雪域之窗"启幕仪式上,国家旅游局副局长祝善忠、黑龙江省副省长于莎燕、牡丹江市市委书记和俄罗斯滨海边疆区副行政长官分别致辞,并与"韩国21世纪朝中交流协会会长金汉圭共同开启象征中俄友谊和冰雪文化的'冰雪之恋'水晶球""市长林海宽主持启动仪式，市领导王同堂、沙广华、梁桥、李玉刚、周景隆、张海华、闫岩及市委秘书长宫镇江出席启动仪式""俄罗斯符拉迪沃斯托克市杜马主席拉佐夫、俄罗斯哈巴罗夫斯克市杜马副主席卡列尼叶科、俄罗斯乌苏里斯克市杜马主席鲁奇出席启动仪式"[1]。

  黑龙江的冰雪旅游不仅吸引了国内外的大量游人，也引起国家领导人的重视。1992年，万里委员长为'92中国友好观光年冰雪风光游首游式暨第八届哈尔滨冰雪节开幕式剪彩。1993年1月5日，田纪云副总理为第九届哈尔滨冰雪节开幕式剪彩和观赏冰灯后，又做了"发挥冰雪优势，发展冰雪文化，振兴哈尔滨"的题词。1994年全国政协主席李瑞环出席第十届哈尔滨冰雪节开幕式，并为之剪彩。1996年，江泽民总书记亲临在哈尔滨举办的第三届亚洲冬季运动会开幕式。钱其琛副总理1998年1月31日至2月1日，考察了亚布力滑雪旅游度假区、哈尔滨冰灯游园会、太阳岛雪雕博览会和松花江冬泳浴场后，对黑龙江发挥地缘优势发展冰雪旅游取得的成绩表示满意，并应冰灯游园会之邀，作了"发展冰雪旅游，振兴龙江经济"的题词。2003年1月5日，李鹏委员长为第四届哈尔滨冰雪大世界按动了象征开园的烟花燃放按钮，然后又出席了在哈尔滨冰球馆举办的第十届全国冬季运动会暨第十九届中国·哈尔滨国际冰雪节开幕式并宣布开幕。2016年3月，习近平总书记在参加第十二届全国人大四次会议黑龙江代表团审议时又发表了"冰天雪地也是金山银山"的讲话。

  政府的强势主导使黑龙江的冰雪文化产业迅速发展，影响不断扩大，吸引了国内外的游人，也吸引了世界各国的驻华使节和国际组织的代表纷纷前来。2007年的"哈尔滨国际冰雪之约"，有来自俄罗斯、韩国等国的500余名外宾来哈尔滨参加城市间交流与合作论坛、项目洽谈对接、国际冰雕雪雕比赛和新闻采访等活动。

  一开始就由政府主导的中国黑龙江国际滑雪节参加人数更是每届都有增长。1998年第一届滑雪节接待国内外滑雪者30余万人。第二届升格为国家旅游局与黑龙江省人民政府、哈尔滨市政府共同主办，接待了来自国内外的滑雪者40万人。2001年第四届滑雪节与由联合国工业发展组织、国家旅游局、国家体育总局和黑龙江省人民政府共同主办的"国际滑雪产

---

[1] 于航、唐风来、张伟：《第11届牡丹江雪堡·镜泊湖雪域之窗盛装启幕》，东北网2012年1月6日。

业合作论坛"同时举办，吸引了来自美国、加拿大等国家的80万旅行商、滑雪者。2006年，第九届中国黑龙江国际滑雪节举办期间，俄罗斯、叙利亚等25个国家的驻华使节还成立了50多人的大使团，相约在冰雪飘飞的季节共同来黑龙江参加滑雪节。"有资料表明，历届滑雪节共邀请100余个国家、2000余人次的驻外使节和旅游官员、新闻媒体、旅行商参加滑雪节，其中美国、日本、俄罗斯等国驻外使节连续多次参加滑雪节，扩大了黑龙江滑雪的国际影响力。"[①] 黑龙江各级领导对冰雪旅游的重视，使黑龙江冰雪旅游走向全国，走向世界。

2009年，黑龙江省出台了《黑龙江北国风光特色旅游开发区规划》，计划通过三年至五年的努力，通过十大旅游开发区的建设，全方位地构建起具有特色优势的北国风光旅游发展体系。在2015年中国成功申办2022年冬奥会与2016年习近平总书记提出"冰天雪地也是金山银山"之后，黑龙江省委、省政府对冰雪文化产业更加重视，多次召开专题会议，研究部署冰雪发展工作。2017年，黑龙江省旅游发展委员会印发了《黑龙江省冰雪旅游专项规划（2017—2025）》，将目标定位于将黑龙江建设成全国唯一的复合型全域冰雪旅游目的地，力争到2022年，全省冰雪旅游人数突破1亿人次，冰雪旅游收入突破1200亿元。

2018年，黑龙江省政府又与联合国世界旅游组织签署了《黑龙江省全域旅游发展总体规划编制合作协议》与《黑龙江省冰雪旅游产业发展规划编制合作协议》，这些措施为黑龙江建设冰雪旅游强省与实现冰雪旅游的跨越式发展提供了保障。

3.高调强势的大手笔宣传

黑龙江冰雪旅游的巨大发展与集文字、图片、广播、电视、网络于一体的全方位、大规模的宣传也是密不可分的。美丽的冰灯刚一出现，就吸引了众多的摄影家出版了冰灯画册。冰雪广告更是铺天盖地，哈尔滨电视台、黑龙江电视台的主要频道，常年播放冰雪广告。每当黄金时段打开电视，冰清玉洁、如梦如幻的冰雪世界就扑面而来。每年的冰雪节期间，哈尔滨都投巨资在覆盖面广、收视率高的中央电视台黄金时段宣传冰雪旅游，还曾将冰雪广告打到北京、上海火车站，中国航空公司的国际国内航班和美国的地铁站、欧洲的公交车上。

---

① 王颖：《"白金"铺就畅游路》，《黑龙江经济报》2008年1月3日。

为了扩大冰雪旅游的知名度和影响力，每年举办冰雪节、滑雪节之前，黑龙江省、市政府领导都前往北京，举办规模盛大的新闻发布会，邀请有关部门的领导、国内外媒体和旅行商参加。哈尔滨市也曾到广州、上海、香港和美国的洛杉矶等地举办冰雪旅游推介会，宣传黑龙江冰雪旅游。

2003年，哈尔滨市旅游局还创新形式，在社会上选拔才艺俱佳的青春少女，远赴武汉、南昌、长沙、厦门、深圳等城市，以"白雪公主"大篷车的形式，自编自演文艺节目，展示哈尔滨冰雪文化的魅力，所到之处都成为引人注目的亮点与焦点。

为了扩大冰雪旅游的影响，黑龙江省旅游部门的领导往往是亲自出马上阵。2006年，黑龙江省旅游局局长薄喜如率队到中央电视台宣传黑龙江冰雪旅游，得到中央电视台新闻中心领导的支持，共同创意了第九届滑雪节雪上盛典直播活动，实现了"第一次对高山滑雪旅游节庆活动进行长达1小时40分钟的直播；第一次在直播中专题介绍单独一个省的滑雪旅游；第一次在直播中利用移动微波技术在高速滑道上全程跟踪拍摄……第一次在高山冰雪严寒环境直播中实现转播车微波传送……第一次在直播中推出滑雪志愿者高山滑雪体验活动；第一次在中央电视台新闻节目中大密度连续播出雪上盛典活动：朝闻天下、现场直播、新闻30分、新闻联播、360°、晚间新闻，一天六次连续播出"[①]。这一滑雪宣传创造的六个"第一"，无论在中央电视台，还是在黑龙江新闻史上，都是前所未有的。

2009年，哈尔滨市旅游局局长杨杰（图3-51、图3-52）率领冰雪艺术家在达沃斯举办世界经济论坛之际前往

图3-51　哈尔滨市旅游局局长杨杰（左二）在瑞士达沃斯宣传哈尔滨冰雪旅游（杨杰提供）

[①] 李云涛、张爽：《打造中国滑雪旅游胜地世界冰雪旅游名都》，《中国旅游报》2006年12月22日。

第三章 冰雪文化产业的丰富内涵与外延

瑞士,在达沃斯的主要街道和世界经济论坛会场周边等主要地点,制作了《飞雪迎春》《和平》《大熊猫》《GRF Logo 雪雕》等雪雕作品。这项活动引起了当地领导、论坛代表和媒体的广泛关注,达沃斯市长、瑞士国家旅游局局长等先

图 3-52 哈尔滨市旅游局局长杨杰(右)在瑞士达沃斯接受记者采访(杨杰提供)

后同哈尔滨冰雪艺术代表团进行了会晤。参加世界经济论坛会议的 41 个国家和国际组织的首脑及世界 500 强企业的代表观看这些雪雕作品之后,表现出极大的兴趣。联合国副秘书长约翰·霍姆斯(John Holmes)观看哈尔滨雪雕作品后,高兴地说:"在参加达沃斯世界经济论坛会议时,能够目睹中国雪雕艺术的精湛和美丽,感到很兴奋。以后一定要到哈尔滨看看。"[①] 采访世界经济论坛的美国、英国电视台记者和瑞士的新闻媒体都对此次雪雕展览进行了报道。

充分利用现代新兴的传媒网络,也是冰雪宣传的有效形式。2001 年,由哈尔滨国际冰雪节组委会主办、黑龙江信息港承办,开通了中国·哈尔滨国际冰雪节网站,《人民日报》在《东北在线》开通了冰雪网站,搜狐也通过哈尔滨地方版开通了冰雪节专栏频道。2010 年,哈尔滨市政府在召开第二十七届哈尔滨国际冰雪节新闻发布会时宣布,对于本届冰雪节,哈尔滨市旅游局联合北京水晶石数字科技公司,面向全球开通了"哈尔滨网上冰雪节"。这些网络平台既展现冰雪美景,也对与冰雪旅游出行相关的交通、旅馆等信息进行介绍。

大规模的宣传,吸引了众多媒体前往。1996 年,第十二届冰雪节组委会举行新闻发布会,海内外 300 余名新闻记者出席。2004 年,第二十届哈尔滨国际冰雪节在冰雪大世界举行开幕式,中央电视台与哈尔滨电视台合作,现场直播开幕式实况。2005 年,有包括中央电视台、中央人民广

[①] 杨志英:《哈尔滨雪雕艺术惊艳达沃斯 到世界经济论坛宣传冰雪》,《生活报》2009 年 2 月 5 日。

111

播电台、《人民日报》、美联社、路透社、法新社在内的70余家媒体近600名记者采访冰雪节。2006年，有国际文传电讯社、《挪威晚邮报》、路透社、法国《观点》杂志、土耳其世界新闻通讯社、日本《赤旗》报、丹麦电视台的记者前来采访。

2007年，哈尔滨国际冰雪节与黑龙江国际滑雪节的宣传工作都创造了前所未有的高潮。哈尔滨市委外宣办在凤凰卫视欧洲台、中央电视台播放冰雪节专题片与宣传广告；在美国的《国际日报》和中国香港的《文汇报》《大公报》刊发冰雪节宣传专版；在韩国首尔、中国香港等地举办了冰雪艺术、冰雪旅游图片展览；在哈尔滨机场、火车站、长途客车站的电子屏幕上播放冰雪节的专题介绍。强势的舆论宣传，吸引了法新社、美联社、路透社、新华社、中央电视台、《人民日报》等国内外50多家媒体100多名记者前来采访报道。

第九届黑龙江国际滑雪节组委会为创造最佳的宣传效果，提前制订了宣传报道方案。当时获悉省政府在韩国和中国香港举办活动周，就抓住机会前去介绍冰雪旅游。2006年11月在北京举办了第九届中国黑龙江国际滑雪节新闻发布会，邀请了中央媒体、北京媒体和旅行商200多人参会。同月，"2006中国国际旅游交易会"在上海举办，在前去参加的同时，滑雪节组委会组织亚布力等滑雪场举办了"2006黑龙江冬季旅游产品说明会"，俄罗斯和中国香港、澳门、北京、上海等地的新闻媒体160多人前来采访。与此同时，还在国家权威报纸《中国旅游报》头版榜眼位置对滑雪节进行全面宣传，并与《当代旅游》杂志联合编辑出版第九届黑龙江国际滑雪节会刊。滑雪节开幕之际，俄罗斯等20家境外媒体和中央电视台等50余家国内媒体纷纷对滑雪节开幕式和雪上盛典进行了报道。

国家权威媒体中央电视台一直对哈尔滨国际冰雪节予以特别关注，在多次密集报道与直播之后，2007年将黑龙江作为具有代表性的省份列入全国过年直播节目主要活动地，在新闻联播以"春节黄金周：南北旅游共热，城乡和谐一体"为题的报道中，首次将黑龙江省冰雪旅游作为全国黄金周总结的第一位来报道。2012年12月30日，又派出40余人的强大阵容，连同黑龙江电视台、哈尔滨电视台的记者与工作人员共百余人，动用多台高清摄像机、摄像机摇臂、卫星转播车和航拍遥控飞行器等现代传播设备，在哈尔滨冰雪大世界、太阳岛雪博会、狗岛、九站公园四个直播现场，连续5天直播"玩转冰雪"节目，以"这里的冰雪使人快乐"为中心，通过央视新闻频道、中文国际频道和英语频道对哈尔滨国际冰雪节进行了全景式的展示，创造了哈尔滨国际冰雪节在央视播出时间最长、播报内容最多、播报范围最广的新纪录。2017年，万众瞩目的央视春节联欢晚会首次将哈尔滨列为分会场，在冰雪大世界晶莹剔透的冰制天坛上，黑龙江人以激情、浪漫的冰雪艺术形式，表达了对全国人民的新春祝福。还有第三十三届哈尔滨国际冰雪节中的"百家报业老总走进金山银山"和2018年的11城主播大型采访活动都深度地、全方位地向世界展示了哈尔滨冰雪。

黑龙江冰雪独有的魅力和绚丽多彩、常变常新的冰雪活动，使国外媒体也始终葆有极大热情。2012年第二十九届哈尔滨国际冰雪节开幕前夕，哈尔滨市政府在北京人民大会堂举办新闻发布会，美联社、塔斯社、德国电视一台和新华社等73家中外新闻媒体出席。冰雪节举办期间，世界著名的美联社、路透社、塔斯社三大通讯社也深为冰城的独有魅力所吸引，首次齐聚哈尔滨。法国新闻社、欧洲新闻图片社、《阿塞拜疆报》、美国合众国际社、法国电视一台、瑞士《新苏黎世报》、德国电视一台等外国新闻媒体都前来采访报道冰雪节。

国内、国际众多权威媒体对冰雪节的大规模、深层次密集报道，全面、精彩地展现了黑龙江冰雪产品的魅力，扩大了黑龙江冰雪旅游在全国与世界的影响力。

4.多项举措助推冰雪旅游快速发展

为了提高冰雪旅游的品位和质量，黑龙江省、市政府相关部门积极采取多项措施，促进冰雪旅游快速发展。

在国际化目标的引领下，为提高冰雪旅游质量，黑龙江省旅游局积极开展诚信旅游建设活动，制定了《诚信旅行社评定标准》和《诚信饭店标准》，并会同省工商局、省公安厅等部门联合行动，在省、市两级旅行社建立了信息一应俱全的诚信电子档案信息库，为冰雪旅游优质服务提供条件，对非法、违规行为进行严厉打击。国家旅游局的《旅游服务质量提升纲要》出台后，又进一步深化了诚信旅游的标准化建设。

哈尔滨市政府为推动冰雪旅游的发展也不断推出新的举措。为了加强与各地旅游局的合作，2001年9月，哈尔滨市旅游局承办了东北三省四城市联合举办的"2001年首届中国（哈尔滨）冰雪旅游交易会"。参加交易会的有国内副省级城市、省会城市和著名旅游城市，还有俄罗斯、日本、新加坡等国家和地区的旅行商，扩大了哈尔滨冰雪旅游的影响。

2007年，以哈尔滨市政府名义在北京举办的第二十四届哈尔滨国际冰雪节推介会上，首次采用冰雪景区、旅行社、宾馆"捆绑"促销的模式，组织哈尔滨冰雪大世界，兆麟公园冰灯游园会，太阳岛国际雪博会，哈尔滨极地馆，亚布力、帽儿山、二龙山、吉华、乌吉密滑雪场以及天马旅行社、凯莱酒店等，联合组成30人的营销队伍，在北京进行了哈尔滨冰雪旅游促销。

2012年12月，为推动冰雪旅游客源市场发展，哈尔滨市政府又出台了《哈尔滨市冰雪旅游包机或专列奖励办法》，推出每架次包机奖励2万元的新举措，吸引国内外的旅行商为冰雪旅游多做贡献。

为推动冰雪文化的进一步发展，2012年，由哈尔滨市政府发起，以聚合世界优秀冰雪文化为宗旨的世界城市冰雪旅游合作组织协商会议在哈尔滨召开，来自世界20个国家的34个城市、12个协会团体及5名个人代表共169名代表出席会议。经过几年的努力，世界城市冰雪旅游合作组织筹建大会又于第三十三届哈尔滨国际冰雪节期间召开。2015年，由黑龙江省旅游发展委员会倡议，经国家旅游局审定同意，由北京市旅游发展委员会、内蒙古自治区旅游局、辽宁省旅游局、吉林省旅游局、河北省旅游局组成的"中国冰雪旅游推广联盟"在哈尔滨成立，这个冰雪旅游营销联合体，不仅对于黑龙江的冰雪旅游，而且对于"繁荣中国冰雪文化，推广中国冰雪品牌，促进全民冰雪旅游"具有极大的引领作用。

5. 投巨资进行基础设施建设

政府主导的巨大作用还体现在为打破冰雪旅游交通瓶颈、提高可进入性所做的投入和对铁路、公路、航空、场馆等方面进行的基础设施建设。

早在1998年，哈尔滨就开通了至日本、俄罗斯、韩国、新加坡、美国等国家和中国香港特别行政区的航线，之后又开通了哈尔滨至韩国清州旅游包机航线、北京至哈尔滨至漠河航线、哈尔滨至香港航线。目前哈尔滨已拥有空中航线百余条，可谓四通八达。

2005年，第二十四届世界大学生冬季运动会申办成功，极大地促进了黑龙江冬季体育运动发展与冰雪旅游基础设施建设（图3-53）。2006年，常务副省长栗战书主持召开省政府专题会议，听取了大冬会筹委会关于大冬会基础设施建设的汇报，研究了大冬会竞技比赛场馆建设、亚布力国际广播电视中心建设及相关配套基础设施建设的方案。2009年黑龙江

图 3-53 哈尔滨体育学院的冬季两项比赛场地（王东海提供）

省政府投资 24 亿元的大冬会冰上、雪上比赛场地场馆和相关配套设施全部竣工并投入使用。负责冰上比赛的哈尔滨因拥有 6 个比赛场馆和两个训练馆而成为中国拥有滑冰馆数量最多的城市。新建的哈尔滨体育学院滑冰馆、哈尔滨理工大学体育活动中心、黑龙江省冰上基地花样滑冰训练馆和重新改造的黑龙江滑冰馆、哈尔滨冰球馆、哈尔滨会展中心滑冰场等都可以承担世界冰上大赛。

亚布力和帽儿山滑雪场作为大冬会雪上项目的比赛场地，基础设施、比赛设施和接待设施全面提档升级。亚布力赛区的竞赛设施在供水、供电、供暖和通信系统等方面进行全面改造和扩容，扩建了越野雪道，加宽了高山滑雪滑降雪道，新建了具有国际先进水平的滑雪场竞赛指挥中心、新闻转播中心、会议中心和可以进行跳台滑雪和北欧两项比赛的 K125 跳台滑雪场。

负责单板滑雪和冬季两项赛事的哈尔滨体育学院帽儿山滑雪场（图 3-54）的单板滑雪 U 形

图 3-54 帽儿山具有国际水平的比赛场地（王东海提供）

图 3-55 冰雪观光路上的哈尔滨冰灯（杜宇摄）

池场地和我国第一个单板滑雪空中技巧场地，都通过了国际滑雪联合会的认证。

大冬会的基础设施建设，使黑龙江拥有了国际一流的冰雪比赛场地、通讯与综合服务系统，冰雪体育运动的设施产生了跨世纪的飞跃，也为黑龙江的冰雪旅游带来前所未有的国际影响力。

黑龙江冰雪旅游基础设施建设除直接用于冰雪比赛的场地建设，还有铁路、公路的建设。苇亚铁路起点为滨绥线苇河站，终点是亚布力南站，全长24.24千米，使哈尔滨至亚布力滑雪场铁路全线贯通，并使黑龙江拥有了我国首座滑雪场火车站，旅客出站步行1000米就可以直接进入亚布力滑雪场。与此同时，还拓宽了亚布力镇至亚布力滑雪场的公路和新建了赛区内的道路，修建直升机停机坪一处，形成了贯通哈尔滨、帽儿山、亚布力三个赛区的铁路、公路、航空立体交通网。

2010年，由黑龙江省政府第二十二次专题会议确定建设的亚雪公路为冰雪旅游的交通和冰雪景观的开辟创造了新境界。亚雪公路通车前从哈尔滨去雪乡，无论是由五常、山河屯经沙河子去雪乡，还是由海林经长汀到雪乡，都需6个多小时。2011年9月，亚雪公路通车后，全程83.7千米，两个小时就可以到达雪乡，因此，亚雪公路被称为"黄金旅游路"（图3-55、图3-56）、"冰雪观光路"。

亚雪公路的开通，不仅使"到哈尔滨看灯，

图 3-56 冰雪观光路上的亚雪公路风光（杜宇摄）

到亚布力滑雪，到雪乡赏雪"的黄金冰雪旅游路线更加便捷，而且亚雪公路两旁本身就是银色的童话世界：奇异的雪团，多姿的冰瀑，高大挺拔的雪松，一路上处处是美不胜收的独有雪景。有商业眼光的人已经开始酝酿冰雪产业的开发。直接连接亚布力国家森林公园、中国雪乡森林公园，辐射凤凰山景区、镜泊湖景区的亚雪公路在为游人带来美好体验的同时，也必将极大地促进沿线的经济发展。2015年，北京成功申办冬奥会，黑龙江省政府表示将进一步加大航空、铁路、公路、通信等方面的基本建设，助力国家兑现"三亿人上冰雪"的承诺。黑龙江省政府主导的发展方式为冰雪旅游插上了腾飞的翅膀。

三、独具特色的冰雪旅游产品吸引了国内外的游客

冰雪旅游产品刚一出现就与众不同，它不像吴越文化那样清丽婉约，不像燕赵文化那样慷慨悲歌，也不像西蜀文化那样苍凉荒漠，与历史悠久、流传广泛的竹文化、茶文化也迥然不同。

在源远流长的历史长河中，竹文化历久弥坚，已经升华成为一种做人的精神风貌和人格之美。以"和"字为核心的茶文化是东方文化的精髓部分，它吸收了儒、道、释三家的思想精华，也体现着国人行为处事的基本形态。但是，无论是竹文化的清风瘦骨、虚心有节、优雅脱俗，还是茶文化的和睦清心、平静高雅，都是一种君子之风，或者说其实质就是传统的君子文化。而冰雪文化产品则是边塞无拘无束的文化品格和时尚文化相融合的现代北方文化，它以冰与雪为载体，多姿多彩、痛快淋漓地展示了北方人的激情、活力、豪放与浪漫。

黑龙江省位于中国的最北方，每到冬季，地冻天寒，大雪纷飞（图3-57），历史上是令人生畏的苦寒

图3-57 瑞雪纷飞的哈尔滨（杜宇摄）

之地。自古生活在这里的先民长期与严寒、冰雪搏斗，形成了粗犷、豪放的性格，曾以其彪悍、勇猛问鼎中原。这一"酷极"的寒地，对于悠闲地看惯了青山绿水、名胜古迹的游人，本已是一处别样的风景，而历经多元文化的浸润，富有创新精神的现代北方人又智慧地在这片神奇的土地上发掘、创造了那么多的美和浪漫。

"特殊的地理位置、生态环境和气候条件，使黑龙江冬天呈现出与众不同的美，茫茫雪原，冰河树挂……一处处粗犷、豪放的冰雪风光令每个走进它的人流连忘返，使每个听说过它的人心驰神往，黑龙江是中国冰雪艺术的发源地，每到冬季，黑龙江人用大自然赐予的冰雪资源搭建气势磅礴的琼楼玉宇，雕刻精美绝伦的艺术作品，建造冰清玉洁的童话王国。"[1]国际旅游组织将黑龙江旅游形象定位为"酷省"，是对其所作的准确概括。

（一）冰雪艺术与风光之美

美，似乎总是和温暖、柔和联系在一起，而冰雪旅游产品，无论是冰雕、雪雕、冰上杂技、冰雪画作、动感的滑雪与冰雪娱乐，还是边走边看的冰雪风光，都必须在寒冷中观赏、体验，在寒冷中品味美、享受美，在美的欣赏中感受冷、体验冷，越冷越有魅力，越冷越过瘾。虽然有室内的冰雕展览与滑雪场，但也必须用制冷手段将温度降到零下，否则，冰雪就要融化，冰雪作品将不复存在。

冰雪艺术是大自然的恩赐和北方人智慧的结晶。兆麟公园是冰灯的发源地，太阳岛国际雪博会是中国雪雕艺术的故乡，二者将千百年来在寒冬中静卧的冰与雪幻化为独树一帜的新鲜艺术形式。冰雪艺术是智慧的哈尔滨人奉献给世界艺术园林的一朵奇葩。

冰雪艺术超凡脱俗，与众不同。冰雪艺术的创作材料只有冰与雪，而富有奇思妙想的艺术家们却用这司空见惯的简单材料，创造出种类无比丰富的艺术产品和神奇的世界。例如，冰花、冰桥、冰楼阁、雪滑梯、雪建筑，还有冰雪人物、动物和规模盛大的冰灯游园会、雪城堡和冰雪大世界。

冰雪艺术家们充分地利用透雕、浮雕、圆雕等艺术手法创作出堪称奇

---

[1] 《迎大冬盛会　游龙江美景——黑龙江冬季旅游精品线路（下）》，《黑龙江日报》2009年2月22日。

迹的冰雕、雪雕作品，或玲珑剔透、如碧似玉，或高大如山、雄伟壮观。很多冰的"神奇"、雪的"纪录"也在这里创造。例如，创造吉尼斯世界纪录的冰长城、冰恐龙、大型雪雕《尼亚加拉风光》，以及国内最大的无支撑穹顶雪堡等。总之，世界上存在的所有事物都可以在这里用冰雪的形式创造出来，而且由于现代高科技手段的运用，冰雪作品要比原物更加晶莹、清新、绚丽。进入园中，犹如置身于琼楼玉宇、童话世界，纯洁晶莹，流光溢彩，寒冷而浪漫。大自然的严峻、冰冷经艺术的点燃在这里幻化为一种世上独有的"酷美"（图3-58、图3-59）。

图3-58 鬼斧神工的兆麟公园国际冰雕比赛作品（江虹摄）

　　冰雪艺术家也为传统的艺术形式赋予了极酷的特色。生长于冰雪天地之中的北方人天生具有热爱冰雪的情怀和粗犷豪放、无拘无束的秉性，拥有这种个性的人从事艺术创作，就比较容易突破、创新。冰雪山水画创始人于志学创造的冰雪画派，为历史悠久的中国画开创了新的天地，颇具酷感的冷逸之美为欣赏者提供了有别于传统的美感享受。

　　深蕴冰雪情结的北方艺术家还独具慧眼，善于在司空见惯的冰雪现象中发现艺术的因子，并且从中选取最具神韵的部分，幻化为独有的艺术品种。北方的冬季，由于室内与室外温度的反差，热气扑到玻璃窗上后与冷空气相遇，就产生了千姿百态、变化无穷的冰窗花。位于黑龙江最北边的黑河冰雪爱好者，在20世纪末就开始了冰窗花的拍摄。视觉艺术家刘恒甫为把冬日清晨太阳升起时就要消融的北方独有的美景留住，以专业的设备和独有技巧，奔波于寒冷的北方各地，拍摄了6万余张美妙多姿的冰窗花照片，从中选出

图3-59 夜幕下的太阳岛雪雕（江虹摄）

最具神韵的部分，以"窗花梦幻"为题，陈列在哈尔滨冰雪艺术中心，展示着冰窗花冷峻中的清丽之美。

冰雪文艺带给游人的是酷爽体验。随着冰雪文化产业的发展，早在20世纪80年代，以冰雪为题材的歌曲、舞蹈就在舞台上出现，并且逐渐成为冬季大型晚会的主体。进入新世纪，文艺演出与冰雪实现了最为直接的"亲密接触"，将舞台搬到了真冰实雪上。2006年，第十八届太阳岛国际雪博会邀请俄罗斯冰上芭蕾舞团在大型雪雕《尼亚加拉大瀑布》前，进行了为期50天、共100场的演出。

黑龙江冰上杂技舞蹈团精彩的冰上演出，既有滑冰的飘逸、灵动、浪漫，又有杂技的高难、惊险和刺激，《冰上立绳》《畅爽冰嬉》等节目都强烈地吸引了国内外的游人。冬日的观赏是冰雪与艺术的天然合一。夏日的冰上杂技是新鲜而刺激。室外是炎炎烈日，室内是晶莹剔透的冰雪世界，巨大的冰面舞台使整个演出与观赏空间都变得格外清爽。在"冰火两重天"的环境中，观赏演员们精灵一般的精彩演出，体验神奇冰雪与高难度杂技相结合的独有神韵，观众的感觉就是一个字——"酷"！

2012年，冰雪大世界又有史无前例的新举措，推出了堪称世界首创的大型冰雪实景演出——《林海雪原》(图3-60)。该剧以东北抗联故事为蓝本。总演出区占地面积达5万平方米，真树实雪，400余名演员在这世界首创的超大实景冰雪舞台上，演出了"北国风光""英雄虎胆""胜利会师"三个精

图3-60 在世界首创的实景冰雪大舞台上演出的《林海雪原》(江虹摄)

彩片段。在不断变幻、光影交错的实景冰雪舞台上，演员们足蹬滑雪板，从白雪皑皑的高山上呼啸而下，再现了活捉座山雕的历史场景，震撼而精彩。

冰雪大舞台的文化互动也激情四射，场面壮观。常常是千余游人在随着音乐节奏变换颜色的雪地舞池内共同起舞，随着动感音乐跳起了迪斯科。白雪、严寒，激情如火、痛快淋漓，铸就了龙江冰城独有的酷感魅力。

2010年，哈尔滨啤酒有限公司还曾邀请演艺明星，在冰雪大世界举办了前所未有的"零下30度炫爽派对"，让人们感受到了极寒中的激情。受邀明星说："这是我第一次在零下30摄氏度的温度下参加派对，从进入派对的那一刻起，就感觉被一种极致的冰爽包围，而动感时尚的派对充满了激情，带给我如同'冰火两重天'般的超凡体验。"①

冰雪风光展示的则是浩瀚、奇特的北国风光。黑龙江具有得天独厚的自然资源——大森林、大平原、大湿地、大界江。每到冬季，瑞雪飘飞，黑龙江大地的山河、树木都被冰雪覆盖，广阔的龙江大地就是一个天然的冰雪大世界。独特的地理、历史、人文环境使北方冬季的极致之美齐聚，荟萃了千姿百态的冰雪酷美风光。

素有"中国林都"之称的伊春（图3-61）拥有亚洲面积最大、保存最完整的红松原始森林，森林覆盖率达83.6%，森林公园达120个。每到冬季，浩瀚的林海雪原更是无比壮观。高山峻岭，银装素裹；茫茫雪原，浩瀚无边。穿行其间，使人充分地感受到"穿林海，跨雪原，气冲霄汉"的豪迈。

雾凇更是黑龙江一大奇绝冰雪美景，库尔滨河、林口、五大连池、镜泊湖、大庆新华湖等都是观赏雾凇的好去处。位于红星火山地质公园北部的库尔滨河雾凇堪与中国四大自然奇观之

图3-61　伊春的茫茫雪海（付炳力摄）

---

① 《哈尔滨啤酒打造世界顶级冰雪盛宴——携手哈尔滨国际冰雪节，哈尔滨啤酒掀起-30度炫爽体验》，《新晚报》2010年1月23日。

一的吉林雾凇相媲美。每到严冬时节，库尔滨水库发电时，顺流而下的河水滚滚滔滔，热气升腾，常年不冻，冷热交替，使库尔滨河两岸的所有树木都银装素裹，形成了绵延数十里的雾凇景观，如诗如画，奇幻壮观。

大海林原始森林风景区则是另一个体验冰雪风情的好去处。这里莽莽林海，风光自然、古朴，被称为"中国雪乡"（图3-62、图3-63、图3-64、图3-65）的双峰林场，积雪期长达7个月，积雪最深处达2米。风景区的老秃顶子山海拔1686.9米，是东北第二高峰。由于特殊的地理环境，飘落的雪花随物赋形，堆积成一个个千姿百态的蘑菇状雪堆，成为中国少有的冰雪奇观。《河北日报》报业集团总编辑张志欣说："我是北方人，家乡的瑞雪也让人心动，但只有到了亚布力，才感受到什么是冰雪的魅力，只有到了'中国雪乡'，才领略到什么是'绝美的雪景'。"[①]

五大连池是著名的世界地质公园，冬季到来时，则呈现出独有的火山冰雪奇观。皑皑的白雪覆盖在黑黑的火山岩上，彰显着世界地质公园的独

图3-62 入选"美丽中国"十佳景区的雪乡美景之一（杜宇摄）

图3-63 入选"美丽中国"十佳景区的雪乡美景之二（杜宇摄）

图3-64 入选"美丽中国"十佳景区的雪乡美景之三（杜宇摄）

图3-65 入选"美丽中国"十佳景区的雪乡美景之四（杜宇摄）

---

① 彭溢、程瑶：《亲冰雪世界 揽龙江大美——全国党报高峰论坛与会代表谈冰论雪看龙江》，《黑龙江日报》2010年12月17日。

特魅力。游人徜徉于此，不仅可以观赏到神奇的石海、不冻的冰河、三九严寒中水温仍然保持在 14 摄氏度左右的"温泊"等火山冰雪奇观，天然矿泉水也给他们在冰天雪地中的游览增添了酷爽。

在大庆雪地温泉体验"冰火两重天"，更是冰雪旅游中独有的极酷体验。大庆不但拥有丰富的石油资源，而且是国内罕见的特大型中低温地热区，静态储量达 3000 亿立方米，且具有"储量大、水源足、埋层浅、温度高和水质好"等特点，温泉天然水温在 40 摄氏度到 100 摄氏度，富含 20 多种对人体有益的微量元素。

目前在大庆已建有连环湖温泉、北国温泉养生休闲广场、鹤鸣湖湿地温泉、飞泷四季温泉等景区。在千里冰封、万里雪飘的冬季，池外银装素裹、白雪皑皑，零下 30 摄氏度；池内热气腾腾、云雾缭绕，零上 40 多摄氏度。在 70 多摄氏度的温差中，体验冬日的豪情和如火的温暖，是雪地温泉拥有的独有魅力。2011 年国土资源部将林甸评为"中国温泉之乡"和 2012 年北国温泉养生休闲广场获得"中国十大温泉""最佳寒地温泉"两大权威奖项，都是对雪地温泉的权威认证。高纬度的地域特点和丰富的地热资源使大庆的雪地温泉成为独一无二的特色冰雪旅游产品。

齐齐哈尔扎龙保护区是著名的"世界大湿地、中国鹤家乡"。全世界只有 2000 多只野生丹顶鹤，在扎龙保护区就有 400 多只。工作人员利用特殊的饲养方法，使鹤在冬天留在这里。寒冷的冬季，美丽的丹顶鹤在皑皑白雪中翩翩起舞，曼妙无比，实在是难得一见的神奇美景（图 3-66）。

图 3-66 "世界大湿地、中国鹤家乡"齐齐哈尔扎龙保护区雪地里的丹顶鹤（杜宇摄）

"北极"漠河以"最北、最冷"的地理与气候特点在冰雪旅游中独树一帜,"找北、找冷、找奇、找静、找美、找自然"的寻酷游人,在原始自然的北极村感受奇、美、净、纯,在浩瀚林海、万顷冰雪中参观中国最北的人家、最北哨所,游览中国唯一的冰雪圣诞村,会感受到独一无二的"酷美"。

到"华夏东极"抚远市的乌苏镇,在白雪皑皑的雪地上,欣赏冉冉升起的神州第一缕阳光,迎接吉祥圣洁的"紫气东来",也是一种独有的美好享受。

赋予传统以时尚魅力的冰雪民俗是又一道极酷的美好风景。越冷越吃冻是北方人的古老习惯,冻白菜、冻梨、冻柿子都深为北方人所喜爱。现代的北方城市,无论天气多么寒冷,在大街上,都可以看到穿着漂亮的青年、小孩兴致勃勃地吃着冰糖葫芦、冰激凌。

时尚的冰雪婚礼已经成为名扬海内外的亮丽品牌。冰雪婚礼自1985年开始举办,消息传开后,新颖节俭、文明时尚的形式,很快吸引了广大青年。1987年,美国《看东方》节目主持人靳羽西的采访播出后,冰雪婚礼通过现代传媒蜚声海内外。1988年参加冰雪婚礼的新人扩大到52对,活动内容也大大增加,观冰灯、看冬泳、乘冰帆、坐爬犁、滑雪橇,喜庆而浪漫。中央电视台在全国亿万人民瞩目的春节联欢晚会上,直播了本届冰雪婚礼。2011年,冰雪婚礼首次采用中英双语主持,更加突出了其国际性。"让冰雪见证我们的爱情""让我们的爱情像冰雪一样纯洁,让我们的生活像梦幻冰灯一样绚丽多彩"是新人们的心声与挚爱,冰雪为他们的人生增添了浪漫的色彩。

为了使游人集中观赏、体验北国风光的酷美,黑龙江省旅游局精心地编制了10条冰雪旅游路线,40个必去的地方荟萃了"酷"之美的冰雪艺术与风光,堪称冰雪世界的酷美大全。

(二)冰雪运动与娱乐之酷

中国大地幅员辽阔,拥有冰雪资源的不止黑龙江,有些地方的冰雪自然景观甚至更为奇异,如经年不化的冰川、冰洞等,游客却对黑龙江情有独钟,是因为黑龙江冰雪具有别样的风景。

炎热使人慵懒,寒冷使人产生运动的冲动。千百年来形成的传统和现代人的创新创造,使黑龙江的冰雪旅游产品不但独具特色,而且充满动感：其丰富，堪称大全；其极致，填补空白，挑战极限，又连创全国乃至世界之最。

旅游的灵魂是文化，旅游者追求的是与众不同的文化，动感时尚的黑龙江冰雪旅游恰好与现代人寻"酷"的旅游心理相吻合。如果说绝大多数地区的旅游是优雅的观赏，黑龙江冰雪旅游则是参与其中的淋漓尽致的宣泄，展现的是充满激情的生命活力。

1. 龙江酷省的冰雪都会"动"

千百年来横卧江河、静如处子的冰与雪，搬进园区，经过艺术家鬼斧神工的雕琢和声、光、电的神奇注入，灵动飞扬，绚丽多彩。夜幕下的兆麟公园冰灯游园会、太阳岛国际雪博会、哈尔滨冰雪大世界、牡丹江雪堡等都变成了海市蜃楼般的超现实世界。由于高科技和时尚元素的不断介入，园区中的动感也不断更新变换，从20世纪80年代的动物乐队，到90年代能听到回音的冰制回音壁；从能弹奏出美妙音乐的冰钢琴到变幻莫测的魔幻灯泡，都以现代的激情向游人展示了北方的活力。21世纪，LED灯的运用，不但环保、节能，而且可以自由编程，变换色彩。2009年，哈尔滨冰雪大世界高20米、长120米的音乐冰墙（图3-67），由于内设编程的LED光源，随着音乐旋律的起伏不断变换颜色，带给游人非同寻常的视听感受。太阳岛"雪版"的圣诞老人村，由于LED灯的运用，向游客展示了千姿百态、别具一格的"芬兰故事"，每当华灯初上，如碧似玉、精美绝伦的雪雕在五彩斑斓、变幻莫测的灯光映衬下又显示出绚丽多彩的魅力。

在这奇丽炫目、扑朔迷离的童话世界中，游人们还可以参与富有刺激性的冰雪娱乐活动。哈尔滨兆麟公园冰灯游园会是冰灯发源地，也是最早开展冰雪娱乐的园区，开始主要有冰滑梯，随着时代的发展，近年来又有冰爬犁、冰上碰碰车、冰上摩托车、冰上保龄球等。太阳岛国际雪博会的冰雪娱乐以雪为特色，设置了迷宫、

图3-67 哈尔滨冰雪大世界能随着音乐变换颜色的音乐墙（江虹摄）

雪地足球、雪地小火车、冰上自行车和堆雪人、滚雪球、泼雪等。2006年第十九届雪博会以"冰雪总动员·欢乐太阳岛"为主题的冰雪嘉年华还举办了脚滑子争霸赛、雪地列车、雪地探秘、松鼠搬家等一系列极具趣味的冰雪游乐活动，让游人在竞争中体验冰雪的乐趣。哈尔滨冰雪大世界刚一问世，就集冰雪观赏与冰雪娱乐于一体。其中冰雪娱乐中既包括各种冰雪游乐项目，又包括冰雪文艺演出。游人在参与冰爬犁、冰上高尔夫、技巧冰车、冰上陀螺等活动的同时，还可以观赏惊险飘逸的冰上杂技和恢宏壮观的大型冰雪实景演出。

2. 滑雪本身就是潇洒刺激、充满激情的冰雪运动

1996年，第三届亚洲冬季运动会在哈尔滨举办，滑雪开始为中国大众所了解，并以其惊险潇洒、动感强、可参与面广，很快为时尚大众所喜欢。

1998年举办首届中国黑龙江国际滑雪节之后，黑龙江的滑雪旅游影响更为扩大，滑雪（图3-68）项目也不断增加，高山滑雪、越野滑雪、儿童滑雪，男女老少，专业的冰雪运动员与业余的冰雪爱好者，都可以在这里自由驰骋。黑龙江以其得天独厚的自然条件、先进的硬件设施和花样翻新、富有创意的活动，吸引着国内外的滑雪爱好者纷至沓来。在银装素裹的洁白世界中，远离城市的嘈杂、喧嚣，从白雪皑皑的高山之巅飞驰而下，煞是刺激而潇洒。在激情震撼中尽享滑雪带来的乐趣，已经成为现代时尚人士冬季休闲度假的最佳选择。

各大滑雪场在设置各类雪道的同时，也都设有独具个性的冰雪娱乐活动。负有盛名的亚布力滑雪场，设有初、中、高级滑雪道，也有滑轮胎、滑翔伞、打雪橇、雪地摩托车、雪地篝火等项目，还可以攀冰岩或观赏滑雪技巧表演与花样滑冰表演。在龙珠滑雪场，人们在滑雪之余可以驾驶雪地摩托车或坐上狗拉爬犁在雪野中飞驰，也可以乘滑车在转弯、落差极大的雪道上感受惊险与刺激。在平山

图3-68 潇洒刺激的滑雪运动（王东海提供）

神鹿滑雪场、中国滑雪之乡——吉华滑雪场，可以滑雪圈、滑冰，乘雪地摩托车、雪地爬犁、骑雪地自行车。玉泉国际狩猎滑雪场是亚洲最大的冰雪狩猎场，滑雪爱好者在这里可以滑雪，可以骑马、乘马拉雪橇、破冰垂钓、打冰球、打飞碟，可以游览东北烈士纪念馆，可以与梅花鹿、马鹿亲密接触，还可以进行独有的雪地狩猎。自1986年对外开放以来，该滑雪场已接待了包括国际狩猎协会主席在内的数百个境外狩猎团、旅游团的数十万游客。

与太阳岛相邻的月亮湾滑雪场，在独家推出的灯光滑雪场中设有滑雪圈专用场地和雪地摩托车、雪地卡丁车场地，忙碌了一天的都市人下班之后可以在这里尽享冰雪游乐竞技的乐趣。郊外的香炉山，拥有东北独一无二的"冰川雪谷"，游人在林海雪原进行滑雪的同时，还可以再体验过雪山等冰雪探险的乐趣。

3. 专设的冰雪娱乐场所多而大

长期的与冰雪相伴相依，黑龙江人都酷爱冰雪。为方便广大市民和游人的冰雪娱乐，每到冬季，有关部门都纷纷行动起来，浇筑冰场、建设冰雪游乐场所，数量之多，范围之广，规模之大，在全国独占鳌头。

哈尔滨职工体育乐园和江上冰雪游乐场是较早的冰雪游乐场所，之后南岗、道里、道外、香坊等区都大量投资建设免费的冬季运动场所，为市民和游人冬季运动提供条件。如2004年虽然是暖冬，但在原来的基础上，仍然修建了位于道里友谊路的"全民健身公益冰场"、南岗文化园区的"冰雪故事园"、儿童公园附近的"俄罗斯风情园冰雪健身冰场"、道外区的"太平体育场滑冰场""八区体育场冰场""马家沟河冰场"等，其中面积最大的道里区"全民健身公益冰场"是按国际标准建设的露天灯光冰场。

全省中小学浇筑的冰场就更多了，据不完全统计，仅2004年一年就有462块之多。2014年，由于哈市将冰雪体育项目纳入中考体育考试，并对浇筑冰场符合标准的给予奖励，全市八个区的中学全都浇筑了冰场。

随着时代的发展，冰雪游乐场所还不断地提档升级。2011年，在以"欢乐冰雪、激情城市"为主题的第二十七届哈尔滨国际冰雪节中推出的"冰雪欢乐谷"，园区占地10万平方米，设置了万人滚冰、雪地拔河、雪团大战、冰壶、冰雪CS、雪地卡丁车、雪地碰碰车、3D动画体验等冰雪娱乐项目。第二年又扩大为15万平方米，集冰雪娱乐、冰雪游艺、冰雪景观于一体，设置了冰雪狂欢场、冰雪欢乐村、冰雪欢乐斗、冰雪加速度等景区，增添了新颖、现代的快乐雪船、激情雪圈、冰雪大蜈蚣、冰帆船等

图 3-69　哈尔滨冰雪欢乐谷之一（江虹摄）

冰雪娱乐项目，引进了俄罗斯的雪地气垫船、欧美盛行的全地形车。游人在这里还可以体验"陆战之王"雪地坦克和雪地冲浪的动感、刺激与炫酷。随着时代的发展进步，冰雪欢乐谷（图3-69、图3-70）不但每年都增加新的项目，管理水平也不断提高。2015年在设置了欢乐冰雪拓展、欢乐大冰场、欢乐冰雪体验、欢乐冰雪挑战、欢乐冰雪激情、儿童冰雪欢乐岛等50余个冰雪娱乐项目的同时，还引进了瑞典先进的雷达扫描设备，每天对冰雪的承载力等情况进行检测，为冰雪娱乐提供安全保障。

4. 冰雪娱乐活动声势浩大，令人目不暇接

每到冬季，银装素裹的龙江酷省就成了冰雪运动与娱乐的海洋。政府、社会团体、企业、学校和社区纷纷组织规模盛大、参与广泛的冰雪活动。

"百万青少年上冰雪"活动历经40余年的发展已经成为全国有影响力的群众体育活动品牌和独具特色的标志性冰雪活动。哈尔滨、齐齐哈尔、牡丹江、佳木斯等市每年冬季都举办丰富多彩的冰雪体育活动，热爱冰雪的

图 3-70　哈尔滨冰雪欢乐谷之二（江虹摄）

青少年在紧张的学习之余，欢呼雀跃地奔向冰场、雪场，尽情地享受冰雪运动带来的乐趣。各地的冰雪活动，不但传统的滑冰、冰球、抽冰尜等开展得有声有色，而且不断地进行新的开拓，增加了冰上保龄球、雪地足球等。哈尔滨市红阳小学还成立了校速滑队、冰球队和冰壶队。

冰雪活动的巨大魅力吸引着一些大学也积极开展冰雪活动。2006年，东北林业大学浇灌了近万米的教学冰场，可同时容纳900余名学生进行冰上活动。截至2018年，哈尔滨工程大学已连续举办了10届国际大学生雪雕比赛。

为促进青少年冰雪活动的进一步开展，黑龙江省体育局2003年又推出新举措，建设了以哈尔滨至齐齐哈尔为冰上主线，哈尔滨至牡丹江为雪上主线，哈尔滨至伊春为冰上支线，哈尔滨至佳木斯为雪上支线，覆盖了全省20个市、县的冰雪体育长廊，使"百万青少年上冰雪"活动又登上一个新的台阶。

"百万青少年上冰雪"使广大青少年投身冰雪运动，既强身健体，锻炼意志，培养了不怕困难的顽强精神，又推动了冰雪运动的普及，同时为我国和黑龙江冰雪运动发现了冰雪人才，培养出杨扬、王濛、申雪、赵宏博、薛瑞红、王曼丽、于凤桐等一大批世界冠军。

各个社区也都积极开展冰雪活动与比赛，有的社区甚至是每天有活动，每个星期都有比赛。单独面向青少年的活动也很多，例如香坊区中小学生雪地足球联赛；道里区青少年冰上趣味运动会；道外区"育英杯"趣味冰球赛，"宏伟杯"抽冰尜比赛，"淮河杯"冰壶、冰上保龄球赛，"东园杯"雪地足球赛，"太星杯"趣味保龄球赛、高尔夫球赛；等等。

有的冰雪活动还被赋予文化内涵。《新晚报》、哈尔滨体育总会2011年联合举办的群众冰上娱乐大赛，参赛者滚轮胎穿越障碍的项目名称为"车轮滚滚"，少年冰尜比赛的名称为"疯狂陀螺"，挥雪杖、支爬犁的名称是"奋勇向前"，定点冰球赛的名称是"虎口拔牙"。黑龙江省体育局、黑龙江省电视台都市频道等单位联合举办的"冰雪向前冲"冰雪趣味运动会中，设置了"林海雪原"等关卡，展现的是趣味冰雪竞技活动的激情。

各个部门举办的冰雪活动往往是声势浩大，无比壮观。冰尜、冰球、冰爬犁、滑冰、冰上保龄球、冰上拔河、冰上足球，等等，一应俱全。项目与参加人数之多，都非其他城市所能比拟。例如，2005年，香坊区在黛秀湖公园举办的"冰雪进社区"活动中，有147个家庭432人参加家庭趣味赛，热爱冰雪的男女老少在冰天雪地中尽情地享受抽冰尜、堆雪人、打雪地保龄球的乐趣。2007年举办的黑龙江省第六届雪地足球赛有来自哈尔滨、大庆、齐齐哈尔等地的170支球队参赛，比赛分为中年、青年、女子和学生4个组别，年龄最大的68岁，元老队平均年龄60岁。同是2007年，由哈尔滨市体育局和道里区政府等单位举办的中俄冬季"铁人三项"（包括冰橇、冬泳、耐寒长跑）表演赛，有包括俄罗斯20余名选手在内的500余名运动员参赛。参赛者有大学教授、公务员、医生、警察、学生，其中年龄最大的88岁，最小的12岁。2012年，由哈尔滨市人民政府主办，哈尔滨市旅游局、《生活报》、大庄园集团协办的"冬日激情·万人徒步"活动，浩浩荡荡，无比壮观。2016年12月，省委、省政府统一安排启动了黑龙江省全民冰雪活动日暨"冰天雪地"徒步行活动，全省上下纵情冰雪。

冰雪给龙江酷省的人们带来无穷的快乐。每到冬季，大家都按捺不住心中的渴望，纷纷走出家门，投身到冰雪运动之中。传统的冰滑梯、冰爬犁、抽冰尜、冰上拔河，使他们重新回到童年；现代的雪地卡丁车、雪地碰碰车、雪地保龄球、雪地高尔夫球、攀冰岩等新鲜又刺激；始终深受欢迎的滑冰、冰球使他们持久地感受着冰雪运动的快乐；冬季垂钓、冰上龙舟让新老冰雪爱好者共同感受到冰雪活动独有的魅力。

吸收了现代娱乐元素的冰雪嘉年华，为本就热闹的酷省冰雪运动锦上添花，如走进南岗嘉年华、哈尔滨啤酒雪地足球争霸赛暨冰雪嘉年华、太阳岛"冰雪总动员·欢乐太阳岛"冰雪嘉年华、奥索卡冰雪嘉年华。媒体参与的"冰雪乐翻天"等更是集中地展示了龙江酷省人民战胜冰雪严寒的坚强与豪迈。

5. 填补空白，挑战极限

黑龙江省的冰雪活动项目不但多而且全，有很多还填补了全国冰雪运动与冰雪娱乐的空白，创造了新的纪录。作为"哈尔滨十大城市名片"之一的冬泳，是人类挑战严寒、挑战自我的勇敢者运动，也填补了全国群众性冰雪运动的空白。

哈尔滨是我国冬泳运动（图3-71）的发源地之一，也创造过很多相关的"第一"。从1976年两名游泳爱好者破冰游泳的情形被刊登于杂志上，到1980年《哈尔滨日报》对9名冬泳爱好者的报道中首次出现"冬泳"一词；从1983年全国第一个冬泳协会宣告成立和出现第一个人工冬

第三章　冰雪文化产业的丰富内涵与外延

图 3-71　在冰制的跳台上，冬泳运动员潇洒地跃入寒冷的江水之中（杜宇摄）

泳浴场，到 2007 年 3 月 8 日成立中国第一支女子冬泳队；从 1985 年全国第一个冬泳赛事——首届北国冬泳比赛，到 1994 年 2 月 6 日的中俄冬泳联谊赛、2001 年开始的哈尔滨国际冬泳邀请赛，都是首开全国冬泳之先河。2014 年，哈尔滨运动员首次应邀参加了冬泳世界锦标赛，经过努力拼搏，一举获得 4 枚金牌。

在哈尔滨的带动下，不仅黑龙江省的各地市，长春、沈阳等地也举办了冬泳比赛。据不完全统计，目前已有 20 多个城市设立了冬泳赛事。

雪地足球赛（图 3-72）也是哈尔滨的一大创举。自 1997 年哈尔滨首届雪地足球赛在冰封雪覆的冰城举办之后，很快就在全省风行，如"联通杯"雪地足球赛、"可口可乐杯"大学生雪地足球赛、牡丹江"镜泊湖杯"雪地足球赛、黑河市"忠诚卫士杯"雪地足球赛、齐

图 3-72　大学生雪地足球赛（江虹摄）

131

齐齐哈尔市中小学生雪地足球赛、七台河雪地足球赛等，影响较大的"哈啤杯"雪地足球赛与哈尔滨工业大学的"校园杯"研究生雪地足球赛都已连续举办数届。哈尔滨首创的这一冬季运动项目，不仅吸引了省内外的足球爱好者，而且中央电视台的《足球之夜》节目还给予了报道。

近年来，由于雪地足球的影响越来越大，参加人员的范围越来越广，人数也越来越多。2016年，黑龙江省体育局、黑龙江省教育厅为助力实现国家"三亿人参与冰雪运动"的承诺举办的2016—2017年度黑龙江省校园雪地足球联赛，覆盖了全省1243所学校，直接参赛人数超过1.5万人。2016年中俄蒙国际娃娃雪地足球赛、2017年中俄青少年雪地足球赛等，还通过冰雪活动架起了与国外青少年联系的桥梁。

在哈尔滨还曾出现过全国最长的冰滑梯和最大的冰爬犁。阿城区红星湖打造了全国最有影响的"户外冰壶乐园"。2012年，俄罗斯气垫船开进了冰雪欢乐谷，它以新颖、现代和雪上80公里的时速，让市民与游人感受到在雪上飞驰的快乐。

冰雪运动与冰雪娱乐一般具有刺激性与挑战性，而被称为"勇敢者的运动"的冬泳格外突出。数九寒天，在凛冽的寒风中，岸上的人穿着棉衣、棉裤还感觉寒冷，冬泳队员们却身着泳衣在冰冷的江中畅游。

冰雪耐寒奇人金松浩更是叫人无比佩服，曾创造多项耐寒纪录。他曾经只穿一条短裤在雪地上踢足球，也曾经在冰天雪地中用冷水洗澡——一桶桶从松花江打上来的凉水从他头上浇下，身穿厚厚棉衣的观众不忍看，他却很轻松地说凉水洗澡很舒服。2011年1月3日，在湖南张家界天门山云梦仙顶举办的"冰冻活人"大战中，他在装满冰块的冰柜中站立长达120分钟，成为"世界第一冰人"，荷兰人霍夫创造的冰冻115分钟的世界纪录也由此被刷新。2012年，他又在哈尔滨冰雪欢乐谷，仅穿一双鞋和一条短裤，登上高高的冰滑梯顶端，坐着雪圈"飞流直下"，然后走进一个装满白雪的玻璃柜里，在双肩以下全被雪埋的情况下，悠然自得地喝啤酒，吃花生米，实在是潇洒酷极。

如果说冬泳队员与冰雪奇人展示的是耐寒之酷，冰上摩托车赛、冰雪汽车拉力赛展现的则是速度与激情。摩托车赛和汽车赛本身就具有疯狂、刺激的特点，在千里冰封，充满冰凌、清沟的冰面上飞驰，更增加了惊险性。在极限中挑战极限，赛车手们的胆识和技艺都在这里得到考验和展现。目前，冰雪汽车拉力赛（图3-73）已成为汽车运动高手集聚和角逐

图 3-73 在冰雪汽车拉力赛中穿冰破雪而行（李沅龙提供）

的竞技场，他们认为只有在黑龙江广阔的雪地上才能感受到狂奔的豪放与激情。

堪称酷极的冬泳、冰上摩托车赛、冰雪汽车拉力赛不仅有本地市民的踊跃参加，而且吸引了国内外的冬泳队员与汽车运动选手。2005 年举办的第五届哈尔滨国际冬泳邀请赛，吸引了俄罗斯、朝鲜、斯里兰卡、坦桑尼亚、马里、巴基斯坦、孟加拉国和中国的 35 支冬泳代表队，冬泳运动员达到 320 人。俄罗斯老红军女战士连续多年参加哈尔滨国际冬泳邀请赛，在 90 岁的高龄还能潇洒地跃入刺骨的松花江中劈波斩浪。

同是 2005 年，由哈尔滨冰雪节组委会、哈尔滨体育局、哈尔滨工业大学集团红博世纪广场等单位举办了"2005 红博杯国际冰上摩托车表演赛"，这是我国首次举办此种赛事，也吸引了来自俄罗斯、瑞典、德国等地的选手，其中就包括 6 次获得世界冠军的俄罗斯选手伊万诺夫·尤里。

冰雪汽车拉力赛已经成为冰雪活动中的又一大亮点。2002 年 2 月，由李沅龙发起的松花江冰雪汽车挑战赛（图 3-74）在首次打破了冬季江面的沉寂之后，就成为富有挑战精神的人最为喜爱的冰雪项目。数九寒天，在冰封的江面上穿冰凌，破厚雪，尽情地展示勇气与技术，不仅带动鸡西、齐齐哈尔、佳木斯、牡丹江、长春等地也举办了冰雪汽车拉力赛，

图 3-74　各路媒体与工作人员在"中国·华夏东极抚远—神州北极漠河冰雪汽车挑战赛"合影
（李沅龙提供）

而且吸引了众多的国内外赛车高手。2003波司登·雪中飞杯中国松花江国际冰雪汽车挑战赛，就有包括瑞典冰雪汽车赛冠军、非洲汽车拉力赛冠军韩佩在内的俄罗斯、瑞典、韩国、日本等国家和国内的长春、沈阳、牡丹江、北京等地的45名选手，驾驭29辆赛车参加比赛。新华社、中央电视台、人民日报、新浪网、中国汽车报等媒体都进行了报道，中央电视台以此为内容的纪录片《遥远的冰河》曾连续播出4次。2006年，松花江国际冰雪汽车挑战赛与首届中俄汽车争霸赛一起举办，中国境内4站，俄罗斯境内1站，由哈尔滨出发，沿松花江、黑龙江行进，终点设在俄罗斯哈巴罗夫斯克，参赛者有来自中国黑龙江、辽宁、山西、广东等地的40名车手驾驭的20辆车和俄罗斯26名车手驾驭的13辆车，俄方还组织了22辆车、50人的助威团随行。2007年第四届漠河国际冰雪汽车越野拉力赛由中国汽车运动联合会等多家单位共同举办，比赛名称变为"第四届中国漠河国际冰雪汽车越野拉力赛暨2007全国四驱拉力系列赛漠河站比赛"，并成为"2007俄罗斯'中国年'"的重要活动之一，标志着冰雪汽车拉力赛已由区域性比赛升级为国际性比赛。

由于冰雪汽车拉力赛的巨大影响，不但参加的车手越来越多，赛道越来越长，而且举办单位的规格也越来越高，如2013年首届中国·华夏东极抚远—神州北极漠河冰雪汽车挑战赛与2018黑龙江省冰雪汽车运动巡回赛暨五大连池全民乐享冰雪汽车拉力赛等，都已升格为黑龙江省政府与有关部门共同举办。

动感的冰雪运动强烈地吸引着国内外的冰雪爱好者，为长期生活在都市、深受传统习俗与现代礼仪约束的人们提供了一个"撒点野"的机会，为他们释放压力，展现激情与生命活力，创造了潇洒、时尚、浪漫的张扬个性的方式。

"冰雪让我们与众不同。"冰雪文化以特有的方式展现了北方人的勇敢、坚强、乐观和豪迈气概，张扬了北方人的强健精神。

（三）五彩缤纷的冰雪节庆与赛会

1. 以五彩缤纷的节庆点亮冰雪旅游是龙江酷省的一大特色

由于冰雪节庆具有集文化、经济、城市亮点于一体的巨大魅力，哈尔滨与全省各地都举办了多姿多彩的冰雪节（图3-75、图3-76）。这些冰雪活动往往和当地独有的地理、人文、民俗相结合，个性突出，风格独特，显示出独有的特色与魅力。佳木斯将当地传统的民间泼雪活动升华，在2003年创办了佳木斯三江国际泼雪节。每到冬季，市民和游人聚集在白雪皑皑的雪地上，互相泼雪祝福。

图3-75 首届哈尔滨市南岗区冰雪欢乐节开幕式（江虹摄）

随着冰雪旅游的不断发展，冰雪节庆也不断细化和向着专业化方向发展，出现了很多独具特色的冰雪节，如齐齐哈尔的"雪地观鹤"关东文化旅游节、伊春的森林冰雪欢乐节、大兴安岭的北极光冰雪节、大庆的雪地温泉节、漠河的冬至文化节、双峰林场的中国雪乡旅游节、镜泊湖的冬季捕鱼节、林口的雾凇节、萝北县的滚冰节、哈尔滨中央大街的冰雪艺术节、太平湖的冬钓节等。五常市八家子乡靠山屯还办起了农民冰雪节，多姿多彩，令人目不暇接。

同俄罗斯相邻的城市还经常举办中俄友好冰雪活动。绥芬河作为对俄贸易的主要城市，由于冰雪活动的开展，已经成为俄罗斯远东地区游客庆祝新年的首选地。2011年元旦

图3-76 太阳岛国际雪博会开幕式（江虹摄）

期间，5000多名俄罗斯人参加了"百户俄罗斯家庭进入中国家庭过新年"活动，中俄两国的家庭在冰雪中共同迎接新年的到来。2013年又举办了中俄绥芬河国际冰雪嘉年华。牡丹江与俄罗斯接壤，冰雪节主景观雪堡的风格多为欧式古城堡，虽然历届主题不同，但无论是"梦幻世界""文明的对话""中俄友谊""同一个梦想，快乐雪堡"，还是"异域风情、雪域王国""海之梦""雪域童话""幻想王国"等（图3-77、图3-78），哥特式的尖顶和拜占庭式的穹窿在历届雪堡中常可见到。2012年，中国欢乐健康游·中俄旅游年启动仪式牡丹江分会场活动与第十一届牡丹江雪堡·镜泊湖雪域之窗开幕式同时举办，更为冰雪节庆增添了亮丽的色彩。2013年，佳木斯富锦市举办的首届中俄冰雪旅游节，邀请了俄罗斯哈巴罗夫斯克边疆区维季特旅游公司、犹太自治州环球旅游公司等旅游企业前来考察洽谈。位于黑龙江边上的黑河市经常和对岸的俄罗斯布拉戈维申斯克市联合举办活动。在2012年举办的"璀璨双子城、异国圣诞节"主题活动中，游客在黑河参加"雪地英雄"冰雪体验，到俄罗斯阿穆尔州首府布拉戈维申斯克市参观列宁广场、胜利广场，感受异国风情。2017年的"双子城"中俄冰雪季，范围更加广泛，涵盖了中俄两国少数民族节庆、中俄雪山穿越大赛、中俄大学生冰雪嘉年华等众多冰雪项目。至于中俄青

图3-77 牡丹江冰雪节庆中的雪雕（江虹摄）

图3-78 牡丹江雪堡景观（江虹摄）

少年雪地足球赛、中俄雪地拔河比赛、中俄青少年滑冰比赛等，就更是经常在与俄罗斯接壤的地区举办了。

2. 五彩缤纷的冰雪节庆现代而时尚

黑龙江的冰雪节庆常变常新，每届都根据时代的特点增添新的内容和亮点，以充满时代精神和时尚色彩的冰雪盛宴为游人带来美好的享受。

早在改革开放初期的20世纪80年代，"向四个现代化进军"、女排夺冠等时代热点和重大事件就都曾在冰灯游园会中幻化为冰雕美景。20世纪90年代，亚冬会、香港回归成为冰雪美景的主要内容。1994年冬运一条街上滑冰、滑雪、冰球运动员的矫健身影，1995年两条腾起的冰制巨龙高高擎起亚冬会的标志，1996年"亚冬圣火"景区中欢快的亚冬会吉祥物豆豆、传统的大红灯笼，都展示出冰城人昂扬向上、热爱冰雪运动的精神风貌和满怀激情迎接亚冬会、热烈欢迎五大洲冰雪健儿前来参加亚冬会和冰雪节的广阔胸怀。1997年，适逢香港回归祖国，冰灯游园会又专设了"庆归园"，制作了巨大的冰制"回归号"帆船，以表达庆祝香港回归的喜悦心情。1999年，哈尔滨冰雪大世界中的巨龙、世纪钟楼、万里长城，以宏大的气魄彰显着龙的传人迎接新世纪的雄心和力量。

冰雪节庆还积极与国家主题活动呼应，既使黑龙江冰雪活动显示出鲜明的时代性，又使其具有国家层面的品质特征和影响力。

2006年是《中俄睦邻友好合作条约》签署五周年，也是"中俄友好年"，全省的冰雪节庆都以此为主要内容。第九届黑龙江国际滑雪节以中俄友好为中心，扩大了邀请外宾的范围，开幕式邀请了俄罗斯远东地区、哈巴罗夫斯克边疆区、滨海边疆区、阿穆尔州、犹太自治州、萨哈共和国、哈卡斯共和国等地区的旅游界、新闻界人士80多人出席。哈尔滨国际冰雪节、兆麟公园冰灯游园会、哈尔滨冰雪大世界、佳木斯国际泼雪节分别冠以"中国俄罗斯年在哈尔滨""冰释华夏文化看古今，灯结中俄友好话未来""中俄友好，冰雪情深""打造冰雪魅力城市、体验中俄民俗风情"的主题。俄罗斯著名建筑十月广场、列宁广场、彼得广场、莫斯科红场钟楼等都以冰雕艺术的形式在哈尔滨再现。著名的俄罗斯冰上魔术团被邀请来哈尔滨演出。中俄冬泳对抗赛、中俄青年滑雪赛、中俄散打交流赛也同时在冰城举行。

2007年"中韩交流年"，哈尔滨冰雪大世界和韩国艾斯欧公司共同设计了具有中韩两国建筑、民俗、著名人物和民族风情特色的"中韩友谊广场"等景区，举办了"中韩冰球邀请赛""中韩短道速滑比赛"，演出了富有韩国特色的假面舞、僧舞。

热爱冰雪的黑龙江人对北京奥运情有独钟，以冰雪诠释奥运，使"同一个世界，同一个梦想"的主题以与众不同的方式在龙江酷省各处展现其独有的魅力。第二十四届哈尔滨国际冰雪节以"冰雪奥运"为主题，设置了冰雪艺术、冰雪体育、冰雪文化、冰雪经贸、冰雪旅游五大板块，举办了100多项活动。佳木斯第五届三江国际泼雪节以"华夏东极迎奥运、冰雪佳园展魅力"为主题。开幕式上，北京奥运会吉祥物福娃与广大市民共同点燃了象征兴旺的篝火。泼雪节期间举办的奥运冰灯游园会、"五福闹春"新春冰雪庙会，也都以独特的形式展示出冰雪奥运的时代风采。

作为北京奥运火炬传递城市之一和第十一届全国冬季运动会主办地的齐齐哈尔更是处处弥漫着冰雪奥运的气氛。2007年12月，齐齐哈尔第二十八届"城投·中联航空"冰雪游览会和2008奥运景观雕塑国际巡展·齐齐哈尔展同时开幕。高高的冰制祥云火炬晶莹透亮，用29块巨大冰块精心雕刻的奥运丰碑长廊，向游人展示着百年奥运的辉煌历史；在冰雪中高高矗立的鸟巢、水立方雕塑独具一格；并排而立的冰雪福娃热情地欢迎八方游客。"银色冬运，金色梦想"冬运会的承办使远在边疆的齐齐哈尔和北京奥运会具有了更紧密的联系。

世界最大的冰雪主题公园哈尔滨冰雪大世界则以艺术的形式，展示了他们的"冰雪世界、奥运梦想"，在精心设置的奥运圣火等景区中，打造了冰雪版的奥运历史文化标志等景观，而这些奥运美景又艺术地被一条冰雪跑道相连接，展示了别样的冰雪奥运风情。

2015年，北京、张家口联合申办2022年冬奥会获得成功，黑龙江省很多园区都建造了冰雪景观予以支持。2018年第三十届太阳岛雪博会，专门设有"冬奥交响"景区，恢宏壮观的大型主雪塑《雪颂冬奥》更是彰显了冰城人对冬奥会的满腔热忱。

对于时尚元素的吸收是冰雪节庆常变常新、璀璨多彩、立足于时代前沿的法宝。诞生于改革开放时期的冰雪节庆本身就和时尚密切相连。同时，黑龙江具有独特的地理位置，这里的冰雪既不是稍纵即逝，也不是长年不化，冰雕雪塑每年只有两三个月的生命，第二年又重新做起，因此创新和追逐新潮就成为它与生俱来的特征与魅力。冰雪文艺中的冰上芭蕾、冰上杂技、冰上魔术、冰上音乐剧，冰雪娱乐中的冰上迪斯科、冰上派对，冰雪运动中的冰上高尔夫、冰上保龄球、冰上卡丁车，冰雪迪士尼中的米奇、白雪公主、唐老鸭等都为冰雪节庆增添了时尚的魅力。2010年，冰雪圣诞小屋又先后在太阳岛和漠河建成。龙江酷省的冰雪世界已经成为汇集国内外时尚的色彩缤纷的大观园。

3. 冰雪节庆内涵丰富，美不胜收

每年的冰雪节庆，黑龙江省的旅游部门都精心设计绚丽多彩的冰雪活动，令人目不暇接。1998年创办的中国国际滑雪节每届都以开拓创新为宗旨，第九届更是直接以"创新思维、创新模式、创新标准、创新质量"为办节原则，使其在规模、影响等各个方面都创历届滑雪节之最，引领了国内滑雪的热潮。与此同时，春节黄金周期间，还倾心打造了"梦幻冰雪甲天下，欢乐龙江任你游"主题，推出了激情滑雪、冰雪艺术、冰雪风光、冰雪娱乐、冰雪健身、冰雪民俗等25条冰雪旅游精品线路。

哈尔滨国际冰雪节的冰雪艺术、冰雪文化、冰雪运动、冰雪经贸、冰雪旅游五大板块涵盖了所有的冰雪活动。兆麟公园冰灯（图3-79）、太阳岛雪雕（图3-80）、哈尔滨冰雪大世界（图3-81）将人引入纯洁晶莹、流光溢彩的梦幻世界。国际冰雕比赛、国际雪雕比赛、冰雪书画会、冰雪摄影大赛等集聚了国内外的冰雪艺术英才。冰雪经贸洽谈会上，企业精英利用冰雪节庆的大好时机，寻找商机，洽谈贸易，享受着冰雪观赏与经济效益的双重收获。冰雪运动方面的活动范围更为广泛，专业的竞技运动，业余的休闲运动，为所有爱好冰雪的人准备了精美的大餐，滑冰赛、滑雪赛、冰球赛、冰壶赛、雪地足球赛、冰雪汽车拉力赛，一应俱全，项目之

图3-79 冰雪黄金旅游线路中的哈尔滨兆麟公园冰灯（杜宇摄）

图3-80 冰雪黄金旅游线路中的哈尔滨太阳岛银色梦幻世界（江虹摄）

多，范围之广，层次之高，堪称全国之最。

每个冰雪节庆都内涵丰富，如2011年黑龙江省旅游局以"感受北国文化，体验冰雪风情"为主题推出了"梦幻冰雪艺术游""激情滑雪健身游""趣味冰雪民俗游""壮丽冰雪风光游""神奇冰雪养生游""特色冰雪文化游""浪漫冰雪风情游""红色冰雪感悟游"等八大系列冰雪旅游产品。在每个冰雪系列游中，都有绚丽多彩的美好景观，如"梦幻冰雪艺术游"中有哈尔滨冰雪大世界、太阳岛雪雕博览会、哈尔滨冰灯游园会、牡丹江雪堡、齐齐哈尔龙沙冰雪游览会、佳木斯松花江冰雪大世界。"趣味

图3-81 冰雪旅游黄金线路中的哈尔滨冰雪大世界（徐崔巍摄）

冰雪民俗游"中有松花江冬泳、松花江冰雪欢乐谷、大海林雪乡、杜尔伯特连环湖度假区、同江街津口赫哲旅游区、佳木斯敖其镇、绥化兰西关东民俗村等。每一个景点都有丰富多彩的活动,每一项活动中又有内涵丰富的内容。例如,哈尔滨冰雪大世界在2011年设置了"庆典广场""冰亭玉塔""古堡传奇""林海雪原""梦幻冰湖""动漫王国""欢乐天地"七大景区,组织了"冰雪原创绘画大赛""冰城三国杀3VS3争霸赛""卡通人偶舞台剧""3D动漫影院""国际动漫冰雕大赛""雪墙动漫涂鸦""漫画名家签售""中国冰雪动漫论坛"等十几项活动,可谓精彩无限,美不胜收,把冰雪的内涵挖深、挖透,把对冰雪内涵的展示做足、做精。

多姿多彩的高端冰雪体育赛会也为冰雪旅游增添了独有的魅力。早在20世纪五六十年代和改革开放的初期,黑龙江省就承办了很多全国性的冬季比赛。1996年,我国承办的第一个洲际冬季综合运动会——第三届亚洲冬季运动会在哈尔滨召开,吸引了17个国家和地区的453名运动员参会。中国队以15金7银15铜名列金牌和奖牌榜榜首。滑雪旅游也开始进入大众的视野与生活,各种滑雪活动与比赛竞相开展。2009年,在哈尔滨又举办了具有"小冬奥会"之称的第二十四届世界大学生冬季运动会,来自世界44个国家和地区的2000多名运动员在这里进行了12个大项、81个小项的冰上、雪上比赛,中国队获得了18枚金牌、18枚银牌和12枚铜牌,位居金牌榜第一名,创造了中国代表团参加大冬会的最好成绩,使世界冰雪爱好者将目光聚焦于冰城。世界级的比赛,国际一流的冰雪场馆和骄人的成绩极大地提高了哈尔滨与龙江酷省的知名度。

黑龙江省的旅游部门借此大好机遇,推出了多项冰雪旅游主题活动。第二十五届哈尔滨国际冰雪节以"激情大冬会、快乐冰雪游"为主题,设置了五大板块百余项相关活动。黑龙江省旅游局精心设计了"看大冬会世纪盛事,游黑龙江冰雪天堂"2009年春节黄金周旅游线路,推出了"两个大冬会场馆""三大儿童滑雪场""十大特色滑雪场""八大冰雪风光""五条旅游精品线路",盛邀国内外游客。

大冬会落幕后,黑龙江省的有关部门又推出"大冬会场馆游"项目,亚布力的大冬会跳台滑雪场地、自由式滑雪场地、大冬会颁奖台、雅旺斯国际会展中心运动员村、哈尔滨的大冬会速滑馆、冰壶馆、冰球馆,黑龙江大学的运动员村、哈尔滨国际会展中心的大冬会主火炬台等都成为对游客颇有吸引力的冰雪旅游新亮点。"国际滑雪旅游胜地""世界冰雪旅游名都"的品牌影响力也由此而得以提升与扩展。

五彩缤纷的冰雪节庆每年都有新的开拓。2013年第十五届国际滑雪节，黑龙江省旅游局又以创新的精神，推出十大冰雪旅游精品路线、二十大冰雪胜景、八大主题游和十五个旅游名镇游。140项冰雪活动和56项俄罗斯"中国旅游年"活动，将黑龙江的冰雪旅游推向更为广阔的天地。游人既可以在兆麟公园、太阳岛观冰灯，看雪雕，到伏尔加庄园（图3-82）体验俄罗斯风情，也可以到松花江冰雪欢乐谷乘冰帆、打滑梯、坐爬犁、抽冰尜；既可以到库尔滨河、汤旺河、林口莲花镇赏看雾凇，也可以到亚布力、帽儿山、二龙山等滑雪场体验从高山之巅"飞流而下"的惊险与刺激；既可以到镜泊湖、兴凯湖、同江街津口等旅游名镇看冬捕，享受冬钓的乐趣，也可以到林都伊春参加冰雪摄影活动，使茫茫林海的冰雪美景在镜头中定格；既可以到大庆体验冰火两重天的雪地温泉，也可以到中国雪乡，一边感受童话世界般的神奇雪景，一边坐在东北的火炕上品味农家风情。总之，处处乐趣无穷，美不胜收。

黑龙江还不断地深入开发新的冰雪旅游产品，在丰富已有冰雪产品内涵的同时大力向外开拓，将冰雪旅游与边境游相结合，设计了哈尔滨—黑河—俄罗斯布拉戈维申斯克的"浪漫俄罗斯之旅"和哈尔滨—绥芬河（东宁）—俄罗斯符拉迪沃斯托克的"俄罗斯海滨之旅"。游人们在哈尔滨兆

图3-82 伏尔加庄园（杜宇摄）

麟公园冰灯游园会、太阳岛雪博会和冰雪大世界观看冰雪美景之后，可以到黑河龙珠远东国际滑雪场体验滑雪，然后出境到俄罗斯领略布拉戈维申斯克浪漫的冬日情怀，或者赴绥芬河品味中俄边境城市的冬季风情，到俄罗斯符拉迪沃斯托克欣赏不冻港的海滨风光。

2017年后，黑龙江省旅游局又以"冰雪之冠·畅爽龙江"品牌为引领，对以往的冬季产品进行了一系列的更新与提档升级，不断将新的冰雪产品呈现给游人。绚丽多彩的冰雪节庆以活动之多、内容之丰富、层次之高、影响之大和所创造的冰雪之最而使龙江酷省声名远扬。

（四）冰雪旅游势不可当

过去的黑龙江一向被认为是苦寒之地，每到冬季更是无人问津。冰灯的出现和冰雪文化的开发，使无数的人流涌向"冰雪的天堂"，人数与效益都以锐不可当之势连创历史之最。

1965年的第三届冰灯游园会接待了北京、上海、天津、广州、南京、武汉等城市的40多位主管城建的局长、专家和学者。1966年，来自苏联、波兰、捷克斯洛伐克（现分为捷克和斯洛伐克两个国家）、阿尔及利亚、朝鲜、越南、澳大利亚、日本等国的200多位外宾参观了冰灯。虽然当时还没有旅游的意识，但冰灯已经以新奇、独有的魅力吸引了人们的目光，来此观赏的人数超过了历史上任何时期。

因"文化大革命"哈尔滨冰灯游园会停办了12年，也中止了游人前去游玩的步履。1979年，重新恢复举办的第五届冰灯游园会题材范围更加扩大，手法更加新颖，特别是由于改革开放，打开了封闭的大门，国内外的游人纷纷涌来。哈尔滨的冬日美景和丰富多彩的冰雪活动（图3-83、图3-84、图3-85），不但吸引了大江南北的国内冰雪爱好者，也吸引了大量的国外游人。1989年元旦之后的十多天，就有"苏

图3-83　红火的兆麟公园冰灯游园会
（杜宇摄）

图 3-84　热闹的太阳岛雪博会（江虹摄）

联、美国、丹麦、日本、澳大利亚、英国、法国等21个国家和地区及国内27个省市的7.8万多名中外客人先后来哈"[1]。1991年，仅在哈尔滨冰雪节期间，"来冰城旅游的东南亚客人就将近20000人，苏联、日本、美国游人将近8000人，两项相加总数占全年旅游人数的40％"[2]。游人的踊跃前来带来经济效益的大增。1991年，黑龙江省旅游部门首次完成了旅游收入的定额。

如旭日般冉冉升起的冰雪旅游也引起国家旅游部门的重视。1992年，国家旅游局有史以来的第一个全国大型旅游活动，就将冰城哈尔滨作为首站。在'92中国友好观光年冰雪风光游首游式暨第八届哈尔滨冰雪节开幕式上，国家旅游局局长刘毅亲自致辞，并热情洋溢地推荐冰雪旅游。他说："中国的旅游资源非常丰富，冰雪风光这条专线，贯穿黑龙江、吉林、辽宁和内蒙古，这里的冬季，冰封雪飘，银装素裹，有冰雕雪塑、树挂奇景、滑雪狩猎，以及淳朴的民风民俗，此时此地，银色的世界，奇妙的景色，让你陶醉，这里确实是开展冰雪旅游的好地方，我们热烈欢迎更多的海外朋友前来参加冰雪旅游，愿与海外旅游界合作，共同发展这一富有特色的专项旅游

图 3-85　人如潮涌的哈尔滨冰雪大世界（江虹摄）

---

[1] 关兴哲：《冰雪节迎来七万多中外游人》，《哈尔滨日报》1989年1月13日。

[2] 张磊：《北国风光诱游人——哈尔滨旅游业回顾与展望》，《哈尔滨日报》1992年1月2日。

产品。"① 由此，哈尔滨冰雪更加广为人知，仅在1992年冰雪风光游就接待了日本、韩国等国家和地区的游人2.2万人次，旅游创汇达到200多万美元。之后，国家旅游局举办的"93年中国山水风光游""97年中国旅游年""2000年神州世纪游"都把哈尔滨冰雪游作为全国旅游活动的首站。

1996年，第三届亚洲冬季运动会在哈尔滨的召开对于冰雪旅游的发展是个难得的契机。全国人民通过中央电视台播报的亚布力天气预报，知道了这个刚刚崭露头角的滑雪胜地，很多滑雪爱好者带着对银色世界的憧憬，奔涌而至。1998年，第一届中国黑龙江国际滑雪节吸引了世界各地的滑雪爱好者。第二年升级为国家旅游局和黑龙江省人民政府共同举办，影响更为扩大。

1999年，为迎接2000年的到来，国家旅游局和中央电视台联合举办了千年庆典活动，哈尔滨作为中国北方最具旅游特色的名城成为参加庆典的十大城市之一。哈尔滨市政府面对这个千载难逢的历史机遇，推出了集冰雪观赏与冰雪娱乐于一体的冰雪大世界。庆典盛况由中央电视台向全世界播放，使龙江酷省的冰雪文化更加声名远扬。

2001年是黑龙江冰雪旅游史上非常重要的一年。据《人民日报》报道，2000年到黑龙江冰雪旅游的人数达到100万，首次超过一直位于我国冬季旅游前列的海南省，成为全国又一个冬季旅游热点城市，而后这种热度一直不减。

2001年，哈尔滨市提出了建设世界冰雪旅游名城的宏伟目标，冰雪旅游的影响更加扩大，以哈尔滨为龙头的黑龙江冰雪旅游呈现出品牌效应，创造了前所未有的红火场面。铁路、民航分别开通了冰雪旅游的专列与包机。在春节黄金周期间，冰雪旅游经济效益更是可观。哈尔滨观光国旅春节黄金周期间接团128个，省中旅7天接团122个。亚布力、二龙山等滑雪场的滑雪人数也都超过往年，从初一到初七，"全省共接待国内游客135万人次，旅游收入7.01亿元，分别比去年同期增长35%和40%；接待国外游客8000人次，旅游创汇275万美元"②。

冰雪节成为哈尔滨对旅游经济拉动力最强的节庆。2003年举办的

---

① 刘毅：《在'92中国友好观光年冰雪风光游首游式暨第八届哈尔滨冰雪节开幕式上的祝辞》，《黑龙江日报》1992年1月6日。
② 李志宏：《浅议黑龙江省冰雪旅游产业现状及发展》，《冰雪运动》2004年第5期。

"2003哈尔滨国际冰雪之约",吸引了"51个国家驻华使节和国际组织代表团、友好城市和友好交流城市代表团、俄罗斯体育代表团、海外商务代表团、国际冰雕雪雕代表团……321位外国嘉宾相聚冰城""外宾范围之广、人数之多、层次之高、国别之多都创冰城之最,也堪称全国之最"[①]。2004年春节黄金周,哈尔滨市接待游客首次突破100万人次大关,从初一到初七,哈尔滨累计接待国内外游客106.72万人次,旅游业总收入8.39亿元。凭借优厚的冰雪资源与不断出新的旅游产品,2005年春节期间,哈尔滨再次成为全国旅游热点地区之一,"累计接待国内外旅游者122.82万人次,同比增长15.08%,旅游总收入首次突破10亿元,达到10.07亿元,同比增长20.1%,同时实现接待游客人数、旅游总收入、过境游客人数、主要景点收入'四增长'"[②],与海南三亚等南方热门地区并驾齐驱。

2007年,哈尔滨市春节黄金周旅游仍然热度不减,"累计接待国内外旅游者164.99万人次,同比增长13.18%;旅游总收入13.46亿元人民币,同比增长12.27%"[③]。同年,哈尔滨以"国际时尚冰城"特色入选"中国十大品牌城市"。2008年,适逢第二十九届奥运会在中国举办,哈尔滨冰雪节又以"冰雪奥运"为主题,举办了多项国际性文化、经贸、体育活动,在国内外的知名度、影响力和吸引力越来越大,来哈旅游、参赛、参会的外国使团、经贸代表团、文化体育代表团使各大宾馆、酒店相继爆满,经常是"一床难求"。哈尔滨市在2008年1月1日至10日,就接待中外游客113.5万人次,旅游总收入约11.4亿元。

2009年,第二十四届世界大学生冬季运动会在哈尔滨召开,更加吸引了游人的前来。春节黄金周期间,累计接待游客219.3万人次,旅游总收入17.4亿元。2014年再创新高,累计接待游客284.82万人次,旅游收入30.12亿元。

在哈尔滨的带动下,冰雪旅游以极其迅猛之势向全省其他地区延伸。"中国雪乡"双峰林场(图3-86)14万平方米的核心景区,原本是

[①] 孙永文、左楠:《冰雪桥起四海通——"2003年哈尔滨国际冰雪之约"活动综述》,《哈尔滨日报》2003年1月8日。
[②] 万佳、刘韬、谭启首:《122万游客冰城过大年》,《新晚报》2005年2月16日。
[③] 王晶、吴冬颖、崔佳凤:《2007年哈尔滨冰雪旅游发展现状分析及未来走势预测》,《冰雪运动》2008年第1期。

每天5000人的接待量，2013年春节期间一度高达每天接待12000人，一个冬天的游客总量从上年的18万人次飙升至30万人次，旅游收入也达到30万元。2013年湖南卫视大型亲子节目《爸爸去哪儿》在雪乡拍摄播出后，

图3-86　各地游人纷纷涌向神奇浪漫的雪乡（杜宇摄）

更是使游人奔涌而至，旅游人数持续增长，2017年冰雪季接待游人629974人次，旅游收入6793万元。

黑龙江在开发冰雪旅游产品的过程中，还积极实施冰雪联动，大力发展滑雪旅游。中国黑龙江国际滑雪节极大地促进了滑雪旅游，滑雪人数连年上升，从第五届开始，就连续三年超过百万人次，第七届滑雪人数已达到140万人次，滑雪旅游收入已占到全省冬季旅游收入的20%。

丰富多彩的冰雪旅游活动吸引了大批国内外的冰雪爱好者来黑龙江旅游。2004年，"春节黄金周全省共接待国内旅游人数241.4万人次，旅游收入14.4亿元，比上年同期分别增长20%和23%。接待入境旅游者11239人，旅游创汇425.5万美元，比上年同期分别增长12%和15%"[1]。2006年，黑龙江省入境旅游人数首次突破100万大关，达到106.37万人次，比上年同期增长29.48%，外汇收入4.92亿美元，比上年增长44.62%，增速列居全国第二。

2007年，黑龙江冰雪旅游热度仍然不减，仅在春节黄金周就"接待国内旅游人数396万人次，国内旅游收入25.1亿元人民币，同比分别增长21.3%和25%。接待入境旅游者1.9万人次，旅游创汇775.8万美元，同比分别增长31%和33.9%"[2]，黑龙江再次成为全国黄金周旅游最火的省份之一。

2009年，黑龙江省旅游局在世界性金融危机的不利条件下，精心推

---

[1]　孙萍：《黑龙江成为春节旅游最热省份之一》，《黑龙江日报》2004年1月29日。
[2]　宋红焱、彭溢：《神奇冰雪迎来400万宾朋》，《黑龙江日报》2007年2月25日。

出精彩纷呈的冰雪旅游产品,以大冬会在哈尔滨召开为契机,以"看大冬会世纪盛事、游黑龙江冰雪天堂"为主题,精心制定春节黄金周冰雪旅游线路,使来黑龙江观冰赏雪的海内外游人不减反增,人数节节攀升,而且出现了高端游客多、商务旅游多、省外游客多、外国游客多、入境国别多、滑雪度假多、旅游消费多等特点。不止是传统的东南亚、俄罗斯、日本、韩国等国家,新兴客源市场非洲、南美洲、大洋洲的游客也纷纷前来。2009年春节黄金周期间,黑龙江接待国内旅游人数600万人次,接待入境旅游者3.05万人次,分别比上年同期增长25%和28%;国内旅游收入达40.5亿元人民币,旅游创汇1290.9万美元,分别比上年同期增长28%和30%。

2010年,黑龙江寒流不断,大雪纷飞,但寒冷反而成为吸引游人的魅力,来自四面八方的游客齐聚冰城,专门来体验冷的感觉,各大景点均出现了高于往年同期的游人量。全省各地旅游人数和收入再创历史新高。哈尔滨春节黄金周"累计接待游客242.2万人次,同比增长10.4%;旅游总收入20.7亿元,同比增长19%"[①]。由于冰雪旅游的牵动,旅游业已经成为哈尔滨市的支柱产业,2011年旅游收入已占全市GDP的10.8%。得天独厚的自然环境和持续攀升的旅游人数也使黑龙江省旅游在全国的排名前移。2012年,黑龙江省接待国内旅游者1425.46万人次,同比增长27.2%,实现国内旅游收入86.02亿元,同比增长17.1%,位列春节黄金周全国各省旅游收入排行榜第5位。2013年,黑龙江省接待国内游人1878.41万人次,同比增长31.8%,实现国内旅游收入104.37亿元,同比增长21.3%,位列2013年春节黄金周全国各省旅游收入排行榜第4位。2018年春节黄金周,黑龙江接待游人1122.67万人次,国内旅游收入高达136.32亿元。

纷至沓来的人流带热了冰雪旅游,也促进了龙江酷省的经济发展、社会发展。目前,将以冰雪旅游为代表的北国风光特色旅游作为支柱产业,实现从旅游资源大省向旅游经济大省转变的战略目标已经正式写进了黑龙江省的发展规划之中。

---

① 徐立辰、樊金刚:《冰城春节接待游客242万人次》,《黑龙江日报》2010年2月21日。

第四章　冰雪文化产品的美学特征

文化产业的核心是原创性。冰雪文化产业起源于智慧的黑龙江人在司空见惯的冰雪中发现了一种独具特色的地域美。

每到冬季，北方的大地都是千里冰封，万里雪飘，白茫茫一片。自古以来与冰雪相伴的北方人，为生存与冰雪搏斗，也爱雪、恋雪，他们将巨大冰块和皑皑白雪赋予生命，雕塑成一件件精美绝伦的艺术品，这些玲珑剔透、如碧似玉、巧夺天工的冰雕雪塑，"虽由人作"，却"宛自天开"的杰作，涵盖了古今中外种种美好的事物。每到寒冷的冬季，冰雕、雪雕美丽的丽影就在艺术家手中脱颖而出，待春回大地，冰消雪化之时，又融化为水，第二年又以一种崭新的面目出现，常变常新，被称为"永不重复的童话"。

观赏冰雪美景是一种与大自然的亲密接触，徜徉在冰雕雪塑之中，使人远离尘世的喧嚣，品味自然的纯洁与清新。在观赏冰雪美景的同时，还可以参加新鲜、刺激的冰雪娱乐活动，如打滑梯、抽冰尜、乘冰帆、坐冰爬犁等，尽享寻回童心般的快乐。

冰雪文化活动的形式千种万种，但最能体现北方人精神实质的还是挑战冰雪严寒的冰雪运动。在冰雪严寒中铸就粗犷、豪放性格的北方人热衷追求的是在冰雪中挑战极限，在战胜严寒中挥洒激情。冬泳、雪地足球赛、冰上摩托车赛、冰雪汽车拉力赛等都是勇敢者最喜爱的运动形式。而在冰雪竞技中，黑龙江人以敢为天下先的精神，创造了冬季运动领域的多个世界第一。

第一节　纯洁、晶莹——永不重复的童话

冰雪是大自然赐予北方人的天然礼物。每到冬季，北国大地白雪皑皑，如诗如画，由水结成的冰，晶莹透亮。智慧的北方人以他们千百年来与冰雪共存而产生的情感和由此而形成的独有才智，赋予冰雪以灵性，于是，一件件精美的冰雪雕塑作品就呈现在世人的面前（图4-1）。那鬼斧神工的冰灯白天洁白纯净、晶莹剔透，晚上灯、光、电的变化又赋予冰雪梦幻般的奇景，会使你感受到现代世界的绚丽多彩与人间仙境、天上宫阙的如梦如幻（图4-2）。

图4-1　白日纯洁晶莹的冰雕（杜宇摄）

图4-2　夜晚如梦如幻的冰灯（杜宇摄）

"雪，是水之精灵、天之骄子，天姿玉质的冰雪，使美丽的冰城——哈尔滨声名鹊起，太阳岛雪雕以洁白如银的雪花为冰雪增添了新的艺术内涵，她千姿百态、玲珑剔透、聚天下胜景、拢万物灵秀，是立体的图画、彩色的诗篇、凝固的音乐。"[1]它如碧似玉，巧夺天工，或大气磅礴，或婉约精致，冰雪与艺术浑然一体，让人充分地领略雪的神奇魅力。"太阳岛雪雕汲取

---

[1] 《太阳岛——中国·太阳岛雪雕艺术》明信片，黑龙江省邮政局发行，2003年。

第四章　冰雪文化产品的美学特征

图 4-3　洁白的太阳岛雪世界之一（江虹摄）

图 4-4　洁白的太阳岛雪世界之二（江虹摄）

了中国园林的精髓，于冰天雪地中创造出'虽由人作，宛自天开'的人与自然和谐统一的柔美境界，在世界舞台上已成为一颗璀璨的旅游明珠。"[①]

徜徉在冰雪艺术的世界中（图4-3、图4-4），你会感到景的美丽、心

---

① 《太阳岛——中国·太阳岛雪雕艺术》明信片，黑龙江省邮政局发行，2003年。

图 4-5　精美的雪雕之一（杜宇摄） 　　图 4-6　精美的雪雕之二（杜宇摄）

图 4-7　精美的雪雕之三（杜宇摄） 　　图 4-8　精美的雪雕之四（杜宇摄）

的宁静、情的纯洁。冰雕雪塑（图 4-5、图 4-6、图 4-7、图 4-8）之所以使人备感新奇与珍惜，还是由于它生命的短暂，每到春天来临就会消融，在第二年的冬季，又以一种崭新的面目出现。创作者根据时代的特点和美好的遐想，每一年都赋予景区一个新的主题，而那无数的反映中外历史、人文、名胜的冰雪雕塑作品像万花筒一样绚丽多姿，变幻无穷，并通过内容、形式、技法上的创新，每年都以新的面貌出现在游人面前。

每个人到任何一个地区旅游，都仅能看到一地的特色，而在冰雕雪塑的世界（图 4-9）中，却可以看到古今中外的各种人文景观。在这里既可以看到人类已有的文明成果，也可以看到冰雪艺术家对未来世界的期盼；既可以看到不同年龄、不同国度的冰雪艺术家各种观念的交融，也可以看到当代艺术表现手法的最新精湛展现。

每一届的冰雕、雪雕展览，冰雪艺术家们都可以既向历史延伸、追溯，也可以向广阔无垠的未来世界探寻、求索。唯有一点毫无疑义，就是其创作的作品绝不会重复，这也是冰雕雪塑作品独有的魅力所在。

图 4-9　洁白如玉的太阳岛雪雕（杜宇摄）

第二节　新鲜、刺激——回归自然的生命体验

"仿佛是不经意间，冰雪旅游忽然火了、热了，这或许是缘于人们对大自然的一种特有的神往。据介绍，冰雪体育旅游兴起于欧洲，如今已经成为流行世界的大热门，尤其是体育与旅游的完美结合，更使冰雪旅游平添了巨大的魅力，令越来越多崇尚健康人生的人们为之钟情……其实，越来越多的人钟情冰雪世界，实际上都是为了寻找一种感觉，尤其是到了冬季，触摸自然更是人们的向往和渴望，在冰雪世界徜徉既是锻炼身体，休闲放松的过程，又是独特的社交活动。在皑皑的白雪上，人的心态与自然合一，清净透彻，在这样的环境中人与人的交流非常坦荡，因此许多人更愿意将冬季的冰雪旅游看作结交朋友、巩固友谊的一种方式，难怪人们会

这样乐此不疲。"①

进入20世纪后半期，旅游由观赏走向回归自然的体验，这一世界性的大趋势，恰恰和龙江酷省以创新精神创造的冰雪文化与冰雪旅游相契合。

以冰雪为核心的冰雪欣赏与游乐是直接与大自然亲密接触的一种形式。人类来自大自然，随着对大自然的征服，在很长一段时间内又疏离了大自然。20世纪中期之后，工业社会经济的快速发展，使城市化的步伐加快，在给人们带来巨大物质享受的同时，也造成城市人口膨胀，居住环境拥挤、嘈杂、喧闹，使人感到精神紧张与压力增大，于是，回归自然，让身心在大自然中得到休憩、放松和净化，又成为一种渴望和现代时尚。

图4-10 神奇的雪乡美景之一（杜宇摄）

冰雪世界的风光、运动和新鲜、刺激的感觉为渴望回归自然的人们提供了一个理想的所在。每到冬季，飘飘洒洒的瑞雪将北方的山川、大地、河流全都覆盖，到处是银装素裹，一片洁白（图4-10、图4-11、图4-12）。无数热爱大自然的人们从天南海北涌来，争相投入冰雪的怀抱。

林海雪原浩瀚无边，原始、纯净、莽莽苍苍，纵情其间，激情豪迈。冬日的江河也停止了奔腾，静谧、洁白，演绎着别样的风情。无边无际的大地，由于冰雪的装点，早已是雪天相连。极目远望，好一派"寥廓江天万里霜"。绵延数

图4-11 神奇的雪乡美景之二（杜宇摄）

---

① 本报记者：《中国体育旅游新起点》，《哈尔滨日报》2000年1月1日。

图 4-12 神奇的雪乡美景之三（杜宇摄）

  里的雾凇谷银枝玉叶，如"千树万树梨花开"，展示出大自然的神奇，也彰显着北方冰雪的气魄。冰雪世界的博大浩瀚，使人视野开阔，心旷神怡。人们在与大自然的拥抱与交流中，抛弃尘世的烦恼，身心无比放松。

  冰雪艺术中最为精美的艺术品是冰雕与雪雕，它们清新静谧，纯洁高雅，纤尘不染，凝聚了冰雪最为本质的自然属性。观赏这些冰雪作品，你会惊讶，会感叹——在当今喧闹的世界中，竟然会有这样的新鲜所在。高大如山、如碧似玉的雪建筑，晶莹剔透、银雕玉琢的冰雕世界，在夜晚，现代的灯光使它们变得绚丽多姿。但因为冰雕和雪雕是用冰与雪做成的，所以给人的感觉也是那样清凉。在冰雪的世界中，有一种超然物外的无声力量，使人安静下来，静思默想，情绪得到沉淀，心灵得到净化。

  充满动感的冰雪运动是一种能和大自然亲密接触的活动。乘冰帆，坐爬犁，抽冰尜，打滑梯，使人寻回童心，感受到生命本真的快乐。富于挑战精神的人可以参加雪上自行车、冰上摩托车、雪地足球、冰雪汽车拉力赛等各种各样的冰上、雪上竞技运动。爱好游泳的人们还可以体验一下被称为"勇敢者的运动"的冬泳，尝试一下在数九隆冬、寒风凛冽中仅仅穿着游泳衣，从高高的冰制跳台上跃入水中的豪迈。滑雪更是浪漫而又刺激。远离喧闹的都市，完全投入冰雪大自然的怀抱之中，从高山之巅"飞流而下"，潇洒至极。在惊险、刺激中，体会山野的辽阔与空气的清新，实在是一种难得的美好享受。

人在冰雪世界中游览和回归大自然，是生命的一种新鲜体验，是压力的释放、情绪的沉淀，是身心的吐故纳新，是人类本体的复归。龙江酷省的"雪雕、冰灯（图4-13、图4-14）、冰雕、滑雪、滑冰、冰球比赛等，这些冰雪节的主要景象和物象，鲜冰玉凝，素雪珠丽，皎洁晶莹，光摇万象，不但呈现出纤尘不染、与日争辉、清绝幽婉、神韵风流的艺术品格，而且强化了冰雪特有的晶莹、深幽、纯洁、淡雅、静谧、恬淡的自然属性，体现出生命的原态与本真，使人进入'独与天地精神往来'的生存境界"[①]。

由于改革开放大潮的冲击和计划经济向市场经济体制的转轨，人们的思想观念、价值观念都发生了巨大的变化，与此同时，每个人都不同程度地面临着来自各个方面的压力。冰雪世界不仅使人感受到冰雪的博大、坦荡、壮阔和纯净、清灵、静穆、俊逸的美感，而且使人体味到"天地有大美而不言，四时有明法而不议，万物有成理而不说"的境界。

冰城酷省的冰雪世界宛如"冬天里的童话，冰封雪覆里蕴积着勃勃生

图 4-13　兆麟公园冰灯之一（杜宇摄）

[①] 刘金祥：《冰雪节，哈尔滨亮给世界的一张文化名片》，《哈尔滨日报》2011年1月24日。

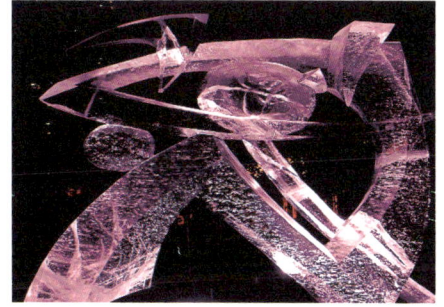

图4-14 兆麟公园冰灯之二（梅长青摄）

机。人们通过审视冰雪文化，悦形逸心、畅神抒情、言志悟理，使心境像冰雪一样简约素朴、透明坦荡、宠辱不惊、淡雅平和；人们通过欣赏冰雕雪塑，情若水晶，心如玉壶，笑对已去之非，直面既来之是，铸塑出灵魂与身体、生理与心理、感性与理性协调发展的人格"[①]。

第三节 粗犷、豪放——勇于挑战的精神

20世纪60年代，富有奇思妙想的哈尔滨人创办了如梦如幻的冰灯游园会。改革开放之后，纯洁晶莹、精美绝伦的冰雕雪塑声名鹊起，走向全国，走向世界，成为哈尔滨亮丽的名片，甚至把其他冰雪文化形式的光彩遮掩。随着冰雪文化活动日益向纵深发展，最能体现冰雪文化精神实质

---

① 刘金祥：《冰雪节，哈尔滨亮给世界的一张文化名片》，《哈尔滨日报》2011年1月24日。

的冰雪体育运动蓬勃发展。

北方的冬天，冰天雪地，地冻天寒，可粗犷、豪放，热爱冰雪的北方人，每到冬季来临，瑞雪飘飞时，便抑制不住内心的喜悦，欢呼雀跃着

图4-15 孩子们在太阳岛滑雪坡（江虹摄）

投入冰雪的怀抱。滑冰、打冰球、抽冰尜、坐冰爬犁、滑雪、冰上拔河等，尽情地抒发着挑战冰雪严寒的豪情。

北方的孩子在寒冷的冬季也不待在温暖的室内（图4-15），声势浩大的"百万青少年上冰雪"活动搅热了冬季的校园。抽冰尜、踢毽子、滑冰、雪地足球，各种冰雪活动应有尽有，孩子们在尽情享受冰雪乐趣的过程中，强身健体，锻炼意志。

北方的严寒与挑战冰雪的浪漫情怀，也吸引着许多富有冒险精神的勇士前来探险。每年的新年都是北方最冷的时候，但有许多游客专门选择这个时候来哈尔滨旅游。他们就是要体验一下冰天雪地的感觉，同时看一下寒冷地带的人们是怎么过年的。2010年，哈尔滨遭遇罕见的寒冷天气，但南来北往的游客却游兴更浓。他们认为"冰城越冷才越有魅力"。第二十六届哈尔滨国际冰雪节开幕时，来自五湖四海的宾朋齐聚冰城，虽然这个冬天哈尔滨的温度屡创新低，可游客的热情不但没有减灭，反而大呼过瘾，因为这让他们有机会领略真正的冰城魅力。香港游客的嘴巴被冻木了，却大叫"太值了！"赤道国家来的留学生小伙说："哈尔滨的冰雪让我痴迷，我喜欢这种冷的感觉，我更喜欢和冰雪的'亲密接触'。"

对于在冰雪严寒中铸就粗犷、豪放性格的北方人，雪地足球、冰雪汽车拉力赛、冰上摩托挑战赛等的出现，使他们挑战冰雪的热情与活力得到最大限度的释放。

雪地足球赛是一项最能展现北方人豪放性格的运动。哈尔滨啤酒厂举办的旨在让冬天动起来、让城市动起来、让运动开启快乐的雪地足球赛，已经连续开展数届，无论是规模还是影响力，都显示出旺盛的生命力和强劲的发展势头。在零下20多摄氏度的气温下，运动员充满活力与斗志的

身影，成为冰天雪地里的独特美景。

"飞车跨越千里雪，激情燃烧松花江。"潇洒地驾着车在千里冰封的江面上尽情驰骋的冰雪汽车拉力赛（图4-16）又是一项极富激情与刺激的冰上运动。没有红灯，没有限速，只有超越与奔腾，那是何等的豪迈！松花江国际冰雪汽车挑战赛与漠河冰雪汽车拉力赛已经成为北方冰上运动的知名品牌。在无边无际的冰雪江面上纵横驰骋，选手们无比惬意，也拉动了当地的经济。就连夏季烟波浩渺的兴凯湖在冰霜雪剑、寒风呼啸之际，茫茫冰湖上也有人驾车飞驰。

冰上摩托车赛更是一个极富刺激和冒险的冰上运动。2005年，由哈尔滨国际冰雪节办公室、哈尔滨工业大学红博世纪广场、《生活报》、哈尔滨国际体育运动中心举办的我国首届国际冰上摩托车表演赛，在国际会展体育中心拉开序幕。来自俄罗斯、瑞典、德国等国家的18名世界级选手，以高超的技术上演了一幕又一幕惊险而又刺激的"冰上极速"镜头，让现场观众充分领略了人与车、速度与技巧在冰上相结合的魅力。那些不能参加比赛的摩托车发烧友也冒着严寒赶到现场观看比赛，身临其境地目睹这惊险、刺激的冰上运动。有人说："这样的比赛要是不看，会后悔一生，

图4-16　冰雪汽车拉力赛（李沅龙提供）

冰花飞溅，马达轰鸣，你能感受到速度带来的激情，那一刻，寒冷已不存在，热血在快速流动，真想骑上一圈。"①还有人说："男人就应该这样驾驭摩托车，驰骋在冰场上，无所畏惧，勇往直前。"②尽管摩托车运动是一种危险的体育运动，但风驰电掣的激情与刺激，也淋漓尽致地抒发了壮志男儿的豪迈情怀。

以身体挑战极限，被称为冰城"十大城市名片"之一的冬泳更是令人叹为观止的冰雪运动。黑龙江酷省地冻天寒，但冰雪严寒挡不住人与大自然亲近。20世纪70年代，有两个热爱游泳的人在松花江一直游到冬天还不停歇，被旅游杂志刊登之后，引来更多的追随者，并且队伍越来越大。自1985年哈尔滨首届冰雪节把冬泳列入重要项目之后，哈尔滨又举办了多次全国与国际冬泳比赛，参加者有生龙活虎的年轻人，也有白发苍苍的老年人，还有英姿飒爽的娘子军，职业涵盖了工人、干部、知识分子、自由职业者等社会各个层面。他们在冰城冬季的壮观表演吸引着南来北往的"探险者"。

很多冬泳爱好者愿意在冬天到冰城一游，并有"不到冰城一游，非好汉"之说。因为冰城的冬泳和南方的冬泳截然不同：长江以南地区的冬泳是冬天在不结冰的水里游，冰城的冬泳是在冰封近一米厚的松花江上凿出的冰池里畅游。

滴水成冰的冬季，岸上的人们穿着厚厚的棉衣尚觉很冷，冬泳（图4-17）运动员却穿着游泳衣潇洒地跃入奔涌的江中畅游，所有现场的观者无不被冬泳健儿挑战冰雪严寒，挑战自我的坚强、勇敢、豪迈精神所震撼。1985年应邀来哈尔滨参加冰雪节的丹麦客人奥尔胡斯市文化局顾问、画家格雷格森，和观众一起看到冬泳的壮观场面后说："我们敬佩冬泳者，他们是冰天雪地的强者。"首都师范大学教授李燕杰先生于1990年2月看过哈尔滨冬泳后写诗曰："霜刀雪剑北国冬，蜡梅依然傲寒风。松花江上银波冷，健儿冬泳破冰行。"冬泳不仅强身健体，更是对严寒的挑战，对自我的挑战。冬泳被称为勇敢者的运动，哈尔滨的冬泳者被称为无畏的人。冬泳是体魄、精神、生命力的综合显现，勇敢、强健、潇洒的哈尔滨冬泳者以他们的行动宣告："东亚病夫"的时代早已结束。哈尔滨冬泳者，

---

① 谷浪屿：《发烧友大呼过瘾》，《生活报》2005年1月6日。
② 谷浪屿：《发烧友大呼过瘾》，《生活报》2005年1月6日。

图 4-17　2013年哈尔滨国际冬泳邀请赛（杜宇摄）

壮哉！伟哉！

龙江酷省人不但创造了很多个冰雪景观世界第一，还以挑战极限的精神，在全国与世界性冬季比赛中连连夺魁。冰雪竞技体育是整个冰雪文化中最为夺目的亮点。在这里，"有人体不借机械的最高速度的速度滑冰，有难度最大的技巧程度最高的舞蹈的花样滑冰，有技术难度最高、最激烈的对抗竞技的冰球，有人类在特殊自然环境的最高技术运动的滑雪，有最具刺激性的雪橇，等等。这里集中了人类在利用冰雪滑性和滑度方面创造的各种技术和技巧，展示了人类驾驭冰雪的智慧和技能"[1]。

在冰雪竞技中，黑龙江的冰雪健儿充分地展示了北方人雄健的英姿，不但有众多专业运动员在冬奥会、世锦赛、大冬会、亚冬会中获得金牌，就连业余代表队也能在国际赛事中夺冠。2010年，哈尔滨前卫冰球俱乐部在"职业杯"国际男子冰球邀请赛中，以全胜的成绩获取金牌，开创了业余团队夺得亚洲冰球冠军的先河。

2009年，在哈尔滨举办的第二十四届世界大学生冬季运动会上，中国代表团位居奖牌榜首位，创造了我国冰雪运动史上的新纪录。正如国家

---

[1]　韩丹：《亚冬会的冰雪文化观》，《黑龙江日报》1996年1月1日。

教育部原副部长、中国大学生体育协会主席章新胜所说:"本届大冬会是我国首次举办世界性的冬季综合赛事,体现了我国日益提升的国际地位和国际影响力,可以说,本届大冬会是我国冰雪运动发展中的一座里程碑!"①

  冰雪健儿将北方人坚强、豪迈、挑战冰雪严寒的精神与力量之美升华和挥洒到极致。

---

 ① 章新胜:《中国冰雪运动的里程碑》,《哈尔滨日报》2009年3月1日。

第五章 冰雪文化产业的产业化特征

文化产业实际上就是文化加经济，它是以有文化内涵的产品及服务，通过市场的作用，在给人带来精神享受的同时，也创造出巨大的经济效益。文化产业与一般文化活动的区别是产业化。由于文化与生俱来的丰富性、多样性与创新性，文化产业的广阔性和产业形态的独有性都非其他产业所能比拟，它的创新与突破也正是其强大的生命力、影响力与竞争力的源泉。冰雪文化产业就是这样一种前所未有的崭新业态，它以不断创新的精神，创造出了独有的发展道路。

黑龙江省的冰雪文化活动最初是由政府主办，在市场经济下不断地向产业化迈进，由政府与企业合办逐渐发展为政府引导下以企业为主体的市场化运作方式。冰雪文化产业的巨大发展，给黑龙江的经济发展、社会生活带来巨大的变化，冰雪美景吸引了国内外的游人，航班、火车、饭店经常爆满，商店、出租车业也营业额大增。以往冬季猫冬的建筑工人和农民纷纷走出家门采冰、运冰。滑雪场周围办起了旅店、饭店，提升了冰雪文化的附加值。

第一节 以创新精神化冰雪为神奇

冰天雪地本来是恶劣气候的代名词，但黑龙江人以创新精神赋予冰雪以创意文化的灵魂，创造了纯洁晶莹、绚丽多彩、如梦如幻的童话世界，历经50余年的开拓，已经成为享誉全国、名扬世界，国内外游人为之神往的亮丽品牌。

冰雪文化产业在发展过程中始终以创新为宗旨。1963年，富有创新精神的哈尔滨市领导带领群众在兆麟公园举办了首届冰灯游园会。但志

图5-1　兆麟公园阶梯冰塔（杜宇摄）

存高远的哈尔滨人并不满足于用盆、桶等简陋的器皿制作冰模型。专业人员经过对松花江天然冰的抗压性、抗拉性、抗剪切性等各种物理性能进行试验，得出了冰在低温条件下可以用作建筑材料的结论。于是，从第二届冰灯游园会开始就采用松花江天然冰制作了冰桥、冰塔（图5-1、图5-2）等冰建筑。

1979年之后，随着改革开放的风起云涌，思想解放大潮给人们的想象力插上了自由飞翔的神奇翅膀，冰灯题材"从现代扩展到古代，由中国延伸到世界，上下五千年，东西十万里；天文、地理、历史、科技；远古的蛮荒、现代的文明、未来的畅想……冰灯会都有表现"[1]。就在国内外游人陶醉于宛如人间仙境的冰雪梦幻美景中时，一个目标更为高远的创意又在哈尔滨人的头脑中诞生。1985年1月5日，哈尔滨冰雪节应运而生，它是全国第一个以冰雪命名的地方性节日，使哈尔滨冰雪这张名片更加声名远扬，同时也激活了国内其他地区的冰雪旅游创新。自哈尔滨举办冰雪节之后，黑龙江的齐齐哈尔、牡丹江、佳木斯、大庆和辽宁、吉林、新疆、四川、内蒙古、宁夏等全国众多有条件的省、市都先后举办了冰雪节庆活动。

在黑龙江，寒冷的冬季由冰与雪共同组成，创新使纯洁晶莹的"冰"变成精美的艺术作品，也使洁白如玉的"雪"创造了奇迹。每到冬季，飘飘洒洒的雪花为美丽的太阳岛披上银装，静穆与洁白也代替了夏日的热闹与多彩。1988年，聪明智慧的太阳岛景区职工从民间传统的堆雪人得到启发，创办了哈尔滨太阳岛雪博会，使雪与冰并驾齐驱。目前，美丽的雪雕已发展成为绽放在冰雪文化园地、能与绚丽多彩的冰灯相媲美的冰雪艺术奇葩。白天看雪雕，晚上看冰灯，使游客在游览的行程中又增添了新的冰雪乐趣。

---

[1] 王景富：《哈尔滨冰灯艺术大观》，哈尔滨出版社1999年版，第45页。

黑龙江人以永不止步的创新精神，在冰雪的世界中不断地创造新的奇迹。1999年，哈尔滨冰雪大世界在人们的惊叹与欣喜中落成。它刚一问世，就以冰雪主题公园和集冰雪景观观赏与冰雪游乐于一体的新鲜形象显示出与众不同的创意，并且在之后的发展过程中，每年都有富有时代气息的创新。

黑龙江省旅游局以北方人的豪迈创办的中国黑龙江国际滑雪节则使创新的思维像飘飞的雪花一样，展现出更加浪漫的色彩。世界各地的滑雪爱好者纷至沓来，很多国内外重大冰雪体育活动也选择在冰域酷省举办。2009年，中国第一个直通滑雪场的火车站通车，使冰雪旅游者感受到现代、便捷的无穷乐趣。

随着冰雪文化产业的深入发展，冰雪文化产品也不断出新。著名冰雪专家王景富说"所谓冰灯精神，就是大胆创新的精神""开拓、进取、拼搏、务实、敬业，融成冰灯精神，正是靠这种冰灯精神，冰城人才让平凡化神奇，变劣势为优势，将人望而却步的寒冷产生令人心往神驰的魔力，成了玲珑剔透、璀璨生辉的艺术佳品"[①]。

20世纪60年代，冰灯不过是用盆、桶等简陋的器皿冷冻成的冰模

图5-2　2007年兆麟公园冰灯发源地纪念冰塔（江虹摄）

[①] 王景富：《冰灯精神的赞歌》，《哈尔滨日报》1995年1月5日。

型。在创新发展的过程中，艺术家吸取了雕塑、园林、绘画等手法，使冰灯发展成为集多种艺术之长于一体的综合艺术形式。冰塔、冰花、冰桥、冰山、冰屋（图5-3），冰的人物、动物，只要是世界上存在的事物，都能以冰的形式呈现（图5-4、图5-5）。中国的古代建筑、现代奇迹、民间传说、经典名著，外国的金字塔、凯旋门、狮身人面像、悉尼歌剧院等都曾经以冰雕的形式表现，而且由于声、光、电等现代科技手段的运用，比原景观更加晶莹剔透，流光溢彩。还有能听到回音的冰回音壁、能演奏的冰编钟、能随着音乐变换颜色的冰雪舞台、国内首创的最大无支撑穹顶雪

图5-3 兆麟公园冰屋（杜宇摄）　　图5-4 兆麟公园冰桌椅（江虹摄）

图5-5 兆麟公园带电梯的冰景观（江虹摄）

堡,等等。

2010年,冰灯游园会又首建封闭式冰雕馆,既可以确保冰雕艺术作品不受冰雪风霜的侵蚀,让游人欣赏到高质量的冰雕作品,同时还可以不断地变换灯光的色彩,使一个冰雕作品有多种颜色变换,增加了艺术美感。冰城人用曾被人畏惧的冰雪创造的奇观,令国内外游人惊叹不已。

太阳岛雪博会以不断创新和突破的精神,通过国际合作提升了知名度,实现了新的历史跨越。从第十八届开始,曾联手日本、加拿大、法国、芬兰、意大利(图5-6、图5-7),以洁白的雪为载体,展示这些国家独具特色的历史、文化、建筑、人物和风情。

欣逢世纪千年应运而生的哈尔滨冰雪大世界以主题公园的崭新面目问世之后,每届都以新的冰雪产品使世人耳目一新。"盛世中华,腾飞龙江""中俄友好,冰雪情深""中韩友好冰世界""冰雪世界,奥运梦想""冰雪大世界、喜迎大冬会""冰雪世界,童话王国""梦幻林海雪原,神奇冰雪动漫"等主题都生动地反映了当年的热点。冰雪景观每年也都有新的突破。如高18米、长70米的三峡大坝景观创下了当时冰雪艺术建筑体量的世界纪录。在国内外的一片叫好声中,冰雪大世界的主办者仍然认为,目前最紧迫的就是创新,再创新。不仅是设计理念的创新,还包括经营等方面的创新。

冰雪文化的创新始终与现代科技相伴。兆麟公园第一届冰灯游园会的冰灯还是用传统的方式在冰内点上蜡烛,第二年改用现代的电灯,全部采用电光源,掀开了中国现代冰灯艺术的新篇章。1966年,冰灯游园会派技术人员到哈尔滨话剧院学习灯光技术,将舞台灯引用到冰灯制作中,使灯

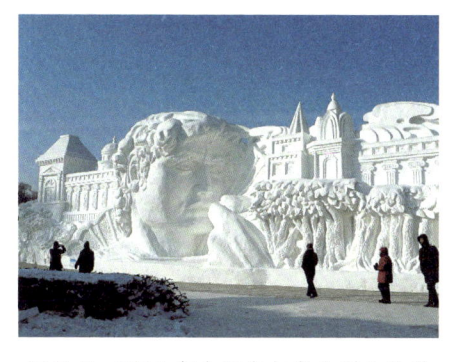

图5-6 2011年太阳岛与意大利合作举办的雪博会上的意大利人物(江虹摄)

图5-7 意大利月亮女神(江虹摄)

光有动有静，动静结合，富于变化。随着科学技术的进步，各种电光源，如霓虹灯、钢灯、钠灯、高压贡灯、碘钨灯、聚光灯、泛光灯、满天星灯、宇宙旋转灯、激光灯等陆续进入了冰灯展。1992年还将光纤引进冰灯游园会，举办了"神秘光纤艺术灯展"。

冰灯是冰与灯的结合体，冰是无色透明的静态物体，配了电光源之后，才有了色彩，有了生机。灯赋予冰以生命，赋予冰以灵魂。是灯使冰更富于变幻，富有光彩。闪耀着科技之光的现代灯光使冰绚丽多彩、如梦如幻。"每当夜幕徐降之后，千灯万盏一齐燃点，交织成形形色色的长束圆环，有的光华四射，如彩练横空；有的依次闪亮，似金流银淌；有的明灭交替，像繁星眨眼。这灯光把晶莹透亮的冰景辉映得璀璨瑰丽，照亮了半边天。"[1] "冰城人正是由于广泛应用了科技技术，才使哈尔滨冰灯不仅有着玲珑剔透的形体，而且有着美丽动人的灵魂，并且变无声为有声，由静止到运动，形、光、动、声得到了完美的统一，营造了宁静淡雅、喜庆祥和、热烈火爆、如梦如幻的各种气氛，从而给观众的视觉、听觉造成强刺激，使他们永远保持着新鲜感、奇妙感、神秘感，因而流连踟蹰，乐而忘返。"[2] 国外的冰雪艺术家看过冰灯之后也非常佩服。1989年，首次来哈尔滨参加冰雕比赛的美国和法国冰雕艺术家们对神奇的冰灯十分赞赏，他们说："我们只会雕冰，不会装灯，把冰和灯组成一起的艺术，是中国人的一大创造。多么神奇，多么叫人不可思议。"[3]

2007年12月，冰雪与科技的结合又进入一个新的历史阶段，节能环保的LED（发光二极管）冷光源首次在兆麟公园冰灯游园会"欢乐大舞台"上得到运用（图5-8）。这一新技术的应用，为冰灯艺术带来了突破性变革。LED冷光源不仅省

图5-8 首次使用LED灯的兆麟公园冰景观
（杜宇摄）

---

[1] 王景富：《哈尔滨冰雪文化发展史》，黑龙江人民出版社2005年版，第94页。
[2] 王景富：《哈尔滨冰雪文化发展史》，黑龙江人民出版社2005年版，第94页。
[3] 王佩家：《哈尔滨第五届冰雪节揭幕》，《黑龙江日报》1989年1月5日。

图 5-9　哈尔滨冰雪大世界 2008 年的"圣火台主塔"（梅长青摄）

电，使用寿命长，容易回收，而且在计算机程序的控制下还可以有规律地变换颜色。与灯结合的冰雪景观由静变动，流光溢彩，灵动飞扬，充满生命的活力。

2009 年 1 月，黑龙江省科技厅、哈尔滨市科学技术局还在冰雪大世界举办了首届国际 LED 冰雪景观照明创新设计大赛，参赛作品都"勇于创新、善于创新，将科技与艺术完美结合，诠释了科技冰雪、绿色冰雪、数字化冰雪的全新理念，向全世界展现了未来冰雪景观照明的美好前景"①，同时也彰显出冰雪文化产业的现代化程度与环保生态理念。

哈尔滨冰雪大世界 2008 年的"圣火台主塔"（图 5-9）、"米兰大教堂"都使用了 LED 作为光源。2010 年又建造了世界最大音乐冰灯景观，它高 20 米、长 120 米，在内部设有节能环保的 LED 冷光源。通过程序控制，冰景与音乐巧妙配合，伴随着音乐优美动听的旋律，美丽的冰景不断地变换。在音乐冰景前的雪地舞池内，游人自由起舞，在绚丽变幻的视觉盛宴中，体验、品味梦与现实交融的浪漫。

2014 年，哈尔滨冰灯艺术博览中心员工创意设计的用脚踩在冰制琴

---

① 何兴丽、高中华：《国际 LED 冰雪景观照明设计大赛揭晓 "米兰大教堂""圣火台主塔"分获一等奖》，《生活报》2009 年 1 月 9 日。

图 5-10 兆麟公园能踩出音乐的冰钢琴（江虹摄）

键上就能奏出美妙旋律的"音乐频谱冰钢琴"（图 5-10），则是在对冰的潜质进行开掘及与科技相结合方面又开创出新天地，达到新层面。

现代科技与冰雪文化的结合还使没有机会来到现场的冰雪爱好者，同样有机会欣赏冰雪美景。兆麟公园冰灯游园会、太阳岛雪博会、哈尔滨冰雪大世界等主要冰雪景区都建设了各自的网站，世界各地的冰雪爱好者，无论身在何地，只要轻轻一点鼠标，美丽神奇的哈尔滨冰雪盛景就可以出现在眼前。

目前，科技的应用不但体现在冰雪作品的制作上，而且融会到营销与服务等各个方面。冰雪大世界等很多景点开通了免费 Wi-Fi，松花江欢乐谷游人用微信二维码就可以获得特定区域的意外伤害险。2015 年 12 月，齐齐哈尔举办了"互联网＋旅游"分享会，邀请美团网、途牛网等嘉宾，共同探讨"互联网＋旅游"的运作方式。加强与新媒体的合作已经成为冰雪文化产业的一种新常态。

冰雕、雪雕比赛更是高层次的理念创新、技术创新的全新冰雪盛宴。哈尔滨先后举办了全省冰雕比赛、全国大学生冰雕比赛、国际冰雕比赛和哈尔滨市群众雪雕比赛、黑龙江省雪雕比赛、全国雪雕比赛、国际雪雕比赛、国际大学生雪雕大赛（图 5-11），以及哈尔滨市中小学生冰雕、雪雕比赛等多种赛事。每年一到冬季，国内外的冰雪艺术家因冰雪而会聚在哈尔滨。人们在这里可以看到来自不同地区、不同年龄的冰雪艺术家，共同在洁白巨大的冰块、雪坯上挥刀舞铲，尽情地展现着他们新颖的奇思妙想、前卫的艺术理念及最先进的冰雕雪塑技法。

图 5-11　国际大学生雪雕比赛现场（江虹摄）

而由冰雪文化拓展开来的冰雪旅游、冰雪经贸则直接给城市带来了滚滚财源。每当大雪飘飞之际，无数的国内外游人争相涌向冰城，各个领域的年会、峰会、经济论坛也会选择在哈尔滨召开，由此带动了哈尔滨各行业的发展。创新精神使冰雪的潜能发挥到极致。"寒冷的冰雪，在哈尔滨人火一般的创造力中一次次化平凡为神奇，成为拉动哈尔滨经济发展的不竭动力。在实施发展新战略的伟大历史进程中，哈尔滨人再一次燃烧着冰雪的激情，让冰雪产业迸发出推进城市新跨越的伟力。"[①] 创新不仅为中外游客带来美好的乐趣，为地方经济发展创出新路，而且为我国文化产业在经济文化全球化条件下的思想文化竞争中走向世界提供了可资借鉴的思考，张扬了民族自信。

第二节　做大做强系列冰雪文化品牌

黑龙江冰雪文化产业能由最初单一的冰灯游园会发展成为一张名扬中外的亮丽名片与新的国民经济增长点，原因在于黑龙江人以创新精神做大

---

① 张秀巍、张宝军、王方道：《"银色产业"推倒多米诺骨牌》，《哈尔滨日报》2011 年 1 月 12 日。

做强系列冰雪文化品牌。

一、冰雪节的创立为做大做强系列冰雪文化产业品牌提供了前提

1963年至1984年，冰雕雪塑一直仅以冰灯游园会的形式举办。1985年创办的哈尔滨冰雪节将单一的游园会发展成为集冰雪艺术、冰雪经贸、冰雪体育、冰雪文艺、冰雪旅游于一体的综合性冰雪盛事，使系列冰雪文化产业品牌初见雏形。自此之后，每个系列又都以创新精神不断地拓展产业链条，不断地做大做强，目前已经蔚成声势，形成规模效应，影响远至国内外。

（1）冰雪节庆。自哈尔滨冰雪节之后，又创办了中国黑龙江国际滑雪节、齐齐哈尔关东文化节、牡丹江雪城旅游文化节、佳木斯三江国际泼雪节，以及遍布全省的雾凇节、雪地温泉节、冬至节、雪乡节等。这些几乎涵盖了所有北方特色的冰雪节庆声势浩大，同时在冬季举办，形成了巨大的冰雪浪潮，扩大了黑龙江冰雪活动的影响力。

（2）冰雪景观园区。冰雪景观园区是冰雪节庆的重要载体。自哈尔滨兆麟公园冰灯游园会（图5-12）之后，又发展出太阳岛国际雪博会、哈尔滨冰雪大世界、牡丹江雪城堡等几十个冰雪园区。这些园区的管理者每年都组织专家精心策划，力求以崭新的状态创造惊喜。常变常新的创意主题、鬼斧神工的冰雕雪塑、丰富多彩的冰雪娱乐项目吸引了游人，也为冰雪文化产业提供丰厚的内涵与坚实的底蕴。

（3）冰雪体育。既有专业的冰雪竞技，也有市民与游人广泛参与的群众性冰雪运动。活动与比赛的形式更是多种多样。既有潇洒、时尚的滑雪，也有丰富多彩的冰上运动。既有校园青少年的滑冰、抽冰尜，也有社会团体举办的乘冰帆、冬泳、攀冰岩、冰上保龄球活动，还有紧张、刺激的雪地足球、冰上自行车、冰上摩托车、冰雪汽车挑战赛、

图5-12 兆麟公园冰灯（杜宇摄）

中俄汽车争霸赛等。还曾举办大型赛事第十届全国冬季运动会、第三届亚洲冬季运动会和素有"小冬奥会"之称的第二十四届世界大学生冬季运动会。"百万青少年上冰雪"和"全民上冰雪活动月"活动吸引广大市民纷纷走到室外，投身到冰雪运动之中，使哈尔滨的冬季热闹非凡，充满生机活力与动感。

（4）冰雪文艺和冰雪经贸。冰雪文艺和冰雪经贸产业链同样不断拓展和延长。冰雪文艺以冰雪歌曲为开端，滚雪球似的不断发展，目前既有与传统艺术相结合的冰雪舞蹈、冰雪山水画、冰上杂技，也有与现代艺术形式相结合的冰雪动漫，还有与现代传媒相结合的冰雪纪录片，等等。冰雪经贸也由开始的冰雪交易会发展为集冰雪交易、冰雪经贸洽谈、冰雪科技、冰雪展览、冰雪经贸论坛于一体的冰雪经贸盛事，成交额也大幅增长。产业链的不断扩展，使冰雪文化产业的影响日益巨大，多维度的立体的冰雪文化产业已经形成规模效应。

二、国际化的发展方向使冰雪文化品牌不断扩大国际影响力

如果说过去的民族文化更多地和传统小生产联系在一起，表现出一种封闭性、原始性，那么，今天的民族文化则融入了现代的经济和社会生活，不断打破封闭，不断创新和提升辐射力、影响力。随着世界经济一体化、全球化进程的加快，冰雪文化的全球性发展趋势也日益明显，富有现代意识的哈尔滨人对此有非常清醒的认识。早在1994年，哈尔滨就提出冰雪节"主题经济化，目标国际化，经营商业化，活动群众化"的办节原则。2001年的第十七届冰雪节直接打出了国际牌，更名为"中国·哈尔滨国际冰雪节"。市领导特别强调说，冰雪节"首先要以国际化为目标，适应国际化标准和中外游客的欣赏习惯，在扩大国际冰雕比赛和国际雪雕比赛规模的同时，多创办一些国际性的活动，吸引更多的外国客人来我市参加冰雪节活动"[①]。2003年开始的"哈尔滨国际冰雪之约"使哈尔滨冰雪节进一步加快了国际化的进程。历经30多年的创新发展，哈尔滨冰雪节不但被选入"全国十大节庆活动"，而且成为与日本札幌雪节、加拿大魁北克冬季狂欢节、挪威奥斯陆滑雪节并称的世界四大冰雪节之一。因为冰雪

---

① 刘铁瑛：《明年冰雪节打出国际牌》，《新晚报》2000年4月19日。

节的影响力，2000年1月1日，新千年到来之际，中央电视台将哈尔滨和北京、上海等著名大城市作为中国代表性城市向全世界直播。2008年，中央电视台将哈尔滨选为"倾国倾城城市"之一。2017年，举世瞩目的央视春节联欢晚会又将哈尔滨列为分会场。黑龙江人以独有的冰雪艺术形式向全国人民展现了他们坚强、豪放，积极向上的精神面貌，也向全世界展示了冰城哈尔滨作为冰雪文化之都的独有魅力与城市风采。

哈尔滨的各大冰雪景区也都以打造国际性冰雪精品景观为目标。在太阳岛雪博会，加拿大的枫叶，法国的凯旋门、巴黎圣母院、塞纳河，芬兰的圣诞老人，意大利的但丁、马可·波罗（图5-13）、利玛窦、古罗马竞技场、木偶匹诺曹等都以雪的形式呈现在美丽的雪博会中。2008年，由于雪版圣诞老人村的建立和联合国唯一官方认证的罗瓦涅米市的正宗圣诞老人的到来，全世界40多家广播电台和电视台将其作为新闻进行报道，哈尔滨的雪博会由此成为全世界瞩目的焦点。

哈尔滨冰雪大世界也以建设国际一流旅游景区，与世界接轨，打造国际冰雪品牌为目标。他们一方面配合中俄友好年、中韩友好交流年建造冰雪景观，另一方面引进国外的资金与先进的管理方式。

黑龙江省旅游局局长薄喜如说："透视黑龙江从冰雪中淘金，尤其值得一提的是，通过冰雪文化打造的冰雪产业链不断完备，为冰雪淘金提供了

图5-13　太阳岛雪雕《马可·波罗游记》（江虹摄）

盈利空间，冰雪产业离不开冰雪文化，但仅仅有冰雪文化是远远不够的。"[1]

为打造世界一流的滑雪场，黑龙江省和哈尔滨市政府还投巨资对亚布力滑雪场周围的环境、交通、通信等基础设施及滑雪场内的雪道、索道、住宿进行升级改造。为使滑雪场的管理、服务与国际接轨，亚布力阳光度假村还"引进全球最大度假村管理集团法国地中海俱乐部，通过会员营销机制吸引世界各地高端游客到亚布力享受高品质的滑雪度假，并聘请保利集团酒店物业管理公司加盟经营管理"[2]。黑龙江已实现了滑雪产业的规模化经营。

作为黑龙江冰雪文化产业源头的哈尔滨冰灯早已蜚声国内外，不但每年都以新的冰雪产品吸引国内外的游人前来观赏，而且走出国界，吸引了世界各国的游人。每年冬季都是冰雕艺术家最为繁忙的时候，国内外很多城市都前来邀请做冰展。

黑龙江省文化艺术发展中心在决定开发冰雪文化产品时，就将目标定位于国际品牌的打造。他们是2000年开始组织国际冰雕艺术展的，曾先后在菲律宾、马来西亚、越南等国家和中国香港、台湾地区举办冰雕展览，均受到热烈欢迎。在东南亚的成功展出使他们进军国际市场的信心大增，于是他们又把目光投向经济文化最为发达的美国（图5-14、图5-15、图5-16）。2004年10月，柏伟带领一支89人组成的冰雕队伍开赴美国田纳西州的纳什维尔和佛罗里达州的奥兰多，在两个城市同时举办展览。在

图5-14 黑龙江冰雕在美国展出之一（柏伟摄）　　图5-15 黑龙江冰雕在美国展出之二（柏伟摄）

---

[1] 高增双、明星：《新闻调查：黑龙江文化产业打造亮丽名片的启示》，新华网2009年4月25日。
[2] 李晶琳：《我省滑雪旅游业再创佳绩》，《黑龙江日报》2011年1月28日。

图5-16 黑龙江冰雕在美国展出之三（柏伟摄）

奥兰多50天的展期中，接待游人148000人次，门票收入高达296万美金。之后，黑龙江省文化艺术发展中心又连续多次派出阵容强大的冰雕制作团队，赴美国的纳什维尔、奥兰多、达拉斯、华盛顿办展览。中西合璧的产业化运作，中国冰雕艺术家鬼斧神工的精雕细刻和融入美国文化背景、人文色彩、倡导人与自然和谐互动的设计，使冰雕展览深受美国市民欢迎，年参观人数已近百万，门票收入达2500万美金，并引起主流媒体的关注。《纽约时报》以《奥兰多这个季节最热销的是冰雕》为题对冰展给予盛赞。《世界日报》及ABC、NBC电视台等也都进行了热情洋溢的报道。在国家文化部举办的"优秀出口文化企业、文化产品和服务项目"表彰中，黑龙江冰雕曾3次获得优秀文化产品与优秀服务项目奖，并荣膺国家商业部颁发的优秀文化出口产品项目奖。黑龙江省文化艺术发展中心还曾赴泰国、以色列和中国澳门（图5-17、图5-18）等地展出，均受到热烈欢迎。经过多年的打造，这一冰雪项目已经成为名副其实的国际品牌。

图5-17 黑龙江冰雕在中国澳门展出之一（柏伟摄）

图5-18 黑龙江冰雕在中国澳门展出之二（柏伟摄）

三、亮点迭出的精彩活动使冰雪文化品牌葆有新鲜的活力

历经多年的精心打造，龙江酷省已经拥有了一大批国际知名的冰雪文化品牌，富有创造力的黑龙江人还每年都以创新精神举办亮点迭出的精彩活动，使这些品牌葆有新鲜的活力。

黑龙江冰雪文化产业的历史，是一个创新的历史，也是一个不断推出新产品，创造新亮点、新精彩的历史。1963年，哈尔滨兆麟公园冰灯游园会的出现，如闪电划破苍穹，打破了北方冬日的寂寞，给世人一个震撼的惊喜。改革开放使冰雪文化产业插上腾飞的翅膀。以哈尔滨冰雪节为开端，黑龙江国际滑雪节等冰雪节庆相继举办，太阳岛雪博会、哈尔滨冰雪大世界等冰雪品牌景区也先后闪亮涌现。在这些冰雪节庆和冰雪景区中，每年都有新的冰雪景观出现，先后创造了中国第一个冰长城、冰滑梯、冰天坛、冰钢琴、冰版画，以及世界最大的冰建筑、雪建筑和打破世界纪录的泼雪、打雪仗等活动。崭新的内容与形式，位于中国、世界前列的创意，使每年来进行冰雪旅游的旅人都有新的惊喜。

冰雪文化活动更是内涵丰富，每年都有新的精彩。冰雕、雪雕比赛，冰雪书画会、冰雪电影节、冰雪摄影节、冰雪动漫展都领全国冰雪文化活动之先。哈尔滨冰雪大世界在引进冰上芭蕾、冰上杂技，举办冰上派对之后，又创造了世界最大的冰雪实景舞台，演出了集红色经典、冰雪文化、高科技于一体的《林海雪原》，奉献给观众一场炫目的冰雪盛宴。2018年1月，在哈尔滨红博公园会集七国演员、邀请世界著名冰雪视觉艺术家打造的"冰舞秀"和太阳岛雪博会以冰雪景观空间为剧场的大型3D幻影"雪间秀"也都以变幻莫测、多维观感，为游人打开新视野。

冰雪运动是冰雪文化产业中参与性最强的活动，精彩纷呈，活力无限。惊险刺激的高山滑雪，浩大壮观的千人越野滑雪，激烈的中韩单板滑雪对抗赛、中俄滑雪邀请赛，激情四射的"发烧友"滑雪赛，还有浪漫的梦幻圣诞滑雪游、冬季恋歌情侣滑雪比赛和充满稚气童心的滑雪宝贝等，精彩而充满活力。

冰雪娱乐活动也每年都花样翻新。乘冰帆、抽冰尜、打冰上保龄球，世界最大的冰滑梯、冰爬犁，从国外引进的全地形车和集多项娱乐活动于一体的冰雪嘉年华、"冰雪乐翻天"更是以新鲜、精彩、活力四射，显示出极大的诱惑力。

为使冰雪活动亮点突出，各冰雪节庆和景区还每年都推出现代时尚的主题，如"奇思妙想——再现世界著名童话故事""风情法兰西·相约哈尔滨""梦幻炫动冰火·神奇冰雪动漫""酷省龙江，滑雪天堂""雪之声，让世界一起倾听""中国的黑龙江，世界的滑雪节""冰雪之冠上的明珠"等，都画龙点睛地标出每年冰雪活动的特点。新颖现代的主题，亮点迭出的各种活动，使冰雪文化品牌葆有新鲜的活力，从而吸引国内外的游人纷至沓来。

第三节 政府引导、企业为主体的市场化运作

黑龙江冰雪文化产业，由一个仅为丰富群众冬季文化生活而举办的游园会发展为名扬中外的文化品牌与新的国民经济增长点，内在的驱动力在于经营方式由计划经济向市场经济的转变。

一、政策的指引

第一届哈尔滨冰雪节完全是由政府举办的。在1986年的第二届，老市长宫本言富有远见卓识地提出企业化经营的大胆设想。随着改革开放的深入发展，1992年的第八届冰雪节正式提出了要本着企业化经营的原则组织各项活动。自此之后，每届冰雪节都日益朝着市场化的方向发展。1993年，确定了"冰雪搭台、经贸唱戏、繁荣经济"的宗旨和"各项活动以经济效益为中心的具体要求"。1994年的第十届冰雪节将办节原则明确为"主题经济化，目标国际化，经营商业化，活动群众化"。第十一届冰雪节，进一步提出活动经费以自筹为主，政府适当补贴。2001年第十七届冰雪节"以政府组织、社会参与、企业经营、市场运作为主要组织形式"的指导思想，使办节进一步市场化。到第二十届冰雪节提出"政府主导、市场化运作、企业化经营"的方针之后，企业为主体、市场化运作的方式已经基本成熟，为冰雪文化产业的更大发展提供了前提。

二、儿童公园冰雪大世界股份制的尝试

冰雪文化走向市场是从冰雪广告开始的。随着从计划经济向市场经济的转变，在1997年出现了质的突破，哈尔滨建筑大学与哈尔滨儿童公园以股份制融资的形式联合举办了儿童冰雪大世界游园会，这是黑龙江省第一个按市场经济规律运作的冰灯游园会。1997年，哈尔滨建筑大学环境设计专业增加了冰雪设计内容，并成立了冰雪艺术课题组。在进行了大量的社会调研之后，他们决定建一个儿童冰雪乐园。经过和儿童公园协商，双方以股份制的方式联合建造。儿童冰雪乐园的冰雪景观由建筑大学的师生精心设计，以知识性、趣味性和参与性为重点，主要景观有冲天的火炬、展翅的银鸽、手牵手的儿童，以及由精致的门、廊组成的和平广场等。施工者有千余人，分九个施工单位，都是通过竞标的形式获得承建资格的。

三、主要冰雪景观的市场化运作历程

哈尔滨冰雪文化产业的王牌景观都是从由政府主办逐渐转为市场化运作的。

哈尔滨冰灯游园会从第一届开始一直由政府拨款主办，改革开放之后，逐渐开始了向市场化运作的转变。开始是冰雪广告招商，1994年5月，改为经费自筹之后，他们顺应市场经济发展规律，改变经营模式，将冰景制作全部采取对外招标的方式，同时加大招商引资的力度，将门票、园内的商服网点、摊床广告进行拍卖，目前已经形成"按市场经济规律运作的集冰灯设计、采冰供冰、组织施工、承揽广告、展出管理、对外开发于一体的典型的冰灯产业"[①]。走向市场使冰灯艺术焕发了新的生机，不但收支平衡，扭亏为盈，而且制作了创下基尼斯世界纪录的冰制景观。

市场化运作也使太阳岛雪博会由初创走向成熟（图5-19）。太阳岛雪博会开始是组织群众堆雪人，后来由政府出资主办，从第七届开始由亏转盈——不但不再亏损，而且盈利5万元，自此之后，每年都有盈余。到1998年年初，办会资金已经完全自筹。从第十六届开始，已经连年不需政

---

① 王景富：《春催冰雪绽百花——改革开放促进了哈尔滨冰雪文化的发展》，《哈尔滨日报》2009年1月6日。

白雪·白金——冰雪文化产业的崛起与发展

图5-19 太阳岛雪博会中的商服（江虹摄）

府投一分钱，每年还自投1500万元办会，利润逐年增加。

1999年诞生的哈尔滨冰雪大世界更是市场化运作的成功典型，它经历了政府主办、政府政策性支持、独立进行市场化运作与吸引外资的历程（图5-20）。1999年，哈尔滨市政府在松花江畔建起了首届冰雪大世界，马迭尔集团将面包、雪糕搬进冰雪大世界园区内，开设了一间咖啡厅。第二年，目光深远的马迭尔集团投资1000万元，参与经营管理冰雪大世界，尽管没有盈利，但积累了经验。2002年，第三届冰雪大世界，马迭尔集团投资3500万元，控股经营并首次实现盈利。从第四届开始，马迭尔集团独立全资承办和经营，完全实现了市场化运作。2004年之后，"冰雪大世界进一步加大市场化运作力度，面向社会进行广告招商、景点招商和游人参与性强的娱乐性项目招商，可口可乐、鳄鱼等一批国际品牌纷纷登上冰雪大世界的展台一展风采，哈药集团、哈飞汽车等一批本埠企业看好了冰雪大世界对外传播和辐射的影响力度，早早加盟其中；游人参与性强的娱乐项目，对民间资本产生了极强的吸引力，几十个项目的招标进展迅速"[①]。2007

① 王景富：《冰雪盛景看今朝》，《黑龙江日报》2004年1月8日。

图5-20 哈尔滨啤酒在冰雪大世界的宣传广告（杜宇摄）

年，冰雪大世界引进外国资金，和韩国公司共同承建了第八届冰雪大世界。2013年，又成立了哈尔滨冰雪大世界股份有限公司，使市场化运作进一步升级。

四、社会资金的广泛投入

市场化的运作理念，使社会资金纷纷投向冰雪产业。2001年，哈尔滨冰雪节突破以往封闭式的布局，进行全城冰雪大包装采取了市场化运作的方式。冰雪节组委会要求"本届冰雪节的各项活动经费，本着自筹为主、适当补贴的原则解决。各部门、各单位要按照企业化经营、商业化运作的方式，采取多种形式、多种渠道、多元化筹措经费"[①]。在此政策基础上，不仅主要冰雪园区，就连冰雪街景也都是以企业为主体进行市场化运作。如当年首次在街路上进行冰景建设的道里区，就通过为施工单位冠名、为企业做宣传等形式，吸引哈尔滨市建二公司、市农电局、齿轮厂等企业参与冰景建设。中央大街冰景一条街从开始就一直是由东北虎皮草、维纳斯婚纱摄影等企业投资建设的，既为广大游人提供了观赏美景，也宣传了企业，为企业提高了知名度。

"富士公司从1998年起连续五年独家赞助由哈尔滨日报社、哈尔滨冰雪节办公室、哈尔滨市摄影家协会等单位举办的富士杯冰雪摄影大赛。维纳斯婚纱摄影有限公司从2000年开始至今，连续十年承办维纳斯冰上集体婚礼，2001年初除承办冰上婚礼外，还制作中央大街冰雕，连办冰雪摄影大赛……共参与了第十七届冰雪节的7项活动，2003年年底3家民营企业用150万元拍得防洪纪念塔松花江面的冰滑梯及冰上娱乐项目的建设经营权，2004年第五届冰雪大世界的20个冰雪娱乐和商服项目，参加竞拍的业户达200多家。"[②]一些具有雕冰塑雪技艺的冰雪艺术家还注册成立了冰雪艺术开发公司，有偿设计制作冰灯，最多时哈尔滨市有四五十家。

滑雪的兴起更是吸引了有眼光、有实力、有雄心的民营企业。首先是龙珠滑雪集团在二龙山风景区建起滑雪场。紧随其后，哈尔滨吉华集团股份有限公司投资建设了吉华长寿山滑雪场。同时，滑雪场周围的农家饭

[①] 田雪绯：《政府"断奶"，冰雪节办出彩》，《生活报》2000年12月22日。
[②] 王景富：《春催冰雪绽百花——改革开放促进了哈尔滨冰雪文化的发展》，《哈尔滨日报》2009年1月6日。

店、农家宾馆也越来越多。

市场化的运作还吸引来了外资，如冰雪大世界吸引了韩国公司的投资，世界娱乐巨头迪士尼与兆麟公园冰灯游园会进行了合作。市场化运作使冰雪更加具有魅力，也使冰雪经济具有更大的发展。

第四节　提升冰雪文化的附加值

智慧的黑龙江人以创新精神使全省到处都是如幻美景，绚丽的冰灯、如玉的雪雕、银川玉岭、林海雾凇，精彩纷呈的冰雪活动吸引着国内外的游人如潮水般奔涌而至。火热的冰雪游在给游人带来美好享受的同时，也使白雪变白金，给冰城酷省带来巨大的经济效益，冰雪文化创造了附加值。

一、冰雪景观制作直接创造了就业机会

过去，冬天是北方"猫冬"的季节，建筑业和农村的很多工人、农民这时都是没有事干，很清闲。举办冰灯游园会以来，特别是创办冰雪节与冰雪大世界之后，用冰量大增。很多冰雪景区制作冰景，除了需要大量的冰雪设计人员外，还需要很多的制作者（图5-21、图5-22）与采冰者。黑龙江每年至少有三四万人依靠冰雪直接就业。

冰雪景观的制作带动周边的农民走出了家门。目前，从推雪、放线、开槽，到撑冰、炸冰、捞冰，已经形成一条采冰作业流水线。采冰方式也由采冰用大锯、运冰用爬犁，发展到现在的机械化推雪、传送、电锯切割。目前，每年仅采冰工就有好几千人，

图5-21　冰雕工人在南岗区制作冰景（杜宇摄）

一个冰雪季下来每人能挣六千至一万元。由于黑龙江冰雪文化产业的巨大影响，近年来全国很多有条件的省、市也开始举办冰雪活动，但缺少有技术的采冰工，一些城市便慕名来哈尔滨招募。很多有经验的采冰工都被外地请去为冰景制作采冰。

图 5-22　雪雕工人在太阳岛制作雪雕（江虹摄）

哈尔滨市松北区松浦镇农民吕春喜把他的采冰队伍带到了长春净月潭和沈阳的棋盘山，为当地的滑雪场、冰雪运动乐园、雪雕风情园采冰、制作冰雪景观。五常市牛家镇镶黄旗村的刘吉良曾被图们等地请去，也曾到过越南、泰国。从采冰起步的哈尔滨市道里区榆树镇后榆树村村民成立了哈尔滨玉缘冰雪园林有限公司，不但在哈尔滨市承建冰景，还远赴青海、西宁承建冰雪景观制作。冰雪文化产业不仅为他们打开了致富的大门，也带来了商机。

二、飞机、铁路、市内出租车异常火热，宾馆爆满

琼楼玉宇，雪野延绵，冰雪让塞外之冬无比美丽，如潮水般的游客涌向北国冰城、酷省龙江。旅游的兴盛带动了假日经济，飞机、铁路现在异常火热，市内出租也连连满载。

冰雪旅游的火爆让哈尔滨航线成为全国冬季最热的航线。哈尔滨太平国际机场在 2008 年完成运输起降 46367 架次，旅客吞吐量 498 万人次，同比分别增长 15.4% 和 12.5%，增幅在全国机场中列第二位。2009 年 1 月，太平国际机场全天起降航班 171 架次，高峰时每小时起降航班 23 架次，均创开航以来的最高纪录。2010 年，机场吞吐量由 600 万人次猛增到 700 万人次。专程来哈尔滨进行冰雪旅游的包机每年也有很多架次。哈尔滨太平国际机场积极发挥中心枢纽作用，目前已开通 177 条国内外航线，连通 100 个城市，2017 年旅客吞吐量破 1800 万人次，位居东北四大机场

之首。

随着冬季来冰城旅游的人数剧增，航空运输业的人流、物流迅速增长，哈尔滨已经成为众多航空公司竞争的热点区域，纷纷投放大飞机和增加哈尔滨至北京、上海、深圳、广州等主要城市的航班。

冰雪节期间，铁路方面也不断增加来往于各大城市的列车。在2011年冰雪节前后，虽然增开了五对抵哈或经哈的动车组，但仍然人满为患，供不应求。近年来一些旅行社和铁路部门联合开通的冰雪旅游专列，更是以高端大气上档次、冰雪线路精优，深受国内外游客欢迎。

冰雪节的启幕，游客的激增，使服务行业迎来了一年里的黄金期，全市各大宾馆纷纷爆满。香格里拉等五星级酒店的客房都是一房难求，是国内高档酒店中入住率最高的。哈尔滨市内的经济型酒店也多被提前预订一空。就连随着冰雪旅游而兴起的家庭旅馆亦经常满员。2010年，如黑龙江省饭店协会秘书长所说："在冰雪旅游的带动下，我市餐饮业零售额出现两位数以上的增长。"

三、冰雪旅游的火爆促进了商业的发展

由于冰雪旅游人数的增多，中央商城等大商场在冰雪节期间的销售额总是节节攀升，黑龙江的特产格外受到各地游客的青睐，纯天然的黑木耳等山珍，环保、漂亮的亚麻服饰、生活用品，以桦树皮画、麦秸画、鱼皮制品为代表的工艺品，富有异国特色的俄罗斯军刀、望远镜、烟斗、银饰品等都以质地纯正和地域特色深受游客喜爱，秋林的红肠、大列巴更是经常脱销。华梅西餐厅、波斯曼国际酒店西餐厅因为游客剧增而销售额大幅度增长。冰雪景区周围的冰糖葫芦、烤地瓜也是比其他任何时候都卖得好。

四、冰雪经济的发展带动了农村产业结构的转变

冰雪文化产业对经济的拉动，使滑雪场周边农民的生活与观念都发生了巨大的改变，收入更是大增。有的办起了家庭旅馆，有的当起了滑雪教练。亚布力、二龙山等滑雪场的维护、商服和教练很多都是附近的农民，有的还被外省请去。据有关媒体报道，"从普通村民到滑雪教练，从家门

口赚钱到主动出击奔赴全国约 20 个省份,由林场工人及当地农民组成的亚布力滑雪教练已经达 6000 余人,约占全国滑雪教练的 80%,滑雪产业给当地拉动的收入大约为 2 亿元"[1]。

"近年来,一些亚布力的滑雪教练不再满足仅仅给外地滑雪场当雇工,而是将本地的滑雪教练组织起来,凭着'亚布力'这个招牌,外出承包滑雪场,去赚取更加丰厚的利润……村民们从事滑雪教练后,腰包鼓了,很多人回乡后开始投资旅游与贸易,推动了本地经济的发展。"[2]

帽儿山的农户则办起了农家旅馆。吃农家饭,睡农家大火炕,来自四面八方的人们在实实在在地感受到冰雪季节北国乡村特色的同时,也催生了帽儿山几十家旅馆的异常火爆。为促进农家乐冰雪旅游的发展,尚志市投资 2200 万元改造帽儿山小镇,依托雪场发展原生态旅游,使周边的农家旅馆从 3 家发展到 25 家,接待游客数量发展到每年 5 万人。依靠香炉山、二龙山、长寿山做大旅游的宾县,随着滑雪产业的异军突起,近几年又吸收了社会投资,新增餐饮住宿企业近百家。尤其是长寿山、二龙山附近村屯的农家旅馆,因为提供吃、住、玩"一条龙"服务,生意格外兴隆。

五、冰雪文化产业带动了相关企业的发展

冰雪文化产业的发展也带动了相关产业的发展。哈尔滨府明电器公司(图 5-23)"从为第一届冰雪大世界提供的白炽灯到第一代 LED 灯管,再到今年冰雪大世界使用的新型 LED 灯……每年 10 月至 12 月的平均销售量环比增长率都在 40% 左右。目前,该公司已拥有哈尔滨、沈阳、中山等三大生产基地,产品除供应本地外,还远销欧洲、俄罗斯、韩国等国外市场"[3]。

哈飞集团 2004 年经过创新发展,成功生产了首台"雪龙"造雪机之后,规模不断扩大,短短几年就实现了百台的批量生产规模,产品更新后,又研制了杆式造雪机和灭火雪炮车头。不仅供应给哈尔滨冰雪大世界、太阳岛雪博会等主要冰雪景区,新疆、内蒙古、北京、山东等省市和

---

[1] 王媛:《雕冰塑雪催生经济链条》,《哈尔滨日报》2011 年 1 月 10 日。
[2] 王媛:《雕冰塑雪催生经济链条》,《哈尔滨日报》2011 年 1 月 10 日。
[3] 王媛:《雕冰塑雪催生经济链条》,《哈尔滨日报》2011 年 1 月 10 日。

图 5-23　哈尔滨府明电器公司在 2014 年哈尔滨国际冰雪节寒博会上的展区（江虹摄）

俄罗斯等国家也前来选购。

马迭尔集团也积极整合资本，扩大产业链条。他们从最初的宾馆、食品业发展到承办冰雪大世界之后，又向旅游、会展等方面拓展。龙珠滑雪集团、吉华长寿山滑雪集团在投资滑雪产业的同时，也不断扩大资金链和产业链，努力使资本实力越来越坚实、丰厚。

"如果说最初的观冰赏雪活动，更多的是为了满足人们的精神文化需求，那么在亲历了从计划经济到市场经济转变的惊涛骇浪后，哈尔滨人以特有的创新精神，将寒冷这一自然带来的劣势变成真金白银，已经锻造出一条既能为大众摆出丰盛精神大餐，又能够创造出巨大物质财富的冰雪产业链。"[1]

"冰雪节使经济变得生动、活泼，而反过来经济又让冰雪节显得丰富、充实，自从经贸活动成为冰雪节的最重要内容以来，冰城哈尔滨在国内外人士的眼中，不再仅仅是一个传说中的美丽的都市东方小巴黎，或者一个只能生产锅炉、电机的工业城市，而是一个集自然美景和经济实力于一体的现代开放城市，具有特别的吸引力。"[2]

---

[1] 张秀巍、张宝军：《"银色产业"推到多米诺骨牌——哈尔滨冰雪产业对经济的影响力日渐深远》，《哈尔滨日报》2011 年 1 月 12 日。
[2] 佟堃：《冰雪搭台，经济唱戏》，《哈尔滨日报》1992 年 1 月 4 日。

第六章 冰雪文化产业的市场空间

以冰灯、雪雕为代表的冰雪文化产品,以独有的巨大魅力和顺应时代大潮的产业化管理,在短短的几十年内就风靡全国,走向世界,成为名扬国内外的亮丽品牌,赢得了巨大的市场空间。

哈尔滨冰灯在1963年刚一诞生,就很快扩展开来,第二年就在儿童公园等设置了冰灯游园会分会场。改革开放之后,冰灯走向大街小巷,全城处处是冰景,太阳岛雪博会、哈尔滨冰雪大世界等冰雪园区也先后创办。

哈尔滨冰灯的神奇美妙与巨大魅力,带动全省各地都相继搞起了冰雪活动,并且根据本地条件办得各有特色。齐齐哈尔早在1963年冬季就办起了龙沙冰灯游园会,改革开放后与旅游相结合,办起关东文化旅游节。佳木斯结合本地民俗,举办佳木斯泼雪节。牡丹江以雪堡为中心,举办雪城冰雪旅游文化节。远在祖国最北方的漠河以"找北、找冷、找奇"和"圣诞老人村"为特色,黑河、伊春、大兴安岭、五大连池、大庆等也都开展了冰雪活动。

哈尔滨冰灯的影响,还远及全国和世界各地,很多城市纷纷邀请哈尔滨冰灯去展出,而且先后搞起了冰雪活动。辽宁、吉林、新疆等地纷纷举办冰雪节、滑雪节,就连北京鸟巢也搞起了室内冰雪乐园。如梦如幻的冰灯不但誉满神州大地,而且蜚声世界。早在20世纪80年代初期,哈尔滨的冰雪艺术家就多次应邀到国外参加比赛,富有民族特色的作品常常榜上有名。独有魅力的冰灯还经常出国展出,现代传媒更是通过歌曲、广告、专题片等形式将美妙的冰雪美景传向世界的各个角落。

第一节　遍布龙江酷省的冰雪美景

一、冰城处处是冰景

"誉满全国、名扬五洲的哈尔滨，之所以能把哈尔滨之冬变得比哈尔滨之夏更加妖娆，吸引无数中外游人流连忘返，其主角靠冰灯的强大魅力。"①

自1963年哈尔滨举办首届冰灯游园会以来，冰灯就以巨大的魅力扩展开来，并且陆续走出公园，走向街头。1981年，哈尔滨冰雪办公室正式成立，市委、市政府把办好冰灯游园会，活跃人民冬季文化生活作为搞好全市人民生活大事之一。因此，园林部门在办好冰灯游园会的同时，也积极组织力量"在市区、庭院、广场和街道制作冰灯。市建设局在院内用冰制作了花墙、'晶苑'、'艺苑'月亮门和《天鹅展翅》《孔雀开屏》《鲤鱼戏浪》等冰景。铁路局招待所和省公安厅在门前雕的分别是双鹿和对狮"。"空军某部也在庭前用50立方米冰建造了一架穿云破雾的飞机和两只威风凛凛的雄狮，位于平房区的东北轻合金加工厂出资购买了320立方米松花江天然冰，在东轻体育场设计制作了《天鹅展翅》《悟空驱魔》《水漫金山》《一孩福》等40件冰建筑和冰雕，取名'东轻冰景'。"②这是哈尔滨市第一个由企业举办的冰灯会。

1983年初，南岗区在果戈里大街（原奋斗路），从儿童公园到革新街每个街口都雕了冰雕，建成哈尔滨市第一个冰景一条街。1986年，兆麟公园门前的兆麟街和人民体育场也先后建起了冰景一条街。1997年改成步行街的中央大街和长江路开发区金桂园景观广场亦每年都雕塑冰景。2001年，全市首次进行全城冰雪大包装，由有关部门组织，在全市各个重要街路都建设了冰雪景观。2009年举办第二十四届世界大学生冬季运动会期间，南岗区政府为了让参与大冬会的运动员与中外游人感受到无处不在的

---

① 叶愉：《街头冰景耀冰城》，《黑龙江日报》1995年1月9日。
② 王景富：《哈尔滨冰雪文化发展史》，黑龙江人民出版社2005年版，第109页。

图 6-1　南岗区冰景（杜宇摄）

冰雪艺术，与《新晚报》共同组织了"迎大冬会，冰城处处有冰景"活动，以"政府投资主建，企事业单位、商家和市民参建"的方式，集中力量建设一大批冰雪景观，以展现冰城哈尔滨独具风韵的冰雪特色和和谐奋进的城市精神内涵。冰景制作展览结束后，主办单位还组织冰雪艺术专家评出了"冰城魅力冰景""社区冰雕小景""梦幻冰景街路""主题冰雪广场"等。2010 年，举办第二十七届冰雪节期间，哈尔滨市有关部门又以"满城冰雕雪塑"为目标，重点打造了 21 条冰雪景观游览路线和 80 余处冰雪景点。多年的冰雪景观建造使冰城逐渐形成了独具个性的特色（图 6-1）。

火车站广场是哈尔滨的重要门户，自 1985 年以来，曾多次建造冰雪景观，无论是巍峨壮观、坚实厚重的大型牌楼，还是巨大的冰杯等，都往往镶嵌有"哈尔滨欢迎你"的字样，让南来北往的游客一下火车，就能感受到冰城的冰雪魅力和热情。2011 年，站前的大型冰雪景观《韵·都》和《时间隧道》更是惊艳了很多南来北往的游人，在惊叹的同时，纷纷驻足观看，拍照留影。中央大街精雕细刻的大型冰雪雕塑（图 6-2、图 6-3），以闻名遐迩的欧陆风情街景和独具特色的冰雪美景相结合而独具魅力，名扬中外，吸引着来自世界各地的游客。2000 年展示昔日风情的欧式站台、敞篷老爷车、游人可坐的啤酒桶，2005 年由冰块围成的"马迭尔购物吧"

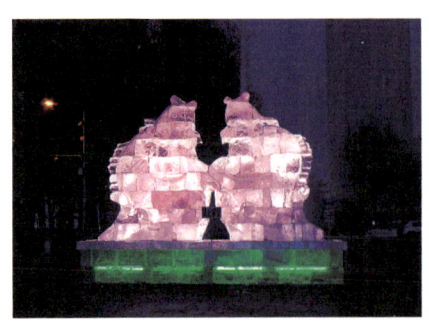

图6-2 中央大街冰景之一（江虹摄）　　图6-3 中央大街冰景之二（江虹摄）

和"中央大街购物冰吧"，都让人有如置身于北极冰屋。2008年，又制作了以迎奥运为主题的福娃形象，有的福娃聚精会神地瞄准射击，有的咬紧牙关举重。还有寓意嫦娥奔月的冰景。2009年，中央大街上以"世界经典雕塑艺术长廊"为主题的冰雕系列，更给市民和游人留下了深刻而美好的印象。近年来，这条中外游人必到的魅力老街，不但将玛丽莲·梦露、鸟叔、迈克尔·杰克逊、丘比特等用冰雪的形式呈现，而且建造了"老街冰屋"，使游人四季都有机会欣赏冰雕作品。

南岗区2003年创办的冰雪故事园也别有意蕴。这个占地11.7万平方米的冰雪故事园，由主题故事、"冰城乐""冰城口福"等景区组成，以冰雪的形式呈现了哈尔滨的历史、人文特色。在这里，游客们可以看到体现哈尔滨城市历史、风情、习俗的老火车站、秋林旧景、巴洛克商场，还可以看到秃尾巴老李、神笔马良、布衣孔圣人、鲁班与赵巧、卖火柴的小女孩等。1.5万平方米的滑冰场为热爱冰雪的儿童与游人提供了多样滑冰场地。在"冰城口福"主题区的小雪屋内，具有东北特色的冰糖葫芦、山榛子、核桃等特产可以让游人一饱口福。

随着冰雪文化的发展，街头冰景也不断升级，将以往的圆柱子、小动物等，取而代之的是做工精细、考究、规模庞大的冰建筑和有主题的系列冰景（图6-4）。

图6-4 松花江边冰制引航灯塔（江虹摄）

金桂园广场是哈尔滨市最大的免费冰景广场。2002年建造了巍峨的冰长城，2003年又建造了恢宏壮观的尼古拉教堂，同时还有引人注目的冰雪运动员冰雕造型，有的"弯腰甩臂似箭疾驰"，有的"舞姿婀娜"，有的"挥杆激战"，

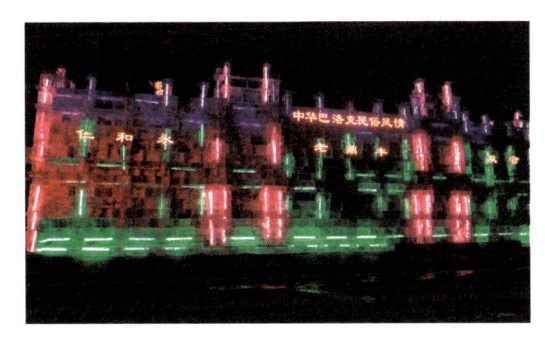

图6-5 道外区的中华巴洛克冰景（江虹摄）

还有的"如雄鹰展翅，或似猛虎下山"，精彩地展现了龙江人的体育精神。2004年后，又建造了《神舟五号》《金猴迎春》《龙舟》《关东情》《老哈尔滨火车站》《凝固的音乐》等大型冰景，被市民和游客称为"小冰雪大世界"。

作为哈尔滨开埠之地的道外（图6-5），冰雪景观主要以表现冰城历史的沧桑为特点。2005年，以"寻世纪冰城之根，扬百年商埠之魂"为主题，建造了百年道外冰雕历史文化园。在"百年设治，鸿基初奠""开埠老街，名号掠影""五行八作，风土民情"3个景区中，再现了旧关道的政务管理、涉外谈判、课税断案等场景。同时通过"百年回眸""老号名店""市井民俗"和洋车夫、卖艺人、理发匠等旧时人物冰雕，再现了早期道外各阶层人物的活动场景、生存状态。中华巴洛克历史文化街区更是每年冬季都可以欣赏到绚丽多彩的冰灯。

松北新区和合并后的香坊区，在冰雪景观建造中也有极为突出的个性特色（图6-6）。2009年，黑龙江省首个冰挂、树挂主题公园一期3万平方米工程在松北区金河湾湿地公园建设完工。2010年，香坊区园林部门在动力广场、哈平路、进乡街、母亲广场等地，建造了以黄果树瀑布、壶口瀑布、德天大瀑布等知名瀑布为原

图6-6 香坊区母亲广场的冰瀑布夜景（江虹摄）

型的大型冰瀑布，白天洁白晶莹，蔚为壮观，晚上绚丽多彩，如梦如幻，吸引了很多游人驻足。

冰城冰景让市民与游人在品味哈尔滨市历史文化底蕴的同时，也强烈地感受到鲜明的时代气息。2007年，全国迎奥运之际，中央大街ABC三区分别以历届冬奥会、夏季奥运会、北京奥运会吉祥物为原型，建造了19座大型冰雕。在冰雪文化展示区，还有福娃弹钢琴和奏民乐的冰雕。

2009年举办第二十四届世界大学生冬季运动会之际，哈尔滨的很多冰景都融入了大冬会的元素。在以"冰娃带你逛冰城，展现哈尔滨魅力"为主题的设计理念指导下，冰娃造型的冰雕作品遍布哈尔滨的主要街道。大冬会吉祥物"冬冬"的微笑驱散了严寒，展现了冰城人热情豪爽的性格和对冰雪体育运动的热爱。香坊区母亲广场的冰制凯旋门高大宏伟，以大冬会吉祥物为装饰，寓意企盼参加大冬会的冰雪健儿搏冰斗雪，胜利归来。有的制作者还在冰雪景观上面刻制了"2009"字样和大冬会会标，通过抽象的表现手法展示了大冬会的竞技体育精神和冰雪运动的魅力，同时也表达了冰城社会各界对大冬会成功举办的美好祝愿。

哈尔滨的冰雪文化由静态的景观发展到动静结合，在彰显独特魅力的同时，也为冰城增添了活力与朝气。江上冰雪游乐中心是哈尔滨最早开办的冰上游乐场所。冬日的松花江寒风呼啸，勇敢的滑雪橇者坐上雪橇，沿着40多度的冰坡瞬间滑下，真是无比惊险刺激。道里区中心冰场、道外区万米公益冰场、冰雪欢乐谷、外滩赏冰乐雪园（黑龙江省冬季群众体育活动基地）、呼兰河口欢乐冰雪世界等，都是重要的冰雪活动场所。不畏严寒的市民们顶着凛冽的寒风，滑冰，打冰袭，乘冰帆，支爬犁，尽情享受冰雪带来的快乐和展现他们乐观向上的精神风貌。

哈尔滨的街头冰景与冰雪游乐，不仅仅供游人观赏，也"是城市文化建设的重要组成部分，利用和开发本地的冰雪资源，创造出独具特色的冰雪景观，正好和冬天的气候、地理环境的自然气氛相一致，这些冰景构成了城市整体的重要组成部分，冰灯美化了我们的生存环境，使冰城更具个性和风采"[①]。

[①] 叶愉：《街头冰景耀冰城》，《黑龙江日报》1995年1月9日。

二、遍布全省的冰雪活动

哈尔滨冰灯的神奇美妙和巨大影响，带动全省各地都先后搞起了冰灯展览和游园会，并根据本地的自然、历史、人文资源，办得各有特色。

齐齐哈尔的冰灯、冰雕历史悠久（图6-7、图6-8）。早在1963年，齐齐哈尔就举办了冰景游览会。

图6-7 齐齐哈尔街头的冰塔（江虹摄）

2000年前的冰景展出都在龙沙公园，展出的内容主要是冰山、冰林、冰塔，冰雕的人物、鸟兽、花卉等，和哈尔滨冰灯游园会很相似。2002年年底举办关东文化旅游节后，主题、内容不断更新扩大。例如，首届"关东文化旅游节暨第二十三届冰雪游览会"的主旨是"旅游牵头、冰雪为媒、文化搭台、经贸唱戏"。内容包括"冰灯展览、彩灯展览、雪地观鹤、冰上足球会、音乐会、地方戏调演"等20多项活动，目的在于弘扬关东文化，推动鹤城旅游，促进经济发展。2005年的第四届关东文化节暨第二十六届冰雪游览会，又扩大为东湖、龙沙公园、明月岛3个场所。内容包括冰灯观赏、滑雪、冬泳、冰上爬犁、冰车、抽冰尜、雪地摩托、雪地高尔夫和招商引资、经贸洽谈、旅游合作论坛等30多项活动。之后，主题不断创新，内容不断增加，内涵不断丰富。历经多年打造、发展，"冰雪情、世界

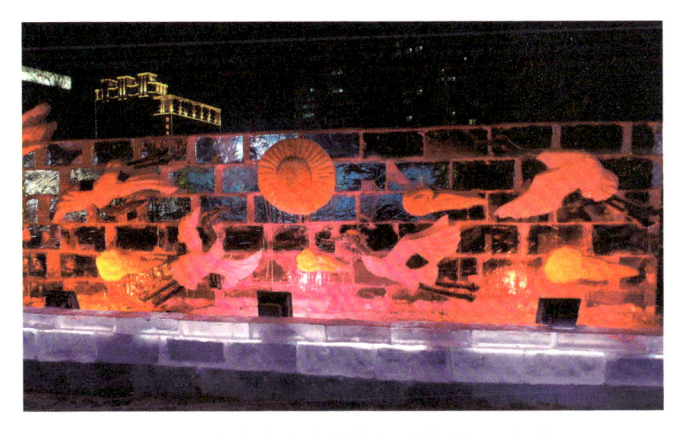

图6-8 齐齐哈尔冰制的丹顶鹤图（江虹摄）

鹤、生态城"的品牌形象更加强化和突出，"雪地观鹤"已经成为国内外游人向往的独特一景。2015年之后，市政府组织的齐齐哈尔市"互联网＋旅游"分享会暨齐齐哈尔市冰雪旅游摄影大赛、齐齐哈尔"百万人上冰雪百万人游鹤城"冰球季等活动都规模盛大，内容丰富，为鹤城的冰雪旅游注入了新的活力。

牡丹江的冰雪景观以雪堡而闻名。雪堡的创意取自举世闻名的芬兰雪堡。2002年创办之初坐落在牡丹江的江心岛上，占地4.6万平方米，2012年迁往镜泊湖区域，建设规模扩大，内容也更加丰富多彩。

雪堡以欧式风格为主，每年一个主题，以雄伟高大的雪建筑为主体，也设有雪滑梯、雪地摩托车等参与性活动，冰雪建筑与冰雪活动动静结合，有机地融为一体。从远处眺望，雪堡更富神奇魅力，洁白如玉的雪雕在五光十色的霓虹灯映照下梦幻瑰丽，具有不可抗拒的吸引力。

由于独特的地理位置，以雪资源丰厚而闻名的牡丹江处处如诗如画。冬日的镜泊湖（图6-9、图6-10、图6-11）以独有的大冰瀑、大峡谷而显示出北国风光的壮观气派。林口县莲花镇的百里雾凇谷银枝玉叶、洁白晶莹，彰显着大自然的神奇魅力。"中国雪乡"双峰林场是一个天然的雪塑大世界，随物赋形的雪景，千姿百态。徜徉其中，犹如置身于童话世界。在这里可以尽情地领略赏雪、品雪的无穷韵味。同时也为冰雪摄影提供了好去处。牡丹峰、横道河子等处的十几座滑雪场，以雪量大、雪质好、设备齐全吸引着滑雪者。每年举办的雪城旅游文化节内涵丰富深厚，内容绚丽多彩。国家旅游局将牡丹江定位为中国主要冰雪旅游城市之后，牡丹江又将本地冰雪特色整合为"雪城雪堡""雪乡雪村""冰瀑跳水""小镇温泉""林口雾凇""高山滑雪""冬日虎威""林海雪原"等产品，既为北国的雪域风情锦上添花、增添活力，也为游人带来新体验与新感受。

图6-9　镜泊湖冰瀑之一（杜宇摄）　　图6-10　镜泊湖冰瀑之二（杜宇摄）

第六章 冰雪文化产业的市场空间

位于黑龙江东北部的佳木斯、伊春,在冰雪活动中充分地展现了北方人的粗犷与豪放,在给人们带来冰雪快乐的同时,还创造了冰雕、泼雪、打雪仗等方面的世界第一。

图 6-11　镜泊湖大峡谷冬景(杜宇摄)

早在 20 世纪 60 年代,佳木斯就曾到哈尔滨取经,办起了冰灯游园会。改革开放后,有些照相馆也在门前做冰雕、树挂,招揽顾客。1995 年,市政府有关部门建造了松花江冰雪游乐世界,开展冰雪体育与冰雪娱乐活动。为尽情展示三江儿女的豪放情怀,在举办滑雪节、冰雪冬令营、冰雪趣味运动会的同时,2003 年年底,市旅游局和团市委在松花江冰雪大世界开展泼雪活动。2006 年,组织了盛大的上万名市民与游客参与的泼雪活动,使人们尽享了雪之乐趣,并获得了上海大世界基尼斯总部授予的泼雪活动之最牌匾。

伊春的冰雪活动是既活跃又高端(图 6-12)。森林冰雪游、冰灯冰雕展一直红红火火。2000 年 1 月,在伊春水上公园建造的大型冰雕主塑"鸭嘴龙",用冰 1000 立方米,高 16.5 米,长 10 米,宽 6 米,打破了之前 14.83 米的世界最高冰雕纪录。主雕塑周围有 18 只小恐龙,惟妙惟肖,更加烘托出主冰雕"鸭嘴龙"的宏大气派。2016 年 12 月,伊春市政府与中国林业产业联合会、黑龙江省社会科学院主办的"2016 中国·伊春冰雪旅游产业国际峰会——暨冰天雪地也是金山银山主题研讨会",会集了来自瑞士、法国、芬兰、挪威、日本、韩国及国内旅游机构、大专院校的 300 多名代表,以"冰雪·森林·山地"为主题,就"冰天雪地也是金山银山""全域旅游与社区发展""信息社会跨界融合"三大主题进行研讨,意在汲取多方智慧,提升伊春冰雪旅游的影响力。

五大连池是中国著名的火山旅游胜地。市政府充分利用这一独有资源,于 1990 年聘请哈尔滨市冰雕师,在西焦得布山地下 8 米深、150 米

图 6-12　伊春之冬冰雪夜景（付炳力摄）

长、20 米宽、5 米高的水洞里造了宝塔、凉亭、仕女、弥勒佛等冰灯。之后又举办了世界地质公园火山冰雪节，"观赏新奇火山奇观，体验远古火山雪原情趣"的主旨与火山冰雪观光、冬季原始森林观光、青少年冬季火山探险冬令营、石龙河雾凇观赏等活动，吸引着一批又一批寻奇探险的游人。2017 年、2018 年先后举办的"五大连池冰雪欢乐季"与"全域旅游冰雪季·极限穿越山口湖""2018 五大连池全民乐享冰雪汽车拉力赛"，又增加了与冰雪激情互动的项目。浩瀚的火山美景、神奇的养生温泉与冰雪运动相结合，使人感受到独有的冰雪体验。

新兴工业城市大庆，是中国最大的石油城，在冰雪活动中也体现出鲜明的与众不同的大庆特色与气魄。早在 1980 年，大庆就在"铁人展览馆"举办了本地有史以来第一个冰灯游园会。1982 年，市委、市政府又拨款 100 万元经费，在新建成的儿童公园举办大型冰灯游园会，制作了冰长城、九龙壁、水帘洞等大型冰雕。

2000 年，"大庆之冬"艺术节开始举办，初名为首届冰雪节暨科技展。在冰雕乐园中心景区"石油之光"中，高耸入云的钻塔和波涛涌动般的滚滚石油交相辉映，显示出石油之城的气派。巨型铁人王进喜的冰雕塑像，栩栩如生，再现了石油工人叱咤风云、打井夺油的动人风采。巨型冰雕门、二龙戏珠、世纪之光、世纪之门和龙腾盛世等群雕也气势非凡。2003 年，第四届"大庆之冬"游园灯会，同时也是黑龙江省第六届国际滑雪节冰灯展的一个展区。这届"大庆之冬"以宣传大庆精神、铁人精神为宗旨。大型冰雪雕塑《油田风光》《神舟五号》《抽油机组》《冰雪城堡》等,不仅规模盛大,特色鲜明,而且声、光、电齐聚,使大庆人昂扬向上的精神特质更加突出。

黑河、大兴安岭位于祖国的边陲,在冰雪文化活动中体现的是中俄文化交融的边塞风情。如黑河市2002年打造的黑龙江畔冰雪文化街,就既有天安门城楼、西湖凉亭、冰凌玉塔、神话中的花果山,也有俄式教堂。大兴安岭2005年底举办了北极光冰雪节,在甘河生态植物园内建造的冰雪乐园中,既有高达19米的兴安雪花塔,也有61件具有俄罗斯风格的冰灯。

随着国家层面的关系升温,中俄边陲的冰雪体育文化交流也日益增多,相继举办了中俄趣味冰雪运动会,中俄冰上摩托车赛,中俄冬泳赛,中俄冰球、冰壶友谊赛等,黑河市2016年还在中俄界江大黑河岛江岸举办了首届中俄冰雕、雪雕大奖赛,来自中俄两国的27支参赛队伍精心制作了41组冰雕、雪雕作品,让中俄两岸的人民共同感受到"静静的黑河,神奇的冰雪"的美好境界。

呼兰县(现为哈尔滨市呼兰区)是黑龙江省最早举办冰灯展的县城。1987年1月,呼兰县在萧红故居举办了第一个冰灯游园会,展出了《骏马奔腾》《天鹅戏浪》《兰河魂》等冰雕。其后,嫩江县、逊克县、海伦市举办了冰雪旅游节、雾凇冰雪节、"冰天雪地"徒步行等冰雪活动。

早在1985年,漠河就有人制作冰景,举办新春冰灯雪景比赛。1987年,漠河政府专门派人到哈尔滨取经,并成立专门机构,指导县城各单位制作冰灯冰雕,在松苑公园展出了30组晶莹剔透的冰灯。2001年,漠河开始举办冰雪文化节。2004年,举办"中国大兴安岭·漠河国际冰雪汽车挑战赛",影响更为扩大。2009年,在漠河北极星冰雪广场又推出以"激情冰雪、欢乐漠河"为主题的"中国北极游、漠河冰雪之旅"系列活动,大力营造"自然、清新、活泼、惊奇、热烈、刺激的休闲游乐氛围,让游人尽情享受充满阳光气息和动感魅力的冰雪之旅"[①]。"夏有北极光,冬有北极雪"的品牌已经叫响省内外。

驻守在黑龙江的兵营,每到冬天也都在驻地进行冰雕雪塑。早在

[①] 宋氾波、徐春华:《夏有北极光,冬有北极雪——中国漠河第九届冰雪文化节开幕》,《黑龙江日报》2010年1月20日。

1980年春节前夕，冰雕艺术家张永滨、曲维葆和朱宪琪就应黑龙江边防部队之邀，登上黑龙江吴八老岛，和战士们一起冒着零下40摄氏度的严寒到江中取冰，制作了两座威风凛凛的边防巡逻兵冰雕和五星、火炬等冰灯。1999年，被称为"东方第一哨"的边防某团，也是"彩灯闪闪，冰雕作品晶莹剔透"，表现人民军队忠于党的冰长城，象征着中国共产党与军队发展历程的雪雕《雄关》《天安门》《开国大典》，反映改革开放的《邓小平视察南方谈话》《南浦大桥》等一尊尊巨型冰雕，展示着驻守边陲的人民军队忠于祖国的爱国主义豪情。

著名的"黑河好八连"也对冰雪文化无比钟情。在千里冰封、白雪皑皑之中，官兵们精心制作了《和平鸽》《万里长城》《天安门》等雪雕作品。热爱冰雪的"好八连"战士还别出心裁，采集江中冰块，在江面上筑起了造型独特、晶莹透明的哨位和国旗台，并在大门冰柱、冰墙等处写上"祖国在我心中""身披冰铠甲，笑傲风雪寒""戍边官兵雄心抒壮志，踏冰卧雪精忠报国谱新篇"等，用冰雪作品表达了边防官兵"不畏艰苦、爱国奉献、严守国门、一尘不染"的革命情怀。

第二节 誉满全国的冰灯、雪雕展览

精美的冰灯不仅在黑龙江省的大街小巷闪耀着璀璨的光芒，而且遍布全国很多城市（图6-13、图6-14）。

图6-13 银川冰景之一（江虹摄）

1981年，在各地要求举办的东北三省园林学习班上，哈尔滨冰灯艺术家向来自6个城市的30多人介绍了冰灯设计、制作经验。1984年，辽宁、内蒙古、新疆等地派人到哈尔滨兆麟公园现场学习冰灯制作工艺。之后，不少城市陆续搞起了冰灯展览。

第六章　冰雪文化产业的市场空间

哈尔滨最早是1985年在延吉市为矿区制作了《珍珠少女》《朝鲜舞蹈》和《老寿星》等冰雕作品。但最为隆重和展出次数最多的是北京地区。1987年，应延庆县政府邀请，哈尔滨市冰灯游园会办公室派出38人的队伍，历经18天，在龙庆峡设置了"龙庆腾飞""梅园赏雪""玉舟观灯""玲珑宝塔""水晶艺苑""龙庆飞瀑"6个展区，制作出上千件冰雕作品。1988年1月，哈尔滨市冰灯游园会办公室又在北京北海的小西天，制作了《龙凤呈祥》《玉海龙宫》《大观园》等富有古城特色的冰灯。这是首次在曾经的皇帝御花园内展出哈尔滨冰灯，轰动京城。广大北京市民更以一睹冰灯这一天下奇景为快事。有人在《人民日报·海外版》发表文章说："在这里，仿佛进入了童话世界。这里有明月般的皎洁、珍珠般的璀璨，在这里，我忘记了污秽、忘记了尘埃，这剔透的晶莹沁人肺腑。"①

图6-14　银川冰景之二（江虹摄）

1989年之后，北京又在门头沟、奥林匹克体育中心、中山公园、圆明园、首都体育馆等地展出了哈尔滨冰灯、冰雕作品，其中有富有传统特色的九龙壁、孔雀开屏、古代仕女、拱门、长廊、如来佛、唐僧取经、四大金刚、天坛，也有富有现代特征的奥运圣塔、奥运五环、滑雪运动员、冰球运动员等。2015年，为助力2022年冬奥会，又在北京工人体育场举办了"冰城灯都迎冬奥"冰灯会。历年冬奥会吉祥物被制作成冰雕，"Beijing冬2022"赫然刻在冰雕景观上。迄今为止，哈尔滨冰灯仅在北京就展出16次，北京是展出冰灯最多的地区。

天津也对哈尔滨冰灯充满浓厚的兴趣。1989年1月至1998年1月，在人民公园、宁园、水上公园先后举办了"哈尔滨冰灯、冰雕艺术展览""'96天津之夏哈尔滨冰灯艺术精品展""北国冰灯、冰雕露天艺术

---

① 王景富：《哈尔滨冰灯艺术大观》，哈尔滨出版社1999年版，第190页。

展""春节首届庙会冰瀑布展"4次哈尔滨冰灯展。其中"'96天津之夏哈尔滨冰灯艺术精品展"是在室内展出的，外边是花红柳绿的炎炎盛夏，室内是银装素裹的寒冬，形成极大的反差。津门人经由门外搭建的降温过渡门，穿上防寒服，走进冰宫，去欣赏北国独特的冰雪艺术珍品。

海纳百川的上海与文化底蕴深厚的江浙地区也深深被北国的冰灯艺术所吸引。1991年，上海南市区政府和哈尔滨市政府在沪南体育场共同举办了"'91上海——哈尔滨冰灯艺术节"。平时很少见到冰与雪的上海人在春节前夕的黄浦江畔，尽情地领略了哈尔滨冰灯的美妙与神奇。那用冰做的《三羊开泰》《九龙壁》《上海古城墙》《丹凤楼》《观音阁》《真武庙》《大境阁》《天仙女》《老寿星》等，就连见多识广的上海人也视之为珍奇而痴迷，男女老少争相前往，一睹为快。《解放日报》《文汇报》《新民晚报》《劳动报》《上海文化艺术报》(现为《上海文化报》)、《建筑时报》《上海科技报》和上海电视台、电台等各大传媒纷纷用"冰雪乾坤、琉璃世界""天上广寒宫人间冰建筑"等最醒目的标题和最美好的语言连续进行了报道。

1992年和1995年，冰城人又先后在上海的复兴公园和人民公园举办了两次哈尔滨冰灯展。亚布力滑雪场的风车山庄、上海的东方明珠广播电视塔、南浦大桥、北京的天坛、法国的凯旋门等古今中外的文化精粹都尽收于冰雕景观中。

江浙地区不满足到相邻的上海观看冰灯，也纷纷举办哈尔滨冰灯冰雕展。南京市在1991年1月至1996年1月举办了"北国冰雕冰灯展"与"哈尔滨冰灯冰雕展"后，无锡市、苏州市也先后举办了"'98无锡哈尔滨冰灯精品展""冰雪摄影棚展"和"哈尔滨冰灯展"。浙江省杭州市曾在花港公园、延安南路展出哈尔滨冰灯。温州市曾在1994年、1999年分别举办了名为"鹿城哈尔滨冰灯精品展"与"哈尔滨冰雪大世界"的冰灯展。

位于祖国南部，长期处于炎热之中的广东、云南、福建更是对遥远北国的冰灯艺术充满向往。广州在1989年2月至1997年6月，于中国进出口商品交易会广场、人民公园、文化公园，先后举办了"哈尔滨冰灯展""羊城冰灯博览会""'96广州首届北国冰灯艺术展""哈尔滨冰灯艺术精品展"。深圳市分别在汇集民族文化精华的锦绣中华民俗村和富有现代艺术特征的深圳大剧院举办了"锦绣中华冰灯艺术展"和"哈尔滨冰灯艺术展"。同时，珠海市、佛山市、汕头市也先后举办了名为"哈尔滨室内冰雕展""佛山市哈尔滨冰雕展""哈尔滨冰雕展"的哈尔滨冰灯艺术展。四季常青的云南昆明在冷冻场、圆通山动物园举办了"昆交会冰雕艺术冰灯艺术展""'96之春哈尔滨国际冰灯冰雕艺术展"。福州在西湖公园、左海公园先后举办了"哈尔滨冰灯艺术展""哈尔滨冰灯精品展"。厦门在白鹭洲公园、水产冷冻厂等地举办了"黑龙江室内冰雕艺术展""厦门市迎春冰灯游乐场""'96厦门哈尔滨冰雕艺术展"。

全国举办过哈尔滨冰灯冰雕展的地区还有很多。比较著名的有河北省张家口市、承德市举办的"哈尔滨冰灯展"，山西省太原市举办的"太原首届冰雕艺术展""'97太原——哈尔滨冰灯精品展"，江西省九江市、南昌市1996年举办的"'96中国旅游暨庐山中国哈尔滨冰灯艺术展""'96哈尔滨冰灯艺术展"，山东省淄博市、济南市举办的"哈尔滨冰灯展"，河南省郑州市、洛阳市举办的"'96郑州之夏哈尔滨冰灯艺术展""哈尔滨冰灯艺术精品展"，2017年开封举办的"哈尔滨印象"大型冰雕冰灯展。早在1988年，甘肃省兰州市就在石门度假村举办了兰州冰灯节。同年，在新疆的乌鲁木齐也举办了冰灯会。还有湖北省武汉市、宜昌市举办的"'90冰雕冰灯艺术博览会""哈尔滨大型冰雕艺术精品展""湖北第三届三峡艺术节哈尔滨冰灯艺术展"，湖南省长河市、衡阳市举办的"哈尔滨冰灯艺术精品展"，广西壮族自治区南宁市、柳州市举办的"'95南宁哈尔滨冰雕艺术展""哈尔滨冰灯展"，四川省成都市举办的"四川冰灯艺术灯展""成都冰灯冰雕艺术展""'95蓉城之冬哈尔滨冰灯艺术精品展"，重庆市举办的"'93山城之夏哈尔滨冰灯艺术展""哈尔滨冰雪冰灯会""'96山城之秋哈尔滨冰灯艺术展"，陕西省西安市举办的"哈尔滨冰灯展"，等等。

哈尔滨冰灯在香港与台湾地区展出时也游人众多。1990年1月至1992年11月，在香港九龙半岛红磡体育场、香港展览中心、葵涌运动场先后举办了"飘雪嘉年华"、"中国冰雕艺术展览会"、"欢乐冰雕城"3场冰灯展。1990年2月举办的中国冰雕艺术展览会展览，被称为"'90第一春的盛事"。2014年10月，由欧洲之星文娱发展（香港）公司、娱乐联盟公司主办，哈尔滨市旅游局、哈尔滨文化旅游集团协办的首届香港哈尔滨冰雪节在香港元朗大棠有机生态园开幕，香港市民在观赏神奇冰灯和体验冰雪娱乐中进一步了解了充满激情、活力和浪漫的哈尔滨。1994年和1998年，台湾地区台北市在基河中心先后举办了正宗哈尔滨冰灯大展与哈尔滨冰灯展,民众对哈尔滨冰灯表现出超乎寻常的热情。在举办正宗哈尔滨冰灯大展时,由于观看者众多,交通拥挤,只好出动直升机进行疏导。2015年,台中市举办的哈尔滨冰雕冰灯展也同样受到热烈欢迎。

至2018年,全国的绝大多数城市都展出过哈尔滨冰灯,有的是在室外,有的是在室内;内容有的表现民族文化精华,有的表现国外著名建筑与风情,有的表现现代生活,有的表现当地的自然、历史与人文特色,均受到欢迎。很多城市还在哈尔滨冰灯冰雕艺术展的基础上,挖掘本地资源举办了冰雪节。在全国获得如此广泛的普及与青睐充分地显示出哈尔滨冰灯的巨大影响力,说它以独有的魅力誉满中华大地也一点不为过。

第三节 名扬世界的冰雪文化足迹

以冰灯、雪雕为代表的冰雪艺术和多姿多彩的冰雪节活动是哈尔滨人民智慧的创造。冰城的冰雕雪塑不但在全国赫赫有名,而且蜚声世界。

一、哈尔滨冰雕艺术家在国外参加比赛连连获奖

早在20世纪60年代,哈尔滨的冰雕艺术家就在兆麟公园制作了精美的冰灯。改革开放之后,思想解放的大潮使他们的才能进一步得到发挥,先后多次走出国门,参加国际性的冰雕雪雕比赛,并多次获得金奖、银奖,无论是设计,还是制作都一直代表着中国乃至世界冰雕、雪雕艺术的最高水平。

哈尔滨冰城艺术家最早出国参加冰雕比赛是在1980年。王丽生、铁恩厚、杨世昌赴加拿大魁北克参加第九届国际冰雕比赛。中国队虽然是首次出战,但成绩不俗,在激烈的竞争中获得第二名。1982年,杨世昌、曲维宝、黄兆源、王丽生赴日本札幌参加第九届国际雪像比赛,作品《飞天》获B组冠军,富有中华民族特色的雪雕艺术使国际冰雪艺术家与游人耳目一新。1983年,王丽生、杨世昌、曲维宝、黄兆源赴日本参加了第十届国际雪像比赛,他们创作的雪雕作品《牧歌》获亚军。1984年,由杨世昌、曲维宝二人组成的代表团又赴日本参加第十一届国际雪像比赛,他们

创作的群雕《屈原》获 A 组第三名（敢斗奖）。

1985 年，哈尔滨有两个冰雪艺术代表团同时出征。由哈尔滨市文联副主席、哈尔滨画院院长杨世昌带队，成员为王松引、王在坤的代表团赴加拿大魁北克参加第十四届国际雪塑比赛，他们带去的反映中国家庭生活的雪雕作品《爱·希望之光》获一等奖。由哈尔滨市园林局副局长庞志敏带队，成员有朱宪琪、栾修平、李向平的代表团赴日本参加第三十六届札幌冰雪节，带去了深蕴民族特色的《富贵有余》也受到称赞。1986 年，由杨世昌、唐洪民、王松引、铁恩厚 4 人组成的中国代表团应邀参加在瑞士格林地尔瓦德举办的第四届世界冰雪节国际雪雕比赛，他们的《白雪少女》获一等奖。在加拿大举办的第十四届魁北克国际雪雕比赛中，他们的《祝愿》获大众奖。这届魁北克国际雪雕比赛成立了国际雪雕协会，杨世昌被选为副主席。

1987 年，哈尔滨市园林处雕塑家吴乃光、柳春祥在日本札幌市举办的第十五届国际冰雕比赛中，采用木雕手法制作的《松鹤延年》和《乐在其中》获"努力奖"。

随着冰雪雕塑水平的提高，中国冰雕代表团在国际性比赛中屡屡获得"双奖"。1988 年，杨世昌、王松引创作的《天女散花》在日本旭川举办的第一届国际冰雕比赛中荣获"北海道新闻奖"特别奖和"吉房铁工奖"，参加这次比赛的有 11 个国家和地区的代表队，我国是此次比赛唯一获"双奖"的国家。1990 年，在日本札幌市举行的第十七届国际雪像比赛中，由韩韧为领队，王松引、栾修平、艾辉为队员的中国哈尔滨雪雕队也获得了"双奖"，他们创作的《戏佛》在获 A 组第一名敢斗奖的同时，又荣获了首次设立的"审查员特别奖"（艺术创作奖）。1991 年，在芬兰萨翁林纳市举办的第五届国际雪雕锦标赛中，哈尔滨雪雕队孙海伟、吕宾、徐歌今创作的《熊猫游戏》获第三名，同时获得观众评选的"最佳奖"，中国队又一次成为在比赛中唯一获得"双奖"的代表队。

进入 21 世纪，中国冰雪雕塑代表队向在美洲举办的国际冰雕大赛进军，并且同样取得了佳绩。2004 年，在美国阿拉斯加举办的第十六届国际冰雕比赛中，由安起峰等人组成的中国队所创作的《龙舟》获本次比赛唯一的金奖。2007 年，在美国阿拉斯加举办的第十九届国际冰雕赛中，中国代表队的《嫦娥奔月》细腻精致、晶莹剔透，具有"嫦娥彩带当空舞"的神韵，从来自全世界 10 多个国家 23 个代表队的精美作品中脱颖而出,获得本次大赛的金奖。同时该队还获得了州长奖、艺术家奖两项大奖。中国冰雪艺术家在北美地区又一次取得了最高荣誉,充分地显示出中国冰雪雕塑艺术家的实力和水准。近年来,大学兴起冰雪热后,很多青年学子锐气十足,出手不凡,又有《绿色记忆》、《曲线构成》(图6-15)、《生命·爱情·战争》、《圣诞快乐》等在世界著名冰雕雪雕比赛中获得冠军。

图6-15 《曲线构成》获第二十五届意大利国际雪雕比赛金奖(汪伟亮提供)

二、哈尔滨冰灯以独有的巨大魅力多次出国展览

哈尔滨冰灯不但以独有的魅力遍布神州大地,而且还跨出国门,应邀在世界各地进行展览(图6-16、图6-17、图6-18、图6-19、图6-20)。

哈尔滨冰灯第一次走出国门是1988年2月,在哈尔滨友好城市加拿大埃德蒙顿市举办了哈尔滨冰灯展览。这次冰灯展览由哈尔滨市旅游局国际冰雪旅游开发中心陈宏伟、黄兆源负责设计。在该城西部1500平方米的展棚里,他们精心设计了《二龙戏珠》冰雕、《九龙壁》冰屏。由中国古典名著《红楼梦》《西厢记》人物冰雕组成的梅花园、熊猫园、仙鹤园等吸引了无数的游人。在该市参加第三届国际北方城市会议的11国24个城市的市长观看了冰雕展,他们高度赞誉这是"举世无双的冰雕艺术精品"。

哈尔滨冰灯的巨大魅力也给酷爱艺术的苏联人民以巨大的吸引。1988年12月,哈尔滨市轻工对外贸易公司应哈巴罗夫斯克市之邀举办了"冰晶园"冰灯会。1989年之后,哈尔滨冰灯艺术家又先后在乌苏里斯克、克拉斯诺亚尔斯克、新西伯利亚、布拉戈维申斯克、伊尔库茨克等地举办冰雕展览。哈尔滨的冰雕艺术家以精湛的技艺设计了《动物世界》《狮子戏球》《白雪公主》《敦煌飞天》《寿星仙鹤与松树》《嫦娥奔月》《八仙过海》,体现欧洲风情的《渔夫和金鱼的故事》《灰姑娘坐马车》《圣诞老人》,还有以克里姆林宫为原型的冰建筑和作为城市标志的乌苏里斯克虎。这些神奇美妙、如梦如幻的冰景，如"仙山琼阁自天而降"。前来观看的苏联市民连称"太神奇了！""太不可思议了！"苏方冰雪雕塑指挥部为表达对中国冰雕艺术家的感激之情，向他们颁发了带有苏联国徽和列宁头像、由市长签名的苏维埃社会主义共和国联盟乌苏里斯克冰雪雕塑艺术奖。

图6-16 黑龙江冰雕在世界各地展出相关报道（柏伟提供）

1990年底至1991年初，冰城人首次将冰灯艺术送到热带，在泰国首都曼谷的室内展出了冰亭、冰桥、冰宝塔和冰动物，当地人把参观哈尔滨冰雕看成"千载难逢的机会"，说这是中国人民送给泰国人民珍贵的节日礼物。在泰中建交35周年之际，泰国的合艾市又从冰城请去19名冰雕工艺师，为他们打造清新精美的冰雪童话世界。

新加坡，印度尼西亚的雅加达、苏腊巴亚，越南的胡志明市、河内市，马来西亚的吉隆坡，巴基斯坦的卡拉奇，澳大利亚的悉尼、墨尔本、黄金海岸，南非的约翰内斯堡、德班等，也都先后展出过哈尔滨冰灯。

美国是展出哈尔滨冰灯时间长、次数多的国家。1989年，应美国沃兰市的邀请，黑龙江省冰雕艺术家代表团一行3人，赶赴位于美国西部怀俄明州的这个大洋彼岸的小城制作了中西文化交融的冰雪美景，其中既有具有中华文化特色的《二龙戏珠》《孔雀开屏》《鲤鱼纵跃》《仙女飞天》，也有按照圣经故事塑造的《亚当与夏娃》，根据沃兰市市徽雕刻的《牛仔驯马》等冰雕作品。市长亲自向冰雕代表团成员授予沃兰市钥匙，冰灯展组委会向代表团成员颁发了"交流大使"证牌。冰灯节的举办在美国引起极大轰动，

图6-17 美国媒体对黑龙江冰雕展出的报道（柏伟提供）

图 6-18 黑龙江冰雕在美国展出之一（柏伟摄）

图 6-19 黑龙江冰雕在美国展出之二（柏伟摄）

邻州的人也乘汽车或坐飞机纷至沓来。美国《时代周刊》《北怀俄明每日新闻》《地理》等媒体也都专程赶来采访，使中国的冰灯艺术在美国广泛传播。随后，美国的密尔沃基和纽约、洛杉矶也都举办了冰灯展览。黑龙江省文化艺术发展中心从2004年10月开始，连续多年在美国的纳什维尔、奥兰多、达拉斯举办冰雕展览。2016年，美国得克萨斯州邀请中国冰雕工艺师在加尔维斯顿岛穆迪花园打造了主题为"冰雪世界：加勒比海圣诞节"的冰雕展，游人观看了用冰制作的海洋生物、船只、潜水艇、滑梯、酒吧等，都感觉太神奇了。

在过去的30余年中，哈尔滨冰灯已经在美国、俄罗斯、日本、印度尼西亚、南非、新加坡、泰国、韩国、越南、阿联酋等30余个国家和地区的50多个城市展出，足迹遍布亚洲、欧洲、非洲、大洋洲、美洲，所到之处均受到热烈欢迎。到目前为止，已有数千万世界各国的人民在家门口欣赏到美妙的哈尔滨冰灯。

图 6-20 美国观众在观看冰雕（柏伟摄）

三、将冰雪文化传向世界的冰雪文艺

哈尔滨的冰情雪韵也强烈地吸引着新闻与影视界，他们通过现代传媒，将哈尔滨美好的冰雪盛景传向世界各地。早在1964年年初，中央新闻纪录电影制片厂就拍摄了第一部反映哈尔滨冰灯的黑白新闻纪录片《冰灯》。改革开放后，哈尔滨电视台、黑龙江电视台又先后拍摄了纪录片《在冰雪路上》《冰雪运动的春天》《冰上的梦》《冰雪情》《冰雪圆舞曲》《冰雪告诉你》《中国冰城——哈尔滨》《冰雪罗曼斯》《冬之天鹅》，影视片《冰美神在融化》《冰球世家》《冰上小虎队》等。

中央和各地的很多媒体紧随其后，都纷纷来哈尔滨拍摄冰雪美景。1979年，中央电视台在哈尔滨拍摄了《逛新城》。1980年，中国新闻社来到冰城，拍摄了以哈尔滨冰灯为主要内容的《北国风光》，这是反映冰雪的第一部彩色新闻纪录片。1984年1月，天津电视台以第十届哈尔滨冰灯游园会为背景拍摄了音乐专题片《冰城之歌》。1988年，中央新闻纪录电影制片厂拍摄了风光纪录片《冰晶宫里的婚礼》。2000年，中央电视台又以哈尔滨冰雪为素材拍摄了《心随冬景一起走》，并将这一电视风光片在央视四套的《中国旅游》栏目播出。1983年，以拍摄故事片为主的长春电影制片厂也来到哈尔滨，在黑龙江省旅游局与黑龙江电视台的积极协助下，拍摄了《中国冰城——哈尔滨》这一精美的旅游风光片。该片完成后接连收获殊荣，先是1984年在全国众多专家参加的旅游电影座谈会上获得一致好评，被评为最佳旅游影片第一名；同年6月，在法国塔布隆重召开的第十七届国际旅游电影节上，又荣幸地获得特别奖，然后被译成英、法、德、日、西班牙等语言，由国家旅游局的海外派驻机构在国外放映。2017年2月，国家旅游局《旅游中华》摄制组来到哈尔滨采用无人机航拍的方式，以哈尔滨冰雪大世界的发展历程为主要内容，拍摄了一部全方位反映冰雪文化的纪录片，在CCTV-9纪录频道向全球播放。2018年，电视纪录片《当一天中国人》在哈尔滨冰雪节期间以"体验中国——银装素裹哈尔滨"为题，进行了为期3天的拍摄。这部纪录片通过非洲网红Maya的亲身体验，讲述了他首次观看冰雕、雪雕、冬泳时的感受，并在优酷、爱奇异、芒果TV、哔哩哔哩等视频网站播放。

国外的电视台也在美丽的冬季远道而来。例如，2011年1月9日，德国电视一台的《全球观察》栏目播出了专程来哈尔滨拍摄的反映张得祥

一家人生活的纪录片《冰雪一家人》，时长为 6 分钟，播出范围覆盖全欧洲。2018 年，韩国 KBS 电视台摄制组为平昌冬奥会制作专题片，也特意到哈尔滨拍摄冰雪景观。他们拍摄了哈尔滨冰雪大世界、太阳岛雪博会的冰雕雪塑与冬泳等冰雪运动，采访了冬奥会冠军，然后在平昌冬奥会举办前夕进行播放。

现代传媒以其独有的科技优势将龙江酷省的美好盛景不受时空限制地传向世界各地的每一个角落。

第七章　冰雪文化产业的价值和作用

每到冬季来临，雪花飘飞之际，国内外的游人如潮水奔涌般来到龙江酷省，观冰灯，看雪雕，赏雾凇，游雪乡，品味美好的冰雪景观；滑冰，滑雪，打滑梯，抽冰尜，观看冬泳、雪地足球赛、冰雪汽车拉力赛则给他们以新鲜的体验。在冰雪中人们寻回了童心，体验到了挑战自我的快乐。

冰雪使黑龙江声名远扬，吸引了大量的国内外游人，来此参会、参展、参赛的人员也大量增加，带动了交通、餐饮、住宿等的发展，促进了经济的繁荣。在冰雪节中应运而生的冰雪洽谈会更是产生了直接的经济效益，至2018年总成交额共计有千余亿元之多。

冰雪文化产业的巨大发展给龙江酷省带来众多喜悦，不但多次在全国性的与旅游相关的评比中榜上有名。而且带动着很多省、市、自治区先后举办了冰雪节，搭建了冰城酷省通往世界的桥梁。每到冬季，哈尔滨都以冰雪作为请柬，邀请世界各国的大使和国际组织代表前往。人们在这里观赏冰雪美景，洽谈业务，参加比赛，畅谈友谊，共谋发展，在美好、愉悦的氛围中收获了多种成果。

第一节　美好的欣赏，新鲜的体验

"有人说，雪花飞舞的地方，必会是一个圣洁美丽的童话世界，作为中国纬度最高的省份，优越的自然条件使黑龙江成为中国冰雪资源最富集的地方，冬季的黑龙江，林海雪原辽阔豪放，冰河树挂壮美雄奇，冰雕雪塑鬼斧神工，冰雪美景如诗如梦……在1963年哈尔滨举办了第一届冰灯艺术游园会后的50余年里，黑龙江陆续开发了冰灯、雪雕、滑雪、冬猎、冬泳、雪地温泉、雪地观光、冰雪汽车拉力赛、冰雪民俗系列等冰雪旅游产品。"① 每年都吸引海内外无数的游客前来观冰赏雪，体验冰雪的乐趣。

在龙江酷省的大地上，所有的冰雪美景都是那样奇幻迷人，但最为吸引人的还是冰灯与雪雕。在名扬中外、常变常新的哈尔滨冰灯游园会、太阳岛雪雕艺术博览会、哈尔滨冰雪大世界和牡丹江雪堡等美好的冰雕雪塑世界里，可以看到恢宏壮观的大型冰雪建筑，也可以看到精雕细刻的古今中外人物、花卉和动物；可以看到用冰雪铸成的长城、天坛，也可以看到用冰雪铸成的俄罗斯红场、泰国泰姬陵，以及法国、意大利、芬兰等国家的名胜。在这里，可以从冰雪雕塑的《马可·波罗》、《初到东方》（图7-1）、《著书交流》（图7-2）中追溯中外文化交流的历史，也可以在冰雪的世界中感受现代社会前行的步履，如女排夺冠、亚冬会、北京奥运会、2022冬奥会申办成功等。在冰雪的世界中，古今中外的人类重大文明成果都得到了精彩的展现。在这里，游人既可以游览具有主题的冰灯、雪雕景观，也可以欣赏会集各路冰雪艺术精英的全省、全国及国际冰雕、雪雕比赛；既可以看到国际冰雪工艺大师的顶级冰雪雕塑艺术作品，也可以看到大学生、中小学生以冰雪为载体对他们美好理想的展现。

以冰雪为素材的冰雪文艺也使人产生新奇、美好的观感。在冬天欣赏冰上杂技，可以使人感受到室内外冰雪交融的自然美；在夏天欣赏冰上杂技，室外烈日炎炎，室内由于演出是在冰制的舞台上进行，惬意的清凉又给人一种超然物外之感。

图7-1 《初到东方》雪雕（江虹摄）

图7-2 《著书交流》雪雕（江虹摄）

---

① 编者：《迎大冬盛会 游龙江美景》，《生活报》2009年2月20日。

影响力巨大的冰雪山水画，更是以开宗立派的宏大气势给人一种全新的视觉震撼。以北方浩大的冰雪世界为基础，以独创的"雪皴法""泼白法""重叠法""滴白法"表现冰雪覆盖的山林、雪岭，所创造的"白的体系"和"冷逸之美"让人品味到其独有的清新自然，更让人感受到冰雪山水画家对于中国传统山水画画法的突破。

就连千百年来司空见惯的因玻璃上冷热不均衡而产生的"窗花"，经独具慧眼的冰雪艺术家的发现创造，也成为一种新的现代冰雪艺术形式。为把"冬日晨曦世界中就要结束的窗花留住，让世人欣赏这奇妙的世界"①，有创造精神的艺术家以专业设备、独创技艺，综合"视觉艺术的表现理念，研创出制作冰花唯美效果的技巧和发明了获得国家专利的彩色光绘技法"②，赋予千姿百态的窗花以独有的美感和灵魂。与此同时，还有冰版画、冰雪动漫、冰雪歌曲、冰雪舞蹈、冰雪摄影等冰雪艺术形式都给人以独有的美好享受。

而在千里冰封、万里雪飘的大兴安岭，伊春林都，雪乡双峰林场，穿林海，跨雪原，更是使人感受到前所未有的心旷神怡和气冲霄汉的豪迈。每年的冬季，都有无数的国内外游人涌向黑龙江，因为冰雪旅游给人以与众不同的新鲜感。

一、冰雪旅游中的新鲜体验

所有的冰雪美景，无论是自然景观，还是艺术家创作的艺术作品，都是以冰雪为基础的。冰雪旅游，首先是一种与冰雪的亲密接触，有一种回归大自然的清新感觉，对于没有见过雪或久居室内的人，是一种难得的新鲜体验，具有独特的吸引力。

在严寒的冬日，万物肃杀，唯有洁白的冰雪与我们同在。踏着皑皑白雪，在哈尔滨冰灯游园会、太阳岛雪雕艺术博览会和冰雪大世界（图7-3）欣赏用冰雪制成的美妙冰灯与雪雕，参与冰雪娱乐活动，观看激烈的冰雪竞技和浪漫的冰雪集体婚礼，再买上一串冰糖葫芦，吃上几个冻梨、冻柿子、冻豆包，感受一下北方人越冷越吃冻的风情，实在是一种难

---

① 睿闯：《冰窗花：冰梦绘光影》，《哈尔滨日报》2011年1月7日。
② 睿闯：《冰窗花：冰梦绘光影》，《哈尔滨日报》2011年1月7日。

图7-3 哈尔滨冰雪大世界景观（杜宇摄）

得的人生体验。"读罢了秦汉明月，唱尽了唐宋风采，奔流铁马铸就长城屹立，浩荡旌旗激发了大河澎湃，冰雪中开辟了一条大路"，吸引着游人熙来攘往。

连续几年，全国冬季旅游最热的地方是黑龙江省与海南三亚这一北一南两个"反差"最大的地区。到三亚旅游是传统的在寒冷中找"暖"，到龙江酷省旅游则是寻"酷"的现代人在寒冷中找"最冷"。有几个冬天，黑龙江省的旅行社曾因为气温下降而担心客源，但实际恰恰相反，越冷越有人前来，就连2009年冬天，其他地区的旅游因为金融危机遇冷，冰城酷省却因为天冷而一枝独秀，来黑龙江旅游的人数远远超过往年，最北、最冷的漠河尤其明显。"找冷、找北、找奇"已经成为现代都市人，尤其是没有见过冰雪者追求新鲜体验的一种时尚。

二、在参与中寻回童心

目前，时尚的旅游方式已从观光旅游转向参与旅游，冰雪旅游中的冰雪娱乐恰恰提供了最佳的形式，在天然的冰雪世界中参与冰雪娱乐活动，成为市民与游人的一种美好体验（图7-4）。

在黑龙江全省各地冰雪景区都有参与性的冰雪娱乐设施与冰雪娱乐项目。哈尔滨冰灯游园会在刚诞生时就有供儿童玩的冰滑梯，之后又引进了冰上卡丁车等冰雪娱乐设施。第十九届太阳岛雪博会的冰雪嘉年华设

置了脚滑子比赛和极具趣味性的雪地探秘等。哈尔滨冰雪大世界从第一届开始，就从冰雪狂欢的角度出发，引入了很多冰雪互动项目。江上冰雪游乐中心、松花江冰雪欢乐谷、维也纳音乐广场万米公益大冰场、北大荒现代农业园冰雪嘉年华、伏尔加冰雪乐园、呼兰河口冰雪乐

图7-4　游客在哈尔滨冰雪大世界打滑梯（江虹摄）

园等，都是专门以冰雪娱乐为主的景区。各大滑雪场也在打造高、中、低级雪道的同时，设立了各具特色的冰雪游乐设施。有关部门还经常举办各种各样的冰雪娱乐比赛，太阳岛的冰雪嘉年华，《新晚报》等单位举办的"雪地英雄"雪乡穿越活动，黑龙江省体育局、黑龙江电视台都市频道联合主办的"冰雪乐翻天"等都是广泛吸引市民参与的冰雪娱乐活动。

在白雪皑皑的冰天雪地中，来自国内外的人们尽情地追逐、嬉戏，尽情享受无拘无束、回归自然的乐趣，忘却尘世的喧嚣与烦恼，寻回童心。

三、挑战自我的乐趣

人类在长期的同自然环境斗争中创造了舒适的生活环境。久居安逸，人们又渴望挑战自我。每到冬季，都有无数的勇敢者热情投身于冬泳、滑雪、冰雪汽车拉力赛（图7-5）、冰上摩托车赛、雪地足球赛等极富挑战性的冰雪运动。

在寒风凛冽、零下20多摄氏度的低温中，冬泳健儿身着游泳衣踏上冰制的台阶，潇洒地跃入水中，蛙泳、蝶泳、自由泳，潇洒自由，尽情地展示超越自我、战胜自我的快乐。还有耐寒奇人在滴水成冰的严寒中往身上连浇几十桶冰水，尽显北方人的粗犷、豪放。中外游人观看后，无不感叹其勇于战胜冰雪严寒、勇于挑战自我的坚强与豪迈。

惊险刺激、风驰电掣的冰上摩托车大赛，更是尽显北方人勇猛之气概。在光滑如镜的冰面上，选手们开足马力，肆意驰骋，让所有观者都捏

图 7-5　冰雪汽车拉力赛比赛中（李沅龙提供）

一把汗，但他们追求的就是这种挑战极限的刺激。很多冰上摩托车发烧友也前来助阵，他们声嘶力竭地呐喊，使"冰上极速"更加疯狂地上演。

连续举办了几届的冰雪汽车拉力赛也吸引了越来越多的挑战者。美丽的松花江、黑龙江，白雪皑皑的兴凯湖冰面上，都留下了冰雪汽车拉力赛开拓者勇敢的足迹。

滑雪早已成为一种大众化的时尚冰雪运动。黑龙江目前拥有亚布力滑雪场、龙珠二龙山滑雪场、乌吉密滑雪场、帽儿山滑雪场等众多滑雪场，无论是技术高超的滑雪发烧友，还是初学滑雪的爱好者，甚至尚未成年的少年儿童，都可以选择到适合自身发挥的雪道上滑雪。滑雪时的"飞流直下"与飘逸潇洒，使他们尽享"茫茫雪野，我在巅峰"的自豪感。

美好的冰雪景观和新鲜的体验，以独有的魅力吸引着一批又一批的国内外游人。"生活在冰雪中的哈尔滨人，因冰雪而快乐，因冰雪而迸发出无限激情，哈尔滨的冰雪，因哈尔滨人的激情而热潮汹涌。"[1] "体验冰雪体育的刺激，品味冰雪娱乐的欢快，以冰天雪地为舞台的哈尔滨，处处涌动着冰情雪韵，涌动着人流、涌动着财富、涌动着希望。"[2]

---

[1] 胡占富：《冰天雪地演绎激情生活》，《哈尔滨日报》2011 年 1 月 11 日。
[2] 胡占富：《冰天雪地演绎激情生活》，《哈尔滨日报》2011 年 1 月 11 日。

第二节　城市的名片，拉动经济的引擎

寒冷、冰雪，曾被视为束缚北方人生存发展的障碍，但自从1963年，富于奇思妙想的哈尔滨人创造了冰灯，特别是1985年创办了冰雪节之后，这种情况就发生了根本性的改变，历经50余年的发展，哈尔滨人已将"冷"这个最大的劣势化为城市腾飞的翅膀。

图7-6　兆麟公园冰灯景观《源》（江虹摄）

昔日令人生畏的苦寒之地已被打造成闻名遐迩的冰雪旅游名城。每当冬季到来之时，美丽的冰城就变成了欢乐的海洋。兆麟公园冰灯游园会（图7-6、图7-7）、太阳岛雪雕艺术博览会、哈尔滨冰雪大世界和遍布城市街道的冰雕雪塑，纯洁晶莹、如梦如幻，整个城市都变成了冰雪的童话世界。各种冰雪游乐园中到处闪动着冰雪爱好者健康活跃的身影。滑冰、抽冰尜、坐冰爬犁、滑雪圈、打冰滑梯，还有冰上保龄球、冰上自行车、冰上摩托车、冰上卡丁车，等等，人们尽情地享受着冰雪运动的快乐。

黑龙江省的各大滑雪场为热爱滑雪的人们提供了广阔的驰骋天地。世界十大滑雪场之一亚布力滑雪场，大学生的"滑雪乐园"帽儿山滑雪场，位于祖国最北边的黑河龙珠远东国际滑雪场，还有乌吉密滑雪场、吉华滑雪场、名都滑雪场等，都以各自的特色敞开怀抱，热情地欢迎热爱冰雪的人们。遍布冰城的冰雪美景和集冰雪艺术、冰雪经贸、冰雪体育、

图7-7　兆麟公园世博会冰建筑（江虹摄）

215

冰雪旅游、冰雪娱乐于一体的冰雪节已经成为名扬世界的亮丽名片和拉动经济的引擎。

每年的冬季，不但世界各地的游客纷至沓来，很多全国性、国际性的体育赛事、经贸活动、文化活动和高端峰会、论坛、年会也纷纷涌来，第三届亚洲冬季运动会、第二十四届世界大学生冬季运动会、"冰雪之约"企业竞争优势与战略发展论坛、国际友好城市交流大会、哈尔滨蒙代尔国际金融与资本论坛、东北四省市加快推进老工业基地建设高层论坛等都吸引了世界各地的目光。各国大使、国际组织成员和世界著名企业的代表也慕名而来，很多人都对哈尔滨能化寒冷为神奇给予了盛赞。他们说，"哈尔滨人用冰雪创造了奇迹！""用冰雪诠释了中国，令世人惊叹万分！""感谢哈尔滨人民把快乐带给世界！""魅力冰城不愧为投资热土！"

冰雪文化产业的开发给哈尔滨带来了难得的名城效应，冰雪文化品牌给这个城市带来了众多殊荣。随着冰雪节的知名度和吸引力越来越高，哈尔滨在国内外的各种相关评选中经常榜上有名。先后入选"中国47个最具竞争力的旅游城市""中国最具经济活力城市"20强，"中国最美丽城市排行榜"前10名等。

冰雪文化产业的巨大发展扩大了城市的影响，吸引了国内外的游人，带动了城市各行业的繁荣兴旺，同时也创造了可观的经济效益。

一是由于国内外来哈尔滨参会、参赛、参展和观光旅游人员的大量涌入，带动了交通、餐饮、住宿等相关产业的发展，秋林红肠，东北特产木耳、蘑菇等也都销量大增。

二是冰雪经贸洽谈会直接创造了巨大的经济效益。冰雪经贸洽谈会历经30余年的发展，由小到大，由弱到强，由"过去单一的冰雪节交易会，发展成为集经贸、经协、科技信息发布、招商引资、国际博览为一体的多功能综合性的经贸活动；交易内容由单一的本地产品扩展到现在的全国各省、市、自治区产品参展，使冰雪节交易会发展成为全国性的经贸活动，会议形式由一个中心一个会场，到大小会配开、专业性会议单独举行，多种形式并存"[①]。

哈尔滨在举办冰雪节经贸洽谈会的过程中，开阔了视野，更新了观

---

① 杨萍：《冰雪做媒，振兴经济——哈尔滨冰雪节经贸活动回顾》，《哈尔滨日报》1994年1月7日。

念，产业结构也伴随着冰雪经贸活动的发展得到调整，开始是以机电产品为主要项目，20世纪90年代生物制药异军突起，后来又发展到航空航天、汽车销售、老工业基地调整改造、房地产、城区改造，等等，成交额更是不断实现历史性跨越。目前冰雪节经贸洽谈会已经成为哈尔滨经济生活的一个主要组成部分。

三是促进了相关企业的发展。冰雪文化产业在大量吸引国企、民企投资冰雪旅游，借雪生财，使白雪变白金的同时，还促进了相关企业的发展。例如，在哈尔滨府明电器公司为冰雪大世界提供的照明光源不断发展的同时，该企业也不断发展壮大。目前该公司不但在哈尔滨设有生产基地，而且走出黑龙江，在沈阳、中山也建厂生产。产品不但在国内深受欢迎，一直畅销，还打开国外市场，远销韩国和欧洲等地。2010年，该厂代表远赴俄罗斯叶卡捷琳堡，参加在那里举办的工业展览会，当场就有4家俄罗斯客商与其签订了950万美元的意向性采购协议。

四是提高了建筑业与农村人口的冬季就业率。每年冬季都是建筑业的冬闲和农村的"猫冬"时节，但是，冰雪文化产业发展起来之后，情况就变了，每年直接参与冰雪景观建设的人就有三四万，冰雪大世界的冰雪景观建设每年冬季仅采冰就需要两千余人。哈尔滨松北区万宝镇，目前已经形成采冰、切冰、运冰一条龙。亚布力滑雪场周围的农民有的办起了农家乐，有的当起了滑雪教练。由于外省冰雪产业的兴起与冰雪人才的短缺，有很多人还被高薪聘走，目前从亚布力走出去的滑雪教练就有约6000人，足迹遍布全国20余个省份。开始的时候，他们多是打工，后来便出现了合伙到外省承包滑雪场等方式，收入大增，有的团队甚至一年就盈利几十万元。

"如果说最初的观冰赏雪活动，更多的是为了满足人们的精神文化需求，那么在亲历了从计划经济到市场经济转变的惊涛骇浪后，哈尔滨人以特有的创新精神，将寒冷这一自然带来的劣势变成真金白银，已经锻造出一条既能为大众摆出丰盛精神大餐，又能够创造出巨大物质财富的巨大冰雪产业链。"[1]

---

[1] 张秀巍、张宝军、王方遒：《影响力日渐深远"银色产业"推倒多米诺骨牌》，《哈尔滨日报》2011年1月12日。

第三节　带动国内冰雪活动的开展

黑龙江冰雪文化不但给人们带来美好的享受，促进了本地的经济发展、社会发展，而且带动了国内冰雪文化活动的开展。

1963年，哈尔滨兆麟公园举办首届冰灯游园会之后，纯洁晶莹、绚丽多彩的美好盛景和万人空巷的巨大效应，立刻点燃了省内外制作冰灯的热情。同年底，齐齐哈尔市就紧随其后，在游人众多的龙沙公园举办了冰景游览会。1964年后，佳木斯、牡丹江和相邻的兄弟城市沈阳、长春（图7-8、图7-9），以及同样拥有冰雪资源的海拉尔等地，也都制作了冰雪景观。

图7-8　沈阳棋盘山冰雪大世界的冰雕（杜宇摄）

改革开放之后，特别是1985年哈尔滨冰雪节的举办，使全国很多城市都前来邀请哈尔滨冰雕艺术家制作冰灯，很多有条件的省、市、自治区，甚至县城都根据各地的资源情况办起了不同内容与不同形式的冰雪节。

在东北三省，有吉林的中国长春冰雪旅游节暨净月潭瓦萨国际滑雪节、中国吉林国际雾凇冰雪节、吉林"长白山之冬"冰雪旅游节、查干湖冰雪渔猎文化旅游节、辽宁的中国沈阳国际冰雪节、辽宁冰雪温泉旅游节、沈阳奥体国际冰雪嘉年华、锦州

图7-9　长春的群众滑雪场面（杜宇摄）

国际冰雪节、抚顺冰雪节、本溪冰雪节、大连国际冬泳节、丹东鸭绿江冬泳节等。声势浩大，活动繁多，大有和黑龙江争雄之势。

北京市、天津市、河北省及黄河中下游地区的冰雪节，有龙庆峡冰灯艺术节（图7-10、图7-11）、延庆冰雪节、鸟巢欢乐冰雪季、密云国际冰雪风情节、顺义冰雪嘉年华、天津冰雪节、石家庄清凉山冰雪旅游文化节、张家口水源国际冰雪节、崇礼国际滑雪节、承德避暑山庄冰雪节、河南八里沟景区"天冰天降"奇幻冰雪节、中国·右玉冰雪旅游节、陕西铜川玉华宫冰雪节。

图7-10　龙庆峡冰灯艺术节冰景（江虹摄）

全国其他地区比较知名的冰雪节庆，还有乌鲁木齐丝绸之路风情冰雪节、中国阿勒泰国际冰雪节、天山天池风情冰雪节、巴里坤冰雪文化旅游节、塔城西域民族风情冰雪旅游节、阿尔山国际养生冰雪节、呼伦贝尔冰雪节、鄂温克草原冰雪节、满洲里冰雪节、海拉尔冰雪节、银色乌珠穆沁草原那达慕冰雪节、锡林郭勒盟东乌珠穆沁旗草原冰雪节、根河大兴安岭冰雪旅游文化节、包头南海冰雪节、呼和浩特冰雪节、银川冰雪旅游节、沙湖冰雪旅游节、兰州冰雪旅游节、兴隆山冰雪节、中国四川南国冰雪节、峨眉山冰雪温泉节、九寨沟冰瀑节、海螺沟夏季冰雪节、瓦屋山冰雪节、毕棚沟冰雪节、仙女山冰雪节、香格里拉冰雪节，等等。受各地大规模兴办冰雪节的感染，没有冰雪的地区也相继举办了室内冰雪节，比较有名的有深圳梦幻冰雪节、苏州白马涧冰雪狂欢冷饮节等。

这些冰雪节在借鉴哈尔滨冰雪节的基础上，经过多年发展创新，很

图7-11　龙庆峡冰雪艺术节冰雕（江虹摄）

219

多都根据本地资源与优势,办出了自己的个性与特色。中国长春冰雪旅游节暨净月潭瓦萨国际滑雪节,自开始就以国际滑雪赛事为亮点。长春市政府和瑞典诺迪威公司签订了瓦萨国际越野滑雪节十年友好合作协议。2003年举办了中国长春冰雪旅游节暨净月潭瓦萨国际越野滑雪节后,又引进了国际雪联的积分赛事——远东杯越野滑雪短距离赛、亚太马拉松赛及挪威骑士残疾人滑雪比赛。中国吉林国际雾凇冰雪节以"中国四大奇观"之一的雾凇闻名于世,寒冬腊月,数十里的雪柳、雪松,洁白肃穆,蔚为壮观。

新疆的阿勒泰冰雪节,以"人类滑雪运动起源地"彰显着独特的冰雪文化历史积淀。在"阿勒泰市汗德朵乡附近发现的墩德市拉克岩画有一幅是迄今为止最早反映人类滑雪的史证,而且比以往其他国家发现的人类滑雪岩刻岩画以及滑雪板残片所反映的年代至少提前2000年以上,比目前公认的滑雪起源于4500年前的挪威、瑞典地区的说法向前推了5000多年,专家认定中国新疆阿勒泰地区是世界滑雪最早的起源地"[①]。2016年举办的第五季中国阿勒泰国际冰雪节以"人类在这里学会了滑雪,滑雪从这里走向了世界"为形象,以"喜迎冬运会,助力冬奥会"为主题,为中外游人打造了独具特色的冰雪盛宴。

赤峰冰雪节以第四季冰川遗址、冰川石林的奇特冰雪景观给游人以独特的美好享受。新城区石博园还以冰雪为载体,举办了"国际冰雪文化旅游节暨玉龙杯国际冰雪艺术创作大赛",为冰雪节增添了文化内涵。

以南国冰雪旅游吸引游人的四川南国冰雪节自2001年举办以来,以联合办节的方式逐渐涵盖了九寨沟、峨眉山、海螺沟、龙池、卧龙、瓦屋山等四川冬季旅游的各大景点,形成了规模效应。"西岭冰雪——动感时尚""冬天里的童话——冬游九寨""峨眉冰雪秀——雪山飞狐""神奇的瓦屋山冰雪世界""海螺沟——雪域藏羌情""卧龙——国之瑰宝冬趣游"的主题和"山上是皑皑白雪,山下仍是绿意盎然""山上冰寒,山下温泉"的垂直自然带景观共同彰显着南国冰雪节的独有特色。

始办于2007年的深圳梦幻冰雪节打造的冰雪世界别有情境,"在窗外满目苍翠的南国,室内却银装素裹,冰景晶莹。1000多平方米的冰雕园景观美不胜收,2400平方米的天然冰湖,4000多平方米的滑雪区和戏雪区

---

① 王清海:《中国冰雪旅游》,黑龙江人民出版社2009年版,第78页。

第七章　冰雪文化产业的价值和作用

使人走入冰雪世界。这里有顶级冰舞表演,有冰雪趣味活动,是冬季南国展示的如梦如幻世界"①。

苏州的白马涧冰雪狂欢冷饮节2005年6月建于龙池风景区。在6000平方米的室内冰雪区里,"漫天冰雪,有冰雪滑道,有冰酒吧,有企鹅表演,是夏季的冰雪狂欢"②。

这些冰雪节的出现,使中国的冰雪旅游呈现出前所未有的兴盛局面,虽然分流了黑龙江省的游客,但也促使其进一步创新,使冰雪文化产品不断出新,在相互竞争中,全国的冰雪文化产业也不断地迈上新的台阶。

第四节　国际文化交流的使者

著名冰雕艺术家纪连路教授说:"我去过30多个国家,无论走到哪,当地的人都会对哈尔滨的冰雕竖起大拇指。外国人不知道哈尔滨在哪,却知道哈尔滨的冰灯"③(图7-12、图7-13、图7-14)。

图7-12　黑龙江冰雕在以色列展出之一
(柏伟摄)

以冰灯为源头的冰雪文化成为连接哈尔滨与世界的最好纽带。哈尔滨的冰雪惊艳了世界,吸引着世界各地的政治、经济、文化等各方面的人士纷纷前来。他们通过冰雪发现哈尔滨,喜爱哈尔滨,并且邀请独有魅力的冰灯前往他们的国家展出。哈尔滨伴随着多姿多彩的冰情雪韵也走向了世界。在这种国际间的文化交流中,哈尔滨具有独特魅力的冰雪文化也丰富了世界文化宝库。

自改革开放以来,精美绝伦的哈尔滨冰灯每年都吸引了大量的游客前来观赏。以此为契机,有关部门在举办冰雪节之际,以冰雪作为请柬,诚

---

① 王清海:《中国冰雪旅游》,黑龙江人民出版社2009年版,第84页。
② 王清海:《中国冰雪旅游》,黑龙江人民出版社2009年版,第84页。
③ 赵宇清:《冰雕应注重艺术的品质》,《黑龙江日报》2005年1月19日。

图7-13 黑龙江冰雕在以色列展出之二（柏伟摄）

邀各国大使和国际组织代表。1992年的冰雪节就有捷克斯洛伐克、沙特阿拉伯、伊朗、印度尼西亚、美国、希腊、巴基斯坦、卢森堡、爱尔兰、澳大利亚10国驻华使节及夫人应邀参加了"'92中国友好观光年冰雪风光游首游式暨第八届冰雪节"开幕式。鬼斧神工的冰雕艺术和冬泳健儿所表现出的勇敢精神都令他们赞叹不已。

1998年，国际北方城市会议在哈尔滨召开，又有来自美国、日本、加拿大、英国、丹麦、挪威、俄罗斯等10个国家49个城市的153名代表来到冰城出席了这一会议。他们在观赏了冰灯游园会、雪雕游园会之后，纷纷给予盛赞。"哈尔滨冰灯是一绝，很有特点。""没来中国前，没想到哈尔滨能被点缀得这么美，其他寒地国家的城市都打扮得这么漂亮就好了。""我们同是北方人，对冰雪严寒并不陌生，可哈尔滨的勇敢精神却令我佩服。"还有的人在会后给时任副市长的岳玉泉写信说："会议期间，参观了许多冬季娱乐并感受到了享受冬季娱乐的哈尔滨市民的热情。特别是目睹了贵市世界闻名的冰灯规模之大，晶莹剔透之美，和感受冬泳之乐的男女老少充满活力的形象，我们对实现与'寒冷'共存的贵市的政策深表叹服。"[1]

自此之后，每年冰雪节邀请各国大使和国际组织代表已经成为常态。2000年的"多国大使聚冰城"活动有25个国家的驻华使节及其夫人参加了活动。2002年第十八届中国·哈尔滨国际冰雪节期间，有44个国家的驻华使节及其夫人，国际货币基金组织代表和欧盟驻华大使相聚冰城。2004年有42个国家和国际组织驻华使节、

图7-14 黑龙江冰雕在以色列展出之三（柏伟摄）

---

[1] 王景富：《哈尔滨冰雪文化发展史》，黑龙江人民出版社2005年版，第378页。

代表130多人,与国际友好城市、世界500强等国际知名企业代表团齐聚冰城,共赴"2004哈尔滨国际冰雪之约"。在尽情领略了冰城的冰情雪趣之后,他们说:"哈尔滨真是太聪明了,别的城市把冰雪当垃圾,你们却赋予了它们新的生命。"多哥驻华大使诺拉纳·塔·阿马先生说:"这是一个最美丽的约会,我们愿与冰雪相约永远。"①

2006年,又"有52个国家和国际组织的驻华使节代表,俄罗斯12个州市代表团和俄中友协代表团,9个友好城市和友好交流城市代表团,海外华侨和外国商务代表团的800多位外宾参加'哈尔滨国际冰雪之约'。嘉宾们在冰城观冰赏雪,参加大使论坛、友好城市交流与合作发展论坛,考察商务,洽谈贸易,共谋发展"②。这不仅扩大了交流,拓展了招商引资渠道,丰富了冰雪节内容,而且为哈尔滨实施全方位对外合作战略升级搭建了平台,提升了哈尔滨的国际知名度。

2007年举办的"哈尔滨国际冰雪之约"活动又吸引了各国嘉宾在冬季相聚哈尔滨。他们在观赏了哈尔滨独特的冰雪美景,感受了美好的冰情雪韵之后,无不给予真诚的赞美。第一次来哈尔滨参加冰雪节的朝鲜驻沈阳总领事馆总领事李基范用"震撼"一词来表达自己的感受。他说:"我以前通过电视、图片了解到哈尔滨的冰雪节,当时的感觉是非常美丽,但真正踏上这片冰雪之国,却让我无限震撼与感慨。以前冬季只能在江河湖泊里沉睡的冰块竟登上了大雅之堂,成为让人赏心悦目的美景,还搭建了冰雪节这样一个集商贸、文化、旅游为一体的大平台,足见哈尔滨人民的智慧。"③

俄罗斯驻沈阳总领事馆副总领事戈里亚切夫说:"虽然俄罗斯远东地区也有很多冰雪景观,但第一次来哈尔滨参加冰雪节,还是让我感觉仿佛走进了一个如梦如幻的美丽世界。冰雪节不仅是哈尔滨人民的节日,也为哈尔滨与世界交流与合作搭建了一个平台,让世界人民感受到哈尔滨的美

---

① 孙永文、张莉、左楠:《玉桥飞架连五洲——海内外宾朋喜赴冰雪之约欢聚哈尔滨》,《哈尔滨日报》2004年1月7日。
② 王景富:《冰城冰雪竞妖娆——哈尔滨冰雪文化的巨大作用》,《学理论》2009年第1期。
③ 王宁、左楠、陈程:《各国嘉宾盛赞冰城美景——"感谢哈尔滨人民把快乐带给世界!"》,《哈尔滨日报》2007年1月7日。

丽。我要对哈尔滨说声谢谢：感谢哈尔滨人民把快乐带给了全世界。"[1]

冰雪节期间，在遍邀各国驻华使节的同时，也诚邀境外媒体和举办相关文化活动，对哈尔滨冰灯进行宣传。2005年1月，"第二十一届中国·哈尔滨国际冰雪节中外摄影家聚焦哈尔滨摄影大赛"活动，不仅吸引了中国的著名摄影家，而且英国、德国、法国、日本等国家的摄影记者也纷纷前来。他们尽情地运用文字、影像、图片等丰富多彩的表现形式，对哈尔滨冬天的冰雪美景进行了多维度、多视角的报道。2006年"哈尔滨国际冰雪之约"活动，国外记者更加踊跃，计有美联社、路透社、法新社、俄罗斯国际文传电讯社、日本共同社、韩国广播公司等25家外国媒体代表团前来哈尔滨采访报道，让世界各国人民对冰城哈尔滨和龙江酷省有了更直观、更全面的了解。国外和国内的媒体，还拍摄了很多冰雪风光片。1987年，靳羽西拍摄的《黑龙江省·哈尔滨之冬》专题片向美国1.1亿电视观众进行了播放。通过冰雕雪塑、冰雪活动，使远在大洋彼岸的人们有机会了解五千年文明古国北方人的现实生活和精神风貌。

没有机会来中国的外国人，也有机会看到中国的冰雕。哈尔滨冰灯自问世以来的50多年，曾以各种形式在除南极洲之外的30余个国家与地区的50多个城市展出。加拿大第二大城市蒙特利尔市曾连续十年邀请哈尔滨冰雕艺术家在梦湖园设计制作展览冰雕。1996年，加拿大首都渥太华和中国的哈尔滨为加强两个城市之间的文化交流，都举办了相关活动。哈尔滨在第十三届冰雪节暨第二十三届冰灯游园会期间举办"加拿大一日活动"。同年2月7日开幕的渥太华第十九届冬令节则将"通往中国之路"作为主题，举办了哈尔滨冰灯展。

1989年在沃兰市举办的冰灯展览，不但游人如织，而且各大媒体纷纷报道。美国前国务卿基辛格博士得知后，还欣然提笔给中国冰雕代表团成员写信说："我希望您在美国的短期访问愉快。没能见到您，我深表遗憾。诸如沃兰市冰灯节这种文化交流是极为有益的，特向您和您的同事表示我的敬意以及我个人的祝愿。"赞扬他们为文化交流所做的贡献。2012年春季，黑龙江省文化艺术发展中心在以色列耶路撒冷举办冰雕展时，总统内塔尼亚胡携家人和内阁成员亲临现场观赏，并给予盛赞。在黑龙江的

---

[1] 王宁、左楠、陈程：《各国嘉宾盛赞冰城美景——"感谢哈尔滨人民把快乐带给世界！"》，《哈尔滨日报》2007年1月7日。

文化历史发展过程中，还没有任何其他文化产品能够在国际上产生如此大的影响。

参加和举办国际性冰雕、雪雕比赛也是很好的文化交流形式。早在20世纪80年代，哈尔滨的冰雪艺术家们就曾多次出国参加冰雕、雪雕比赛，他们创作的带有浓厚中华民族神韵的《哪吒闹海》《飞天》等冰雪雕塑作品受到各国艺术家的称赞，有很多还获得了金牌。

哈尔滨国际冰雕比赛已经举办了32届，至2018年，共有42个国家和地区的选手前来参赛，代表队多达713支，参加比赛的人数多达1740余人次。哈尔滨国际雪雕比赛也吸引了世界各地的冰雪艺术家，在已举办的23届比赛中共有40个国家和地区的463支代表队，1730余人次参加。来自美国、俄罗斯、日本、泰国、澳大利亚等国家和地区的冰雕、雪雕艺术家，以冰雪为载体，充分地展开他们的艺术想象，使绚丽多彩的民族文化、高精尖的制作技术都在这里得以展现、交流。

冰雪文艺方面的交流就更多了。俄罗斯民间艺术团、冰上芭蕾舞团、冰上马戏团，韩国风情歌舞团，巴西嘉年华桑巴歌舞团，日本旭川文艺演出团和欧洲奥格斯塔艺术团，朝鲜冰上杂技表演团都曾在太阳岛雪博会或哈尔滨冰雪大世界园区进行交流演出。与此同时，黑龙江省冰上杂技团也曾在都灵举办的第二十三届世界大学生冬季运动会闭幕式上演出。冰雪山水画创始人于志学的画作曾在美国、俄罗斯（图7-15）、日本、加拿大、新加坡等国家展出。2010年举办的第二十六届中国·哈尔滨国际冰雪节，以"冰雪庆盛世，和谐共分享"为主题，在由哈尔滨冰雪大世界和美国五洲电视台联合组织的《五洲同唱一首歌》开幕式文艺晚会上，世界著名歌星麦克·波顿，好莱坞影星布瑞特·摩根，美国少女乐团和中国著名艺术家等同台演出。晚会盛况同时在中国、美国播出。

在哈尔滨举办的一些国际冰雪体育赛事也为冰雪文化交流提供了机遇。

图7-15　2014年中俄国际冰雪画展在符拉迪沃斯托克市举行（卢平提供）

1996年举办的第三届亚洲冬季运动会和2009年举办的第二十四届世界大学生冬季运动会也是很好的国际冰雪文化交流活动。各国运动员弘扬奥运精神，在冰雪运动的世界中朝着更高、更快、更强的方向前进。第三届亚冬会会歌中的"好一片亚细亚的冰雪，给我们带来了欢乐。看我们红装素裹，看我们豪情似火，谱写一支赞美的歌。赞美意志啊，赞美勇敢，赞美信念。赞美超越啊，赞美亚细亚。赞美哈尔滨，赞美冰天雪地上的你和我"，由衷地表达了人们对哈尔滨、对亚洲的雪、对冰雪健儿的勇敢精神与坚定信念的赞美。在第二十四届世界大学生冬季运动会中，来自世界各地的大学生冰雪健儿在"冰雪、青春、未来"的主题下，激扬地展示了冰雪文化的美好未来。

第八章　冰雪文化产业的发展趋向

　　经过 50 余年的创新发展，黑龙江冰雪文化产业已经发展成为名扬世界的亮丽品牌，并带动了全国冰雪文化产业的发展。目前，又进入一个新的发展时期。中国冬奥会申办成功和习近平总书记关于"冰天雪地也是金山银山"的讲话，使国家相关部门对冰雪旅游更加重视，相继出台了很多促进冰雪发展的政策，游人参与冰雪旅游的意愿也不断提高。与此同时，河北、辽宁、吉林、新疆等地也都制定了发展冰雪文化产业的规划。在此现实面前，黑龙江如何才能葆有冰雪文化产业龙头的地位，领航冰雪旅游，是一个非常重要的问题。

　　世界已经进入知识经济时代，面对经济一体化、全球化的大趋势和国内外冰雪文化产业的激烈竞争，国际视野下的黑龙江冰雪文化产业应该以国际化的定位，瞄准世界高端市场，跟踪研究国内外冰雪文化产业的现状、发展趋向，在冰雪文化产品创造、基础设施建设、市场营销、旅游服务等方面不断提档升级，提高竞争力。

　　冰雪文化产业的核心是创造具有国际品质的冰雪文化产品。现代社会高水平、多元化的国际旅游发展现状需要各地以独具特色的区域精品作为自身优势。国际旅游组织将黑龙江旅游形象定位为中国旅游"酷"省，既是对黑龙江冰雪旅游的典型概括，也为黑龙江冰雪文化产业的未来发展指明方向。整合资源，打造富有创意、独具特色的冰雪文化精品，将极大地吸引求新求异、追求时尚的现代游人。

　　冰雪文化产业的发展得益于市场化的运作方式。现代理念的市场化经营是国际视野下的黑龙江冰雪文化产业获得巨大发展的助推器，品牌的资本化和产业链的不断扩大将使冰雪文化产业做大做强。与此同时，政府的规划、协调和监管更是不可或缺。现代旅游是一种高层次的人文消费活动，舒适、便捷是旅游者的企盼，交通快捷方便是发展旅游业的首要条件。无所不在的现代科技早已进入旅游服务之中，要大力发展"智慧旅游"，使导航、导游、导览、导购四大功能尽快通过便携式智能终端设备服务于游人，实现从传统旅游向现代旅游的转变。但是，无论科技怎样发展，旅游服务中的人性、人情都是无法被代替的，将北方人的豪爽、热情、坚强、乐观融入冰雪旅游服务之中，会给游人留下独特、深刻、美好的回忆。在国内外激烈的冰雪旅游大战中，无法复制的独一无二的精神内核应该无所不在地贯穿产品制造、营销和服务等所有领域。

第一节　国际化的战略定位

一、瞄准世界高端市场的战略目标

黑龙江冰雪文化产业经过 50 余年的发展已经取得了巨大的成就，目前已经形成了兆麟公园冰灯游园会、太阳岛国际雪博会、哈尔滨冰雪大世界、哈尔滨国际冰雪节等一系列国内外闻名的冰雪品牌，成功地举办了第三届亚洲冬季运动会、第二十四届世界大学生冬季运动会，"中国滑雪旅游胜地""世界冰雪旅游名都"的口号已经在国内外游人中叫响。但这些只能说明黑龙江冰雪旅游具备了参与国际竞争的基础，未来必须以国际化、世界高端市场为定位，不断创新发展，提高竞争力，才能在日益激烈的国内外冰雪旅游大战中保持领先的位置（图 8-1）。

图 8-1　《未来力量》获第十五届哈尔滨国际雪雕比赛一等奖（江虹摄）

第一，随着知识经济时代的到来，经济一体化、全球化的大趋势，使世界各地的经济文化都被纳入国际竞争之中，落后就意味着被淘汰，因此，所有的经济文化活动都必须置于国际视野的高度来谋划。在开发理念、品牌打造、基础设施建设和旅游服务等方面进行创新和发展，全方位打造国际化的冰雪旅游，是冰雪文化产业得以生存发展的必然选择。

第二，旅游本身就是一个跨越地区、国界、民族、文化，到异地寻求新体验的高层次文化需求。由于经济的发展、消费水平的提高，国内外游人对于旅游的需求也越来越高，追求、向往的自然是产品与服务质量都好的旅游目的地。冰雪旅游亦是如此。低水平的旅游服务无法吸引要求越来越高的国内外游人，客观的旅游现实也要求黑龙江冰雪文化产业将目标瞄准世界高端市场。

第三，黑龙江冰雪旅游面临着国内外的激烈竞争。挪威、瑞典、瑞士、芬兰、意大利、加拿大等国家早在20世纪50年代就掀起了冰雪旅游的热潮，起步早，规模大，基础设施健全，旅游服务系统成熟，近些年也越办越好。由于冰雪旅游的巨大效应，国内群雄四起，全国有条件的地区，如辽宁、吉林、新疆、四川、宁夏、内蒙古和北京等地都先后举办了冰雪活动，并且纷纷推出高端特色产品。例如，2005年辽宁和日本札幌雪节委员会合作举办冰雪节，意在打造国内一流的冰雪活动。长春大力打造高端冰雪体育品牌，先是和瓦萨合作举办滑雪赛事，后又引进国际雪联的比赛，2007年还曾成功举办第六届亚洲冬季运动会。新疆则打出了"世界滑雪发源地"的响亮旗号。南方和北方一些冰雪资源并没有太大优势的城市也别出心裁，搞起了室内冰雪活动。如上海建造了国内最大的室内滑雪场，甬城宁波多次举办冰雪狂欢节，北京鸟巢也搞起了冰雪欢乐季。这些冰雪活动无形中同黑龙江冰雪文化产业形成了一个暴风雨式的竞争态势（图8-2）。

黑龙江冰雪文化产业在经历了第一阶段的冰雪活动，第二阶段的品牌打造之后，目前已进入向产业化方向发展的新时期。无论是自身发展需要，还是应对国内外冰雪旅游的竞

图8-2 《暴风雨》获第十四届哈尔滨国际雪雕比赛最佳技巧奖（杜宇摄）

争,未来都必须瞄准世界高端市场,并以此为定位和标准,在冰雪文化产品打造、基础设施建设、经营战略、营销方式、旅游服务等方面锐意创新,提档升级。只有这样,才能使黑龙江的冰雪文化产业在国内外的激烈竞争中葆有竞争力。

二、密切跟踪和研究国内外冰雪活动的发展

在冰雪文化产业的多年发展中,各级政府和旅游部门都充分地认识到宣传的巨大作用,不惜投入巨额经费,不吝惜任何美好的词句,运用电视、广播、报刊、网络等各种形式进行铺天盖地的宣传,也确实起到了扩大影响的作用。但是仅仅有这些是不够的。

冰雪文化产业和其他所有产业一样,在动态中生存,在与其他产业的竞争、博弈中创新发展,因此,必须大力加强对于冰雪文化产业的历史、现状与未来的研究。要密切跟踪国内与国外冰雪活动的发展,关注相关产业的发展,也要研究社会政治、经济文化对当代游人思想(图8-3)、心理的影响及发展趋向,并以此作为参照,审视本地冰雪旅游产品的优势与劣势,优胜劣汰,不断推出符合时代要求的新产品。

图8-3 第十四届哈尔滨国际雪雕比赛作品《思想的冲浪》(杜宇摄)

冰雪文化产业不仅是黑龙江的一个品牌，也是中国的一个品牌，从理论上进行全方位、深层次的研究，已经成为一个迫切需要解决的现实问题。2001年，联合国工业发展组织和国家旅游局、国家体育总局、黑龙江省人民政府共同举办了"世界滑雪产业合作论坛"，来自世界各地的滑雪资源国旅游官员，世界著名滑雪设备制造商，滑雪产业专家、学者集聚一堂，就世界滑雪产业的经营理念、开发建设及与滑雪产业相关的文化、教育、设备等论题进行研讨交流，给我们带来了全新的滑雪产业理念，使我们了解了最新的国际滑雪旅游的发展情况、管理方式、质量标准，也扩大了黑龙江滑雪旅游的国际影响。但其后几年，这样的高端冰雪研讨会却不见了踪影。虽然也有部门举办过"太阳岛冰雪艺术论坛"理论研讨会、"黑龙江省冰雪文化产业发展理论研讨会"等研讨活动，但都是偶尔为之，没有形成常态，远远不能适应形势发展的需要。已经被列为黑龙江支柱产业的庞大冰雪产业，如果没有位于国际前沿的理论研究，要想在激烈的国内、国际冰雪旅游大战中独占鳌头，是很困难的。

令人欣喜的是这种状况在2022冬奥会申办成功之后有了根本的转变。2015年12月，"第五届中国旅游产业发展年会暨首届中国（国际）冰雪旅游峰会"在哈尔滨召开，来自国内外的冰雪界人士与专家学者就相关问题进行了研讨。会议期间还成立了中国冰雪旅游推广联盟，缔结了《中国冰雪旅游哈尔滨公约》。2016年12月，伊春市人民政府与中国林业产业联合会等单位联合举办了冰雪旅游产业国际峰会。2018年4月，国家体育总局与工信部也共同举办了全国冰雪产业发展大会。我们相信，这些峰会如能持续坚持和向纵深拓展，一定会有利于冰雪文化产业的发展。

冰雪文化产业目前已经发展成为一个新兴的产业，应该成立全国性的冰雪文化产业行业协会，在有冰雪活动的省份设立分会，每年举办一次国际冰雪文化产业论坛，邀请全国与世界各地的冰雪界、旅游界、艺术界、企业界代表、专家前来，就国内外冰雪文化产业的现状、未来发展趋向等方面进行研讨，同时应充分发挥行业协会的作用，对全国的冰雪活动起到规范和引领的作用。

三、以中国"酷"省为核心打造品牌

21世纪，世界冰雪旅游已进入高水平、多元化发展的新阶段，冰雪

文化品牌的个性化打造就格外重要。特色是冰雪文化品牌的生命，是参与国际竞争的法宝。

2003年，国际旅游组织在多方面认真考察的基础上，将黑龙江的旅游形象定位为"酷"省。其内涵应该是包括寒冷的天气，也包括北方人民在严酷的环境中形成的战胜冰雪严寒的生命活力，以及由于多元文化涌入而形成的追逐时代潮流的时尚风采。打造以中国"酷"省为核心的冰雪品牌，首先应该进行资源整合，宏观规划，突出"酷"的特色，展现"酷"的风采，精心打造独具特色的冰雪文化品牌。

继哈尔滨创办冰雪节之后，黑龙江的其他地区，如齐齐哈尔、牡丹江、大庆、佳木斯、五大连池等也都根据本地的自然优势搞起了冰雪产品开发，使冰雪产业由哈尔滨向外延伸。冰雪活动遍地开花是件好事，但也出现了冰雪文化产品雷同、单一、发展无序、管理粗放等现象，游客游完一地，等于看完全省。同时也有很多项目亟待开发。因此，要站在国际视角的高度，以"国际滑雪旅游胜地，世界冰雪旅游名都"为总体目标，进行整体构思、整体设计与整体研究，形成以打造中国"酷"省为中心的冰雪文化产业网络，突出个性，有序发展，从而实现冰雪资源的最佳配置和效益的最大化。

突出"酷"省特色（图8-4、图8-5），展现"酷"省风采，打造拳头冰雪产品，首先要进行全省节庆活动的整合。在哈尔滨国际冰雪节的基础上，将牡丹江的雪堡节、佳木斯的泼雪节、齐齐哈尔的观鹤节、伊春的雾凇节、漠河的冰雪汽车拉力赛、木兰的滚冰节都提升为省级节庆。每个节庆突出各自的独有特色，科学安排时间，精心打造，使游客在"酷"省龙江可以感受到不同形式的冰雪文化。在全省宏观规划的基础上，每一个地区的冰雪景观也应具有不同的特色，突出个性，有序发展。例如，哈尔滨市旅游局规划处处长李刚认为，在冰雪景观上应该是"多彩世界——冰雪大世界的创新主要是建设冰

图8-4 雪后之酷之一（付炳力摄）

图 8-5　雪后之酷之二（杜宇摄）

雪艺术永久性基地，变成一年四季皆可观赏和娱乐的世界性冰雪主题公园；银色梦幻——太阳岛整体环境营造雪域景象和极地风光；冰雪童话——兆麟公园打造以冰雪娱乐为主的'迪士尼'风格；璀璨冰城——松花江南岸冰雪艺术风景线的璀璨灯火和江北冰雪艺术遥相辉映，形成不同的冰雪文化主题和与街区协调的景观特色；冰川雾海——松花江上的冰雪和雾凇景观"[1]。

具体到每个园区，不但应有不同形式的"酷"的特色，而且应具有独特的艺术情境和氛围。比如以冰雪景观观赏为主的兆麟公园冰灯游园会和太阳岛雪雕艺术博览会，应以精致景观为主，要营造一种高雅、神圣的艺术氛围，给人以"高山仰止"之感。而江上冰雪游乐中心和伏尔加庄园等游乐园区和滑雪场、冬泳场，则主要是体现强健、豪气，展现北方人笑傲冰雪严寒、勇于战胜困难、勇于挑战自我、乐观向上的精神。不能每个园区都一样。冰雪文化创新和突破的实质是冰雪文化情境与氛围的不同特点的凝聚，然后在此基础上进行倾心打造。

---

[1] 卢军、曹洪波：《指点冰情雪韵　试看胜景奇观——冰雪文化专家学者大胆勾画哈尔滨冰雪蓝图》，《黑龙江日报》2009 年 1 月 9 日。

冰雪文化产业的宏观规划应"坚持以冰雪产业为主，多种要素综合开发的原则。把冰雕雪塑观赏性产品与冰雪运动和冰雪游乐参与性产品相结合，与寒地民族民俗文化产品相结合，与龙菜冬季饮食产品相结合，打造汇聚生态文化、娱乐文化、体育文化、民族民俗文化、龙菜文化等多元文化的集合体"[①]。将黑龙江省冰雪文化产业整合起来，进一步做大做强，将其打造成为一个更精彩、享有更大声誉的冰雪文化品牌。目前的情况是各个冰雪产业链的发展参差不齐，有些项目还非常短缺，如高端冰雪运动器材绝大多数依靠进口。对于那些短缺的项目要给予补充发展。滑雪器材、服装、索道、造雪和压雪设备、旅游纪念品、防寒保温产品等都应该进行研究开发，延长相关产品产业链，从而实现冰雪资源的最佳配置和冰雪文化产业的规模化、效益化。

与冰雪文化产品相配合，还应建立以打造中国"酷"省为中心的宣传营销体系，建设符合国际标准的基础设施和服务体系，各种要素形成合力，从而使黑龙江省的冰雪文化产业在面对国内外激烈竞争的挑战与机遇中，在向产业化发展的道路上实现新的跨越。

第二节　国际品质的冰雪文化产品

在冰雪文化产业的发展过程中，黑龙江一直致力于对国际化的追求，从"国际冰雪之约"，到"国际滑雪产业合作论坛"，从太阳岛雪博会与日本、意大利、加拿大、法国、芬兰等世界著名城市联合办会，到兆麟公园冰灯游园会与世界娱乐巨头迪士尼公司合作，从哈尔滨冰雪大世界对国际时尚表演的引进，到黑龙江省文化艺术发展中心的冰雕出国展出，都证明了黑龙江冰雪文化产品所具有的国际竞争力。

冰雪文化产业涉及诸多方面，而最为核心的问题是冰雪文化产品。黑龙江正因为曾经创造出众多独具魅力的冰雪文化产品，才使冰雪文化产业不断发展壮大，名扬国内外。然而，时代在进步，艺术在发展，游人的欣

---

① 戚泥莲、来玉良：《副省长刘学良接受本报记者采访——畅谈"冰雪文化产业蓝图"》，《黑龙江日报》2005年3月25日。

赏水平也在不断提高。因而，打造国际水准的冰雪文化品牌和使已有品牌更加亮丽，是冰雪文化产业发展过程中一个永恒的话题（图8-6）。

哈尔滨兆麟公园所创造的冰灯艺术是世界艺术园林中的一朵奇葩。太阳岛雪博会是中国雪雕艺术的发源地，引领了中国雪雕艺术的发展，为世界雪

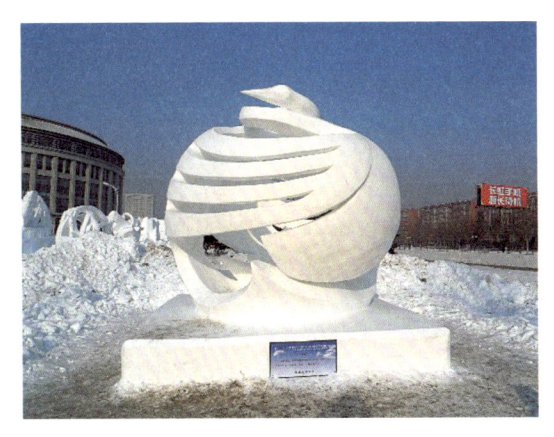

图8-6 《火鸟》获第九届国际大学生雪雕比赛一等奖（江虹摄）

雕艺术增添了新的艺术元素。二者已成为黑龙江两个值得骄傲的品牌，曾经创造了众多的世界第一。冰长城、冰索菲亚教堂、大型雪雕《尼亚加拉风光》等，还曾被载入基尼斯世界纪录。

但有一个现实却不能不使我们正视。在已经举办了32届的哈尔滨国际冰雕比赛中，中国代表队只有1991年第五届的《千手观音》和1993年第七届的《飞龙》获得一等奖。获得一等奖最多的是曾经向黑龙江省冰雕艺术家学习的俄罗斯队，计15次获得一等奖。其次是日本队，曾经7次获得一等奖。在已经举办了23届的哈尔滨国际雪雕比赛中，获得一等奖最多的仍然是俄罗斯队，计13次获得一等奖。中国队仅在第三届、第十五届、第二十一届、第二十二届4次获得一等奖。

著名冰雕艺术家纪连路教授说："我们还曾经被请到俄罗斯教人做冰雕，但是人家这几年来我们这儿参加冰雕展年年拿第一。原因何在？人家都是派教授、艺术家来参赛，而咱们这儿都是雕刻厂的工人，做的都是些天鹅、大雁，根本无法与人家在艺术上对话。"[1] 素质的不同决定了理念、创意与艺术水准上的差异。

获奖虽然不是衡量一个国家或地区冰雪文化产品水准的唯一标准，但是也凸显出黑龙江冰雕、雪雕艺术与世界顶尖冰雪艺术之间的差距。在世界经济一体化、全球化的大趋势下和现代游人追逐高端时尚旅游的现实面前，没有位于

---

[1] 赵宇清：《冰雕应注重艺术品质》，《黑龙江日报》2005年1月19日。

国际前列的冰雪文化产品将很难具有竞争优势，这种现象必须尽快改变。

国际品质的冰雪文化产品（图8-7、图8-8、图8-9、图8-10）的生产是一种高精尖的创造活动，首先应该具有新鲜的创意。冰雪文化产品是文化产品中的一个分支，也应该是原创的、有个性的、独一无二的、有知识产权的精品。但近年来却出现了大同小异、创新不足、制作粗糙等现象。冰雕、雪雕的展出年年相似，没有太大的突破。模仿、跟风、雷同的现象非常普遍。省内外很多景区的冰雕展览基本上是哈尔滨兆麟公园冰灯游园会的翻版，只是规模小一些。太阳岛雪博会曾有主塑是一个少女，有着飘逸的长长的秀发。外省也出现了冰雪活动开幕式场地主塑是长发飘逸的少女。文艺作品不能重复、模仿、雷同，冰雕、雪雕作品也应该如此。冰雪文化产品的创造者必须具有强烈的创意意识，不断地以新鲜的创意给游人以惊喜与震撼，既不能重复别人，也不应该止于已有的辉煌，重复自我。

图8-7 《几何火焰》获第二十四届哈尔滨国际冰雕比赛一等奖（江虹摄）

图8-8 《狩猎女人》获第二十六届哈尔滨国际冰雕比赛一等奖（杜宇摄）

图8-9 《雪地摩托车》获第二十七届哈尔滨国际冰雕比赛一等奖（杜宇摄）

图8-10 《2014冬奥会》获第二十八届哈尔滨国际冰雕比赛一等奖（杜宇摄）

新鲜的创意应该是原创的、有个性的，它来自创作者对于文化资源、现代生活的独特发现。因此，首先应该以国际化的视野、现代化的理念对地域文化进行深入开掘。

黑龙江省不但拥有丰富的自然资源，而且拥有宝贵的人文资源。在广袤的黑土地上，曾经居住着满、蒙古、赫哲、鄂伦春、鄂温克、达斡尔等少数民族。这里也曾是刚直不阿的流人发配地、闯关东者的生存之地。在古老的历史遗存和文化记忆中深蕴着北方民族独有的不可复制的个性特征。

生活是一切文艺作品的源泉，也会给冰雪文化产品的创造提供激情、动力与创作的元素。获得国际冰雕比赛一等奖的《雪地摩托车》《2014冬奥会》《速度即机遇》，获得国际雪雕比赛一等奖的《未来力量》《生日快乐》《自由进入》《永恒的青春》《友谊的火焰》等都是来自充满激情的现代生活（图8-11、图8-12、图8-13、图8-14）。黑龙江冰雪艺术的发展道路也是如此。从哈尔滨冰灯问世初期的《万象更新》《工农兵群像》到20世纪80年代的女排夺冠，表示向科技进军的火箭，再到90年代的香港回归，以及21世纪的奥运会等，都是以冰雪的形式，将我国现代生活中的重要时刻予以呈现。未来的冰雪文化产品创造也应该继承这一传统，将每年发生的重大事件以冰雪的形式呈现给游人，既令游人在流光溢彩、如梦如幻的冰雪美景观赏中感受到时代前行的律动，又给他们以原创的新鲜感。

创意首先是原创，也包括在原有基础之上的创新。以独特的视角，运用现代手段，吸收世界文明成果打造冰雪文化产品，也是一个颇有前景的途径。美国以独有的创意运用现代手段包装中国古代故事《花木兰》，广州军区政治部战士文工团以杂技的形式表现西方经典芭蕾舞剧《天鹅湖》，都是典型的成功范例。

吸收时尚文化元素可以使冰雪文化产品更具活力是早已被证明的事实。黑龙江的地域文化光辉灿烂，冰雪文化产业这一在改革开放中兴起的新兴产业，始终是现代时尚的风向标。从冰雪运动会吉祥物的卡通形象，兆麟公园冰灯游园会中的米奇、小美人鱼、小熊维尼，到哈尔滨冰雪大世界将冰雪与动漫结合、世界动漫品牌落户冰雪园区，都极大地显示出时尚的魅力对于游人的吸引力。未来的冰雪文化产业应该极大地发挥创造力，在引进国内外时尚品牌的同时，加强自身时尚品牌的创造，以冰雪的形式

图 8-11 《森林的童话》获第十二届哈尔滨国际雪雕比赛一等奖（杜宇摄）

图 8-12 《飓风》获第十三届哈尔滨国际雪雕比赛一等奖（江虹摄）

图 8-13 《追梦人》获第十七届哈尔滨国际雪雕比赛一等奖（杜宇摄）

图 8-14 《自由进入》获第十八届哈尔滨国际雪雕比赛一等奖（江虹摄）

引领时尚。

创造性地将现代科技与冰雪文化产业结合，是黑龙江冰雪文化产业应对竞争、实现高端发展的有效途径。黑龙江冰雪文化产业一直有科技相伴。例如，冰灯的光源已经从最初的蜡烛、白炽灯发展到现在的 LED 节能灯，还创造了能随着音乐节奏变换颜色的冰舞台，能用脚踩冰制琴键演奏的冰钢琴等。未来的冰雪文化产品创造应该是极大地发挥创造力和想象力，提升科技含量，以奇思异想加大艺术与科技的融合创新，让创意的精灵突破时间、空间的局限，自由地遨游。加拿大蒙特利尔市曾经利用高科技手段创造了奇特、梦幻、惊险、神秘的冰雕海底世界和将冰雕展搬到科幻世界的"太空船"里，这应该给我们以启示和创新的动力。

著名花样滑冰运动员、世界冠军申雪、赵宏博的"冰上雅姿"盛典的惊艳问世也是一种创新。"冰上雅姿"集花样滑冰的技艺、舞蹈神韵与雅姿"知性、艺术、时尚"的品牌内涵于一体，在2010年，以申雪、赵宏博的冰上婚礼为开端拉开序幕，后来的演出者都以冬奥会、世锦赛冠军和享誉世界的花样滑冰明星为主角，同时邀请亚洲当红歌手作为表演嘉宾。2011年、2012年、2013年分别以"艺术·都市""红色诱惑""造梦空间"为主题，打造跨界时尚盛宴。2014年在北京万事达中心举办的"冰上雅姿""爱一世"里，中美联袂演出的《霸王别姬》更使世人震惊。著名的美国花样滑冰冠军威尔身披披风，头戴翎子，变成了中国戏曲中的男旦，饰演虞姬。扮演霸王项羽的是中国花样滑冰名将、大冬会冠军张昊。两个世界著名花样滑冰男性运动员在晶莹的冰面上飘逸地演绎了凄美、浪漫的爱情故事。花样滑冰、中国古代故事、戏曲脸谱、电影歌曲等古今中外反差极大的要素，经创意点燃，融合成一场国内顶级的冰雪时尚盛宴。"冰上雅姿"的出现，使我们惊喜地发现，经过多年的开发，似乎早已挖掘尽的冰雪文化还有如此大的潜力，也雄辩地说明，创新永远会给我们"柳暗花明又一村"的惊喜，同时是冰雪文化精品层出不穷的不竭动力。

  冰雪文化产品既包括崛起初始的冰灯、雪雕，也包括在此基础上扩展出来的产业链，如冰雪文艺、冰雪体育、冰雪娱乐、冰雪旅游、冰雪经贸等。这些冰雪产业链在发展的过程中都有独特的创新历程，如冰雪杂技实现业态创新和将地域特色、中国元素、国际制作手段相结合，刘恒甫利用现代影像技术将冰窗花打造成产业，冰雪山水画创造出的"冷逸之美"，伏尔加庄园由民营资本介入等。这些冰雪文化产品应该互相借鉴，采长补短，互相促进，共同提高。各种冰雪文化产品虽然形式不同，但国家品质的标准是一致的。

  冰雪文化产品的竞争，最终是人才的竞争。曾有多位专家为黑龙江冰雪人才队伍的素质感到担忧，并多次提出解决问题的建议。创意是理念、文化与科技相融合的结晶，需要具备艺术与经济等多方面知识的顶尖人才。令人欣喜的是，近年来冰雕、雪雕已引起各个大学的重视，新生力量如雨后春笋般涌现。哈尔滨工业大学华德应用技术学院2005年在全省高校中成立了首家大学生冰雪艺术中心，开办冰雕课程；2008年出版了省内第一本冰雪雕塑艺术教材。哈尔滨工程大学2007年创办了冰雪艺术设计工作室，举办校园雪雕比赛；2008年将比赛推向更为广阔的世界，创办了国际大学生雪雕比赛（图8-15、图8-16、图8-17、图8-18），吸引了世

图 8-15 《灵城之梦》获 2014 年第六届国际大学生雪雕比赛特等奖（杜宇摄）

图 8-16 《透跃》获 2015 年第七届国际大学生雪雕比赛特等奖（杜宇摄）

图 8-17 《欣欣向荣》获 2012 年第四届国际大学生雪雕比赛一等奖（杜宇摄）

图 8-18 《记载》获 2013 年第五届国际大学生雪雕比赛一等奖（杜宇摄）

界各国的大学生参加；2010 年被中国世界纪录协会确认为"世界上规模最大的大学生雪雕群雕"。东北林业大学、东北农业大学、黑龙江大学等也都积极参与到冰雕、雪雕的比赛中来。黑龙江高校的大学生不仅在哈尔滨举办的国际性、全国性比赛中获奖，而且出国参加国际冰雕、雪雕比赛也连连夺冠。哈尔滨工程大学和哈尔滨工业大学华德应用技术学院的师生都曾在世界重要冰雪雕比赛中获得金奖。在大学生冰雕、雪雕比赛引进来和走出去的过程中，和全世界最富有青春活力的群体直接接触，黑龙江冰雪产业人才的理念、素质、技艺都在竞技、交流中得到提升，也将为黑龙江创造国际品质的冰雪文化产品提供内在的支撑。政府与有关部门应该充分发挥机制的激励作用，将这一宝贵资源转化为国际水准的冰雪文化产品。

第三节　现代理念的市场化发展与政府调控

一、冰雪文化产业的发展是冰雪文化的市场化过程

21世纪的经济全球化、一体化促使全球不同文化背景和形式的品牌都被纳入统一的框架与规则之中，在经历了产品经营、品牌打造之后，已进入品牌的资本化运营阶段。

冰雪文化产业和冰雪活动的区别在于产业化。按照市场化的规则运营是冰雪文化产业必然的内在要求。实际上，冰雪文化产业的发展历程也是一个市场化的过程。从最初的冰灯广告、儿童公园以股份制融资的形式办游园会，兆麟公园冰灯游园会、太阳岛雪博会的机制改革，到哈尔滨冰雪大世界的逐步由企业独立经营。从民营资本对伏尔加庄园（图8-19）的投资建设到万达集团对世界最大室内滑雪场的创建（图8-20），完成了冰雪文化产业的市场化过程。而滑雪产业从一开始就有民营资本的大规模投入。到目前为止，黑龙江有70%的滑雪场是民营的，按照市场规律进行运作。因此，是市场化运作使黑龙江的冰雪文化产业品牌由小到大，由弱到强，名扬国内外。

图8-19　伏尔加庄园（杜宇摄）

图 8-20　万达城展示中心被上海大世界基尼斯总部授予最大的冰壶造型建筑（杜宇摄）

二、品牌资本化将为冰雪文化产业品牌的维护、创新与提升提供经济支撑

品牌的发展是一个动态的过程，即品牌需要在与其他品牌的博弈、竞争中发展，稍一落后，就会出现品牌影响力减退、竞争能力不足等现象，冰雪文化产业也是如此，要在国内外激烈的冰雪旅游大战中取胜，必须根据时代的发展要求进行不断的调整。在世界经济进入品牌资本化的今天，冰雪文化产业也应该顺应时代潮流，总结经验，迈入新的、更高的层次。

哈尔滨冰雪大世界（图 8-21）经历了政府投资建设、企业与政府共同投资经营、独立投资经营三个阶段。实力雄厚的马迭尔集团每年投入巨额资金打造不断创新的景区冰雪产品，高起点、大手笔地进行宣传，使品牌在激烈的竞争中不断发展壮大，后来居上，成为独占鳌头、常变常新的亮丽品牌。2013 年成立哈尔滨冰雪大世界股份有限公司之后，经济实力更加雄厚，加大投入之后也带来了更大的收益。

强势品牌可以带来稳定、巨大的利润。但品牌产生后并不是一劳永逸，也需要投入足够多的资金进行品牌的维护、开拓与创新。如果品牌没有资本化，就缺少稳定的资金来源，从而使其难以保持亮色。黑龙江一些没有资本化的老品牌就出现了规模缩小、创新不足、竞争力减弱等现象。

图8-21 恢宏壮观的哈尔滨冰雪大世界（杜宇摄）

三、政府调控是冰雪文化产业市场化过程中健康发展的有力保障

市场化就是按照市场经济的规律和要求来运作，本质是追求利润的最大化。由于企业是趋利的，市场化也会带来一些问题，因此政府的调控是冰雪文化产业在市场化过程中健康发展的守护神。

亚布力滑雪场曾经辉煌一时，成功地承办了亚冬会、大冬会，开启了中国的大众滑雪时代，但由于设备老化、管理体制混乱、交通不便、产品结构单一等原因，在全国各地滑雪旅游群雄四起、竞争激烈的时代，龙头地位受到挑战。黑龙江省旅游局局长薄喜如在省政协会议上，提出成立"亚布力滑雪旅游度假区管理委员会，代表省政府依法对区域内经济和社会行政事务，以及森林、水流、山岭、土地等自然资源实行统一领导和管理""整合资源，打造冰雪产业"[①]。这一提案凸显了政府在市场化过程中的巨大作用。

与此同时，还有诚信旅游、价格监管、基础设施建设等诸多方面都需要政府的强势介入。在冰雪文化产业的发展过程中，政府的作用不但是不可或缺的，而且随着产业化的进一步推进显得更为重要。

---

① 刘畅、张立：《省政协委员薄喜如：成立管委会重振亚布力雄风》，《生活报》2014年1月19日。

第四节　以人为本的国际化服务

一、交通更便捷

冰雪旅游季节性很强，都是在寒冷的冬季进行，景点也多远离市区，交通的便捷性是旅游业发展的首要条件。

近年来，由于游客自主意识的增强，"我旅游，我做主"，不跟旅游团，不要导游，自行安排行程、住宿及饮食的自助游已经成为一种旅游趋势。"找冷，找北"、寻求刺激、挑战自我的冰雪旅游（图8-22）在冬季自助游中占有相当大的比重，交通的便捷性显得至关重要。

自改革开放以来，特别是20世纪90年代之后，黑龙江省加大了基础设施建设，交通问题得到很大的改善，已经初步建立了四通八达的陆空交通网络，但是在便捷性方面还有很大的提升空间。旅游发达地区的公共交通都非常发达，很多城市有旅游专线。沈阳的公交车可以直接开到棋盘山景区内的冰雪大世界门口；长春的轻轨在净月潭公园正门和滑雪场各有一站，还有公交车也可以直达公园正门门口。与哈尔滨一样是冬季旅游热线的三亚早已拥有四通八达的旅游专线。宁夏银川还拥有专门的旅游公交总站，给旅游者带来很大的方便。

黑龙江省在旅游公共交通方面与以上城市相比还有很大的差距。例如，从哈尔滨市区去太阳岛雪博会，一是从冰封的松花江上走到南门，最快需要半个小时；二是从太阳岛道口下车，步行至太阳岛正门，至少也要走半个小时，很不方便。虽然太阳岛公园采取了很多措施，但如果有固定的公交车直达会更好。齐齐哈尔的扎龙公园与牡丹江迁至镜泊小镇的雪堡也都在市区外。因此旅游专线的开通、公交车的

图8-22　《圣诞号火车》雪雕（江虹摄）

直达景点和配有相应的候车暖屋是黑龙江冰雪旅游需要解决的重要问题。虽然有些冰雪景点远离市区，游人少，确实有个经济效益的问题，但可以探索灵活多样的方式，比如亚布力滑雪场至亚布力镇招手即停的小公交车就很方便、实用，应该推广。我们相信，只要立足于以人为本与高标准，办法就会有。

二、景区商品价格更合理

冰雪旅游和其他旅游形式一样，是一个关联性很强的产业，涉及住宿、饮食等各个方面。

冰雪旅游都是发生在寒冷的冬季，观冰灯，看雪雕，进行冰雪娱乐虽然很浪漫，很刺激，但长时间在寒冷的冰雪世界中活动，身体的承受能力也有一定的限度。近年来，很多景区都设有热饮屋、咖啡厅等暖屋，里面卖各种食品，但价格都远远高于景区之外。因此，政府的监管显得格外重要。目前黑龙江省政府办公厅及旅游、公安、工商等部门都出台了严格监管的相关文件，各主管部门加大管理力度，并制定了住宿、餐饮等方面的标准、价格规定。

三、信息传达方式更现代

知识经济时代的到来，为信息的传达提供了极大的科技支撑。黑龙江冰雪旅游一直非常注意科技的运用。早在2001年，哈尔滨冰雪节就创办了"中国·哈尔滨国际冰雪节网站"，2011年又向全球开通了网上冰雪节。2014年，太阳岛雪博会将流行的3D艺术引进园内，还新增了App手机讲解。

但是，国际视野下的冰雪旅游面对国内外飞速发展的信息技术，游客越来越高的服务需求和越来越激烈的市场竞争，必须对未来发展具有清醒的认识和更高的要求，紧跟国内外旅游业信息化发展的步伐，以智慧旅游为切入点，推动从传统旅游方式向现代旅游方式的转变，进而提高冰雪旅游参与竞争的能力与水平。

1. 智慧旅游已经成为未来的发展趋向和现实的必然选择

自2008年美国IBM公司提出"智慧地球"的概念之后，智慧城市、智慧旅游、智慧景区、智慧酒店等就在世界各地广泛传播，美国、日本、韩国和欧洲的一些国家都依托高科技和成熟的旅游服务体系在智慧旅游等方面进行了探索。

我国的智慧旅游发展也非常迅速。2010年，江苏省镇江市率先提出了"感知镇江，智慧旅游"的理念。同年，福建省旅游局在网上建立了"海峡智能旅游参建单位管理系统"，启动了一网、一卡、一线的"三个一"工程。2011年之后，南京、苏州、黄山、洛阳、杭州、北京等地都开展了多姿多彩的智慧旅游活动。2012年，国家旅游局将北京、武汉、福州、大连、厦门等18个城市列为首批"国家智慧旅游试点城市"之后，又将天津、广州、杭州、青岛等15个城市确定为第二批"国家智慧旅游试点城市"。根据国家旅游业发展的总体规划部署，全面提升旅游景区、企业、旅游城市的信息化服务水平，初步实现智慧旅游。2014年，国家旅游局将主题定为"智慧旅游年"，彰显了大力推动智慧旅游的决心。

黑龙江冰雪旅游的特点也需要尽快地提升信息化服务水平，开展智慧旅游。冰雪景点、滑雪场多在城外，再加之人也难以承受太长时间的寒冷，只有尽快地了解相关信息，快速地处理相关问题，才能把更多的精力用在冰雪景观的观赏与冰雪运动上。因此，智慧旅游既是未来的一种发展趋向，也是冰雪旅游的必然选择。

2. 黑龙江省已经具备发展智慧旅游的基本条件

智慧旅游的核心是把云计算、物联网、互联网等新技术，借助便携式终端上网设备——手机和平板电脑，为游客提供更为方便、快捷的服务。黑龙江省地处北纬43度~55度，这是全球设立云计算中心的"黄金纬度"。黑龙江省政府自2009年提出打造"云产业基地"，把发展"云计算"作为推进现代信息服务业的重要举措之后，已先后在哈尔滨、大庆与黑河等市建立了"中国云谷"和"北方智谷""凌云港""新曙光基地"等重点项目。国家住房与城乡建设部、科技部与国家标准化管理委员会、国家旅游局在推进智慧城市、智慧旅游的建设中，把哈尔滨、大庆、牡丹江、桦南县等市、县列为智慧城市或智慧旅游试点城市。在国家工信部的《首批国家信息消费试点市（县、区）建设2014年工作要点》中，哈尔滨、大庆入选68个国家信息消费试点城市，并在当年年底基本实现城区4G网络全覆盖。与此同时，哈尔滨等城市先后建设开通的网上冰雪节、114旅游信息服务平台等，也都汇集了景区、景观、旅行社、宾馆、饭店、票务等方面的旅游信息。所有这些都为冰雪旅游的智慧化提供了基础，因此，黑龙江冰雪智慧旅游建设应该尽快启动。

3. 科学有序，抓住机遇

首先，智慧旅游（图 8-23）是一个面向未来的全新的旅游形态，也是一个涉及面广，科技性、专业性都很高的系统工程，既需要云计算、物联网、互联网等现代科技的支持，也需要旅游目的地的地理、历史、人文、交通、食宿等方面综合信息的支撑；既包括智慧旅游服务、智慧旅游营销，也包括智慧旅游管理。因此，发展智慧冰雪旅游首先要组织科技信息、冰雪旅游等方面的专家进行论证，制定近期发展目标和中长期发展规划，将智慧冰雪旅游切实提到议事日程上，抓住机遇，快速发展。

第二，依托入选国家智慧城市、智慧旅游试点城市，重点突破。自2012年国家有关部门先后启动了"智慧城市""智慧旅游试点城市"建设以来，黑龙江省的肇东市、肇源县、桦南县和齐齐哈尔市、牡丹江市、安达市先后入选国家住房与城乡建设部的首批与第二批智慧城市试点城市。2013年，大庆市入选科技部与国家标准委公布的智慧城市标准试点城市。同年，牡丹江市入选国家旅游局公布的第二批智慧旅游试点城市。这些城市成为试点城市之后，都按照国家相关部委的要求启动了有关的智慧城市建设工程。与此同时，一些信息技术公司和企业也在国家的智慧城市建设发展规划中看到了发展机遇，积极寻求和有关城市合作。例如，深圳中兴网信科技有限公司与绥化市政府签署了"数字绥化"智慧城市建设合作框架

图 8-23 哈尔滨游客服务中心的智能查询系统（江虹摄）

协议；黑龙江移动公司为助力无线智慧城市发展，与七台河市政府签订了TD建设框架协议；黑龙江联通公司以望奎县作为试点，打造政务、民生智慧应用精品示范工程。2014年哈尔滨寒地博览会上成立了哈尔滨智慧城市研究院，举办了"首届哈尔滨智慧城市论坛"。冰雪旅游应该优先在这些城市实现智慧化，使智慧冰雪旅游与智慧城市建设融为一体，成为智慧城市建设的有机组成部分。

第三，在实践中完善、提升。今天，冰雪旅游的大众化、个性化、自助化、散客化已经成为一种趋向，现代的信息化服务是一种竞争优势，也是一种迫切需要。智慧旅游不是万事俱备再开始，而是在实践中完善与提升。

智慧旅游的启动，一是由简至全，整合冰雪旅游信息资源，有序地将全市、全省、全国的冰雪景点、交通、住宿、餐饮、旅行社、购物、休闲娱乐等资讯纳入统一的资源数据库，在景区、大型商场、酒店、饭店、机场、车站等公共场所建立咨询处，供游人查询，提高信息服务水平（图8-24）。二是由近到远，以省会哈尔滨为中心，然后再向全省扩展，将智慧旅游的导航、导游、导览、导购四大功能通过便携式智能终端设备尽快地传达给冰雪游人，使游人只需在自己的手机上轻轻一按，就不但可以了解所需的相关信息，而且可以解决购票、住宿、餐饮等的预订和结算问

图8-24 哈尔滨游客服务中心的咨询服务区（江虹摄）

题，由过去的"秀才不出门，便知天下事"升华为"游人手指一动，可办所有事"。三是由点到面，以冰雪旅游智慧服务为开端，建立智慧冰雪旅游营销、智慧冰雪旅游管理等系统，全方位地实现从传统旅游向现代旅游方式的转换，并寻求和全国及世界各地智慧冰雪旅游景区的合作。四是立足现在，面向未来。知识经济时代的信息化技术迅猛发展，游人的需求也日益提高。智慧冰雪旅游也应以紧跟时代、追逐潮流的与时俱进精神，通过信息技术的发展进步，不断提升冰雪旅游的层次与水平，让游人在越来越现代、越来越完善的信息化服务中，感知冰雪，体验冰雪，享受冰雪。

四、旅游服务更为人性化

旅游是一项到异地寻求愉悦的人文活动，美好的景观与细致入微的人性化服务是旅游活动中互为依存的两个重要方面。随着冰雪旅游的发展，以人为本的人性化服务越来越引起冰雪旅游管理者的重视。

虽然信息科技，特别是智慧旅游的发展会给游人带来极大的方便，但是热情、周到、细致的人工服务却是任何科技都无法代替的。一是现代的智能服务主要是适合青年等时尚旅游群体，但在旅游人群中还有很大一部分是不会使用智能终端的老年人。二是智能系统或终端设备可能会出现故障，毕竟因为天气过于寒冷手机死机的现象也时有发生。三是人类是有情感的群体，渴望温馨的感情交流。因此，人性化的人工服务不是应该被削弱，而是要大大加强和提高层次。

兆麟公园冰灯游园会、太阳岛雪博会、哈尔滨冰雪大世界都有很多人性化的举措。太阳岛雪博会2003年就开始倡导人性化服务，2009年明确提出了"国际化办会、市场化运作、人性化服务"的口号，设置了专供游人休息、取暖的游客中心，为无数在寒冷中坚持不下去、又有景点没有观赏完的游人带来了极大的方便，一杯免费的姜糖水更是给寒冷中的游人送去了温暖与人情。在此基础上还可以进一步提升，如可以在游客中心增加视频，介绍雪博会的发展历史，本届各景点的方位、内容与内涵，使游人在暖屋子里休息中享受浓浓暖意的同时，又有精神上的收获。

太阳岛雪博会是冰雪旅游中少有的配备专门人员看护雪雕作品的景区，在保持雪雕作品的洁白、完整和培养游人文明习惯等方面都为其他景区起到了示范的作用。但是，人性化的旅游服务永无止境，进一

图 8-25　哈尔滨太阳岛白雪世界温暖如春的热饮屋（江虹摄）

步的提高服务水平的举措应该是加大对员工的培训，使他们更深层次地了解雪博会的历史发展、景观的内容与内涵。比如雪博会每年都有各种雪雕比赛，应该通过培训使每个员工都了解各项比赛的获奖作品为什么获奖，表达的是什么意义。这样既提高了员工的素质，也为景区增加了文化内涵。

现代生活瞬息万变，但无论怎么发展，细致入微的个性化人工服务是任何科技都无法代替的。因为任何科技提供的服务都是统一的、机械的、普遍性的，而旅游是个性化的人文活动，寒冷中的一杯热饮（图 8-25），观赏时看到的景区员工的笑脸，跌倒时及时地被扶起，遇到疑难时得到热情的帮助，都将给游人留下美好难忘的温馨回忆。随着科技的发展、现代生活的演进，人性化的服务不是可以被代替，而是更为需要。将北方人的豪爽、热情、质朴以现代的、文化的、知识性的形式融入冰雪旅游服务，将使严寒中的风景更温馨，更难忘，更美丽。

结　语

黑龙江冰雪文化产业历经50余年的发展，已经成为名扬国内外的知名品牌。在冰雪旅游日渐成为时尚选择的今天，在"冰天雪地也是金山银山"的历史责任面前，黑龙江更应肩负起"冰雪之冠"的历史担当，领航冰雪旅游，为发展冰雪旅游做出新的贡献，让全国与全世界热爱冰雪的游人将酷省龙江作为冰雪旅游的首选目的地（图1）。

智慧的黑龙江人之所以能够化劣势为优势，化冰雪为神奇，使冰雪文化产业由小到大，由一个冰灯游园会发展为世界知名品牌，原因就在于其以创新精神赋予冰雪以文化、以灵魂，并在发展的过程中不断增添新产品、新项目、新业态，扩大产业链，同时，又确定了国际化的目标，运用了市场化的运作方式。在新的历史机遇与不断变化的挑战面前（图2），冰雪文化产业获得进一步发展的途径仍然是以创新精神挖掘、强化和张扬核心竞争力。

"进入21世纪，文化竞争日渐成为国际间的核心竞争。文化核心竞争力应该是那些有个性的、难以复制的、具有可持续竞争优势的文化竞争力。"[1]

黑龙江冰雪文化起自1963年为丰富广大人民群

图1　2012年国际大学生雪雕比赛一等奖《我们欢迎你》（江虹摄）

---

[1] 赵秀玲、孙晓涛、张保林：《论文化核心竞争力》，《中州学刊》2008年第3期。

图2 2012年国际大学生雪雕比赛一等奖《变是唯一的不变》(江虹摄)

众的文化生活而举办的冰灯游园会，深层的底蕴则是北方人从古至今面对风雪严寒、艰难困苦时表现出的强悍坚韧、勇于战胜困难的顽强精神和潇洒、豪放、浪漫的情怀。冰雪文化是北方精神的积淀、载体与现代传承，是宝贵的精神财富。智慧的黑龙江人以独有的形式激活了它，使其璀璨耀眼，影响巨大而广泛。在未来的冰雪文化产业发展与社会发展、经济发展中，仍然具有不可估量的作用，仍然需要以此作为精神内核来促进其发展。冰雪文化既是"意态文化"，也是"物态文化"，冰雪文化产业的核心竞争力也应该全方位地体现在冰雪文化产品的外在形式和与此相关的服务等方面。处于时代前沿的国际化视野、现代的审美观念和市场化的运作方式固然是不可或缺的，但个性化的、无法复制的文化核心竞争力永远是产业航母乘风破浪扬帆远航的内在坚强支撑。

附 录

附录一 哈尔滨国际冰雕比赛历届获奖情况

自 1987 年开始,来自加拿大、日本、意大利、丹麦、美国、澳大利亚、法国、瑞士、芬兰、巴西、俄罗斯、新加坡、韩国、瑞典、捷克、新西兰、英国、奥地利、马来西亚、德国、刚果、印度、罗马尼亚、西班牙、土耳其、比利时、以色列、蒙古、泰国、挪威、智利、拉脱维亚、埃及、中国等国家与地区的冰雕艺术家参加了本项比赛。比赛设有一等奖、二等奖、三等奖及创意奖、技巧奖、特别奖等奖项。

哈尔滨国际冰雕比赛历届获奖情况

时间	届别	作品名称	奖项	参赛队
1984 年 1 月	表演赛	大自然	一	日本队
		歌伎		日本队
		一个家庭的温暖与和睦		加拿大队
		魁北克之舞		加拿大队
		祝乐		中国队
		玉龙戏珠		中国队
1985 年 1 月	表演赛	天马	一	日本札幌队
		飞燕戏鱼		中国香港队
		戏龙		中国沈阳队
		腾飞		中国哈尔滨一队
		断桥		中国哈尔滨二队

续 表

时间	届别	作品名称	奖项	参赛队
1986年1月	表演赛	金鱼曼舞	—	日本札幌队
		斗鹰		意大利——约翰·迪彻斯
		学雕		加拿大——派特·加尔布雷斯夫人
		松鹰图		中国一队
		永恒的爱		中国三队
		女娲补天		中国二队
1987年1月	第一届	朱鹭	一等奖	日本新潟队
		舞	二等奖	中国大庆队
		自然与和平	二等奖	中国哈尔滨二队
1988年1月	第二届	神鸟	一等奖	日本札幌队
		我们心中的哈尔滨	二等奖	加拿大埃德蒙顿队
		情	二等奖	中国哈尔滨一队
1989年1月	第三届	播种女与初升的太阳	一等奖	法国代表队
		春风	二等奖	日本旭川队
		欢乐	二等奖	加拿大渥太华队
		澳人利亚的象征	三等奖	澳人利亚队
		火焰妖精	三等奖	日本函馆队
		春杵之乐	三等奖	中国哈尔滨一队
		心曲	三等奖	中国哈尔滨二队
		横纲入土俵	三等奖	日本札幌队
		大海豚	三等奖	美国队
1990年1月	第四届	归乡	一等奖	日本旭川队
		和平使者	二等奖	日本札幌队
		姊妹	二等奖	加拿大队
		宇宙	二等奖	芬兰队

续表

时间	届别	作品名称	奖项	参赛队
1991年1月	第五届	千手观音	一等奖	中国三队
		穆罗梅茨	二等奖	苏联新西伯利亚队
		喷泉	二等奖	意大利威尼托队
		生命的活力	二等奖	美国阿拉斯加一队
		巴西狂欢节	二等奖	澳大利亚与巴西联队
		合家团圆	二等奖	日本旭川队
1992年1月	第六届	瞬间	一等奖	日本旭川队
		欢庆节日	二等奖	美国伊利诺斯队
		友谊之春	二等奖	新加坡队
		群鸟之舞	三等奖	日本新潟队
		生命	三等奖	中国哈尔滨三队
1993年1月	第七届	飞龙	一等奖	中国哈尔滨五队
		印第安人	一等奖	加拿大队
		夜光中的蝴蝶女神	二等奖	日本札幌队
		天从人愿	二等奖	新加坡队
		奔腾	三等奖	中国香港A队
		聪明人	三等奖	俄罗斯队
		狂欢	三等奖	中国哈尔滨三队
		海洋与风	三等奖	瑞典队
1994年1月	第八届	雷神	一等奖	日本札幌队
		竹林行	一等奖	中国四队
		西罗姆	二等奖	韩国队
		庆丰收	二等奖	新加坡队
		田野上的鲜花	三等奖	法国队
		九颗星在轨道上	三等奖	美国队
		龙腾万里	三等奖	瑞士与澳大利亚联队
		早春	三等奖	日本新潟队

续 表

时间	届别	作品名称	奖项	参赛队
1995年1月	第九届	适者生存	一等奖	新加坡队
		复活	二等奖	俄罗斯队
		宇宙征服者	二等奖	瑞士队
		火凤凰	三等奖	日本新潟队
		龙观音	三等奖	日本旭川队
		跳跳板	三等奖	韩国队
		莺歌燕舞	三等奖	中国二队
1996年1月	第十届	球体	一等奖	法国队
		海的故事	二等奖	中国一队
		传经飞来	二等奖	日本札幌队
		勇者无惧	三等奖	瑞士与澳大利亚联队
		第二次诞生	三等奖	俄罗斯哈巴罗夫斯克队
1997年1月	第十一届	回归繁荣	一等奖	瑞士队
		奔向明天	二等奖	加拿大队
		飞舞	二等奖	中国香港队
		鹤归	三等奖	新加坡队
1998年1月	第十二届	冰与火	一等奖	日本队
		大地的芳香	二等奖	日本札幌队
		美丽之歌	二等奖	俄罗斯哈巴罗夫斯克队
1999年1月	第十三届	夏天的回忆	一等奖	俄罗斯哈巴罗夫斯克队
		跨入新世纪	二等奖	中国二队
		群枭之争	二等奖	马来西亚队
		所向无敌	三等奖	日本札幌队
		火女	三等奖	法国队
2000年1月	第十四届	在深奥中飞行	一等奖	俄罗斯莫斯科二队
		冬趣	二等奖	中国三队
		构造移动历史及其变迁	二等奖	加拿大队
2001年1月	第十五届	自然力的诞生	一等奖	俄罗斯哈巴罗夫斯克一队
		营造一片蓝色的海	二等奖	中国哈尔滨二队
		闯将	二等奖	日本旭川队

续 表

时间	届别	作品名称	奖项	参赛队
2002年1月	第十六届	深海探宝	一等奖	日本队
		太阳赞歌	二等奖	俄罗斯哈巴罗夫斯克一队
		鹰的精神	二等奖	加拿大队
		双雕勇斗鲤鱼门	三等奖	马来西亚队
		北欧神话的故事	三等奖	丹麦队
2003年1月	第十七届	泉水	一等奖	俄罗斯维亚泽姆斯基二队
		星的诞生	二等奖	俄罗斯哈巴罗夫斯克队
		雄姿	二等奖	日本旭川队
		渊源	三等奖	中国哈尔滨一队
		空白的纸页	三等奖	法国队
2004年1月	第十八届	幸福鸟	一等奖	俄罗斯克拉斯诺亚尔斯克二队
		顽童	二等奖	马来西亚一队
		山鬼惊梦	二等奖	中国哈尔滨队
2005年1月	第十九届	灵魂的召唤	一等奖	俄罗斯克拉斯诺亚尔斯克二队
		太阳之子	二等奖	俄罗斯雅库特二队
		吉卜赛心灵	二等奖	俄罗斯克拉斯诺亚尔斯克队
2006年1月	第二十届	萨满再世	一等奖	俄罗斯雅库特二队
		阳光沐浴者	二等奖	比利时与荷兰联队
		水底世界	二等奖	俄罗斯克拉斯诺亚尔斯克队
		夏天	三等奖	俄罗斯哈巴罗夫斯克三队
		海燕	三等奖	中国一队

续 表

时间	届别	作品名称	奖项	参赛队
2007年1月	第二十一届	渔夫	一等奖	俄罗斯哈巴罗夫斯克队
		匹诺曹	二等奖	加拿大四队
		青春	二等奖	俄罗斯克拉斯诺亚尔斯克队
		吉祥	三等奖	中国三队
		爱与和平	三等奖	日本长野二队
2008年1月	第二十二届	动感之美	一等奖	美国二队
		北方的音乐	二等奖	俄罗斯哈巴罗夫斯克一队
		游戏结束	二等奖	蒙古一队
		麒麟草子	三等奖	日本三队
		赫哲人家	三等奖	中国四队
2009年1月	第二十三届	美女战士	一等奖	俄罗斯雅库特队
		霓裳曲	二等奖	中国二队
		我的舌头	二等奖	蒙古队
		我们融化了	三等奖	韩国队
		爱情故事	三等奖	俄罗斯哈巴罗夫斯克队
2010年1月	第二十四届	几何火焰	一等奖	美国一队
		亮剑	二等奖	中国二队
		城市	二等奖	俄罗斯符拉迪沃斯托克二队
		奔向光明	三等奖	日本二队
		祈祷和平之佛	三等奖	泰国二队
2011年1月	第二十五届	爱丽丝梦游仙境	一等奖	拉脱维亚队
		爱你	二等奖	泰国五队
		创世之神	二等奖	俄罗斯符拉迪沃斯托克队
		荷花女神	三等奖	中国二队
		追逐	三等奖	芬兰三队
		珍珠钻石	三等奖	法国队

续 表

时间	届别	作品名称	奖项	参赛队
2012年1月	第二十六届	狩猎的女人	一等奖	俄罗斯三队
		梦想者	二等奖	拉脱维亚一队
		大海的征服者	二等奖	俄罗斯六队
		云端之上	三等奖	俄罗斯与美国联队
		东渡	三等奖	中国北京队
		天堂	三等奖	泰国二队
2013年1月	第二十七届	雪地摩托车	一等奖	俄罗斯阿穆尔州队
		舞蹈	二等奖	俄罗斯哈巴罗夫斯克二队
		霸王别姬	二等奖	中国四队
		嗝啾	三等奖	蒙古三队
		瞬息万变	三等奖	俄罗斯西伯利亚队
		游戏	三等奖	中国二队
2014年1月	第二十八届	2014冬奥会	一等奖	俄罗斯哈巴罗夫斯克三队
		纠缠	二等奖	荷兰与丹麦联队
		冰与火	二等奖	中国六队
		水冰封前的音乐	三等奖	俄罗斯哈巴罗夫斯克一队
		优雅三人舞	三等奖	俄罗斯哈巴罗夫斯克二队
		丰收	三等奖	马来西亚一队
2015年1月	第二十九届	忙碌的清晨	一等奖	俄罗斯哈巴罗夫斯克二队
		雨中孤犬	二等奖	拉脱维亚二队
		适者生存	二等奖	中国一队
		血脉的延续	三等奖	蒙古二队
		海洋深处	三等奖	俄罗斯哈巴罗夫斯克三队
		自由之翼	三等奖	俄罗斯彼尔姆一队

续　表

时间	届别	作品名称	奖项	参赛队
2016年1月	第三十届	速度即机遇	一等奖	俄罗斯列索扎沃茨克一队
		开始	二等奖	蒙古达尔汗队
		蜂	二等奖	蒙古曼达尔戈壁队
		蒸蒸日上	三等奖	中国四队
		海洋的秘密	三等奖	俄罗斯哈巴罗夫斯克一队
		银河之外	三等奖	俄罗斯哈巴罗夫斯克二队
2017年1月	第三十一届	思绪飞扬	一等奖	俄罗斯阿穆尔斯克二队
		繁荣	二等奖	加拿大队
		威尼斯	二等奖	俄罗斯维亚泽姆一队
		秘密	三等奖	蒙古乌兰巴托一队
		爱的抚摸	三等奖	马来西亚队
		荷塘月色	三等奖	哈尔滨名刀雕塑队
2018年1月	第三十二届	引力	一等奖	蒙古扎布汗队
		生命的挑战	二等奖	俄罗斯阿穆尔斯克一队
		跃向新生	二等奖	俄罗斯列索扎沃茨克一队
		人鱼共舞	三等奖	马来西亚一队
		丝路韵律	三等奖	哈尔滨师范大学二队
		与鸟共舞	三等奖	蒙古中央省队

附录二 哈尔滨国际雪雕比赛历届获奖情况

自1996年开始，来自奥地利、法国、荷兰、新西兰、秘鲁、俄罗斯、新加坡、英国、美国、瑞士、韩国、日本、瑞典、加拿大、德国、意大利、罗马尼亚、刚果、印度、西班牙、马来西亚、孟加拉国、澳大利亚、蒙古、波兰、埃及、葡萄牙、泰国、阿根廷、墨西哥、智利、立陶宛、芬兰、阿联酋、拉脱维亚、印度尼西亚、斯洛文尼亚、中国等国家与地区的雪雕艺术家参加了本项比赛。比赛设有一等奖、二等奖、三等奖及创意奖、技巧奖、特别奖等奖项。

哈尔滨国际雪雕比赛历届获奖情况

时间	届别	作品名称	奖项	参赛队
1996年1月	第一届	礼物	一等奖	新西兰与丹尼斯队
		醒	二等奖	荷兰队
		和平	二等奖	中国二队
		俄罗斯勇士	三等奖	俄罗斯布拉戈维申斯克队
		伊卡里诺斯	三等奖	法国三队
1997年1月	第二届	鱼尾狮与海豚	一等奖	新加坡队
		森林之歌	二等奖	中国四队
		茶杯	二等奖	英国队
		雪花	二等奖	俄罗斯哈巴罗夫斯克队
		休闲	三等奖	瑞士队
1998年1月	第三届	松花江里飞出欢乐的歌	一等奖	中国一队
		民族之歌	二等奖	新加坡队
		开天辟地	二等奖	中国二队
		来自寒冷世界的朋友	三等奖	英国队
		苗家女	三等奖	中国哈尔滨队

续 表

时间	届别	作品名称	奖项	参赛队
1999年1月	第四届	睡美人	一等奖	新加坡队
		天鹅群舞	二等奖	日本新潟队
		欢乐的泼雪节	二等奖	中国一队
		携手	三等奖	中国三队
		谊泉	三等奖	中国二队
		庞德美克尔酋长	三等奖	加拿大队
2000年1月	第五届	俄罗斯浴室	一等奖	俄罗斯队
		国际狮子总汇的标志	二等奖	中国香港队
		战神蚩尤	二等奖	中国队
		新生	三等奖	加拿大队
		日月潭的传说	三等奖	中国二队
		千年虫	三等奖	美国队
2001年1月	第六届	世界的起源	一等奖	俄罗斯叶卡捷琳堡队
		伊万和海王	二等奖	俄罗斯阿穆尔州队
		时装屋	二等奖	芬兰队
		东方古韵	三等奖	中国三队
		盼望未来	三等奖	新加坡与马来西亚联队
2002年1月	第七届	母爱	一等奖	俄罗斯一队
		风物	二等奖	韩国一队
		金凤吉祥物	二等奖	新加坡队
		华尔兹	三等奖	日本队
		甲午英魂	三等奖	中国队
2003年1月	第八届	俄罗斯的童话	一等奖	俄罗斯哈巴罗夫斯克队
		行走牦牛酋长	二等奖	加拿大与中国联队
		鹿神	二等奖	中国一队
		银色的梦	三等奖	俄罗斯、乌克兰、英国联队
		鹤之舞	三等奖	日本队

续 表

时间	届别	作品名称	奖项	参赛队
2004年1月	第九届	花蜜	一等奖	俄罗斯维亚泽姆斯基队
		民族	二等奖	中国三队
		世代家族	二等奖	马来西亚一队
		圣手	三等奖	韩国二队
		舞蝶	三等奖	日本十日町队
2005年1月	第十届	秋	一等奖	俄罗斯哈巴罗夫斯克一队
		似水年华	二等奖	俄罗斯雅库特队
		爱神丘比特	二等奖	法国队
		免费的奶酪	三等奖	俄罗斯哈巴罗夫斯克二队
		改变	三等奖	俄罗斯克拉斯诺亚尔斯克队
2006年1月	第十一届	远古的呼唤	一等奖	俄罗斯雅库特一队
		杂物袋	二等奖	比利时、荷兰、芬兰联队
		辉煌瞬间	二等奖	俄罗斯加万市队
		对话	三等奖	波兰与新加坡联队
		凤愿	三等奖	俄罗斯哈巴罗夫斯克二队
2007年1月	第十二届	森林的童话	一等奖	俄罗斯滨金队
		庆祝	二等奖	中国二队
		北方之音	二等奖	俄罗斯雅库特队
		游戏	三等奖	俄罗斯哈巴罗夫斯克队
		爱世界	三等奖	马来西亚队
2008年1月	第十三届	飓风	一等奖	俄罗斯维亚泽姆队
		灌木丛下	二等奖	英国队
		春季	二等奖	俄罗斯哈巴罗夫斯克队
		祈福	三等奖	日本一队
		草原王子——盖伯利奥·杜蒙特	三等奖	加拿大与美国联队

续 表

时间	届别	作品名称	奖项	参赛队
2009年1月	第十四届	生日快乐	一等奖	俄罗斯哈巴罗夫斯克队
		勇气	二等奖	中国二队
		快闪	二等奖	俄罗斯维亚泽姆斯基队
		冰湖攫鱼	三等奖	芬兰队
		翔	三等奖	日本一队
		渡鸦与第一个人	三等奖	加拿大与美国联队
2010年1月	第十五届	未来力量	一等奖	中国三队
		中华神韵	二等奖	中国一队
		生命的故事	二等奖	韩国二队
		胜利	三等奖	俄罗斯滨金队
		对记忆的尊重	三等奖	英国队
		闻姬	三等奖	日本一队（十日町）
2011年1月	第十六届	永恒的青春	一等奖	俄罗斯哈巴罗夫斯克队
		守望重生	二等奖	中国四队
		罗摩衍那的传说	二等奖	泰国二队
		出水芙蓉	三等奖	中国一队
		熊妈妈	三等奖	加拿大二队
		太空之家	三等奖	俄罗斯维亚泽姆斯克队
2012年1月	第十七届	追梦人	一等奖	拉脱维亚队
		天路	二等奖	俄罗斯与美国联队
		袭击	二等奖	中国三队
		新年的礼物	三等奖	中国二队
		土著精神	三等奖	美国队
		克隆	三等奖	韩国一队
2012年12月—2013年1月	第十八届	自由进入	一等奖	法国队
		起源	二等奖	俄罗斯维亚泽姆斯基队
		醉酒美人	二等奖	中国五队
		人类情感	三等奖	泰国队
		鲲鹏	三等奖	印度尼西亚队
		风调雨顺	三等奖	中国一队

续 表

时间	届别	作品名称	奖项	参赛队
2013年12月—2014年1月	第十九届	友谊的火焰	一等奖	俄罗斯哈巴罗夫斯克队
		小猫军团	二等奖	中国二队
		梦·自由	二等奖	中国六队
		琼波幻境	三等奖	瑞士队
		苹果	三等奖	韩国一队
		呼吸	三等奖	日本队
2015年1月	第二十届	内心界限	一等奖	拉脱维亚队
		收获的清晨	二等奖	俄罗斯雅库特队
		温暖源自和平	二等奖	俄罗斯哈巴罗夫斯克队
		冲破	二等奖	中国九队
		思念的旋律	三等奖	蒙古一队
		每日的争斗	三等奖	波兰队
		时间	三等奖	蒙古二队
		爱护地球	三等奖	中国与俄罗斯联队
		掠食者	三等奖	中国五队
2016年1月	第二十一届	谁是赢家	一等奖	中国五队
		越冬	二等奖	韩国一队
		古筝	二等奖	蒙古乌兰巴托队
		东方神韵	二等奖	中国四队
		生命的轨迹	三等奖	俄罗斯哈巴罗夫斯克队
		生命之旅	三等奖	意大利二队
		巅峰	三等奖	蒙古曼达尔戈壁队
		夺	三等奖	中国一队
		相遇尼斯湖水怪	三等奖	中国三队
2017年1月	第二十二届	复活	一等奖	中国二队
		雪之心	二等奖	拉脱维亚队
		诱惑	二等奖	俄罗斯维亚泽姆斯基队
		苍天之子	二等奖	蒙古达尔汗队

265

续　表

时间	届别	作品名称	奖项	参赛队
2018年1月	第二十三届	新娘	一等奖	俄罗斯阿穆尔斯克队
		海之灵	二等奖	中国名刀雕塑队
		幸存者	二等奖	马来西亚队
		精彩的手	二等奖	蒙古二队
		凯尔斯尼克的诞生	三等奖	斯洛文尼亚队
		我是国王	三等奖	韩国队
		吸引力	三等奖	英国与美国联队
		音乐精神的悲剧诞生	三等奖	俄罗斯列索扎沃斯克队
		泰坦尼克·爱情史	三等奖	俄罗斯布拉戈维申斯克队

后　记

　　冰雪是大自然给予北方人的馈赠，在黑龙江出生长大的我，和所有北方人一样，天生具有喜爱冰雪的情结。每到冬季，当南方人将冰天雪地的黑龙江视为畏途的时候，我们却有一种被激活的兴奋，小的时候，孩子们常常是三五成群地走出家门打出溜滑或滑冰。瑞雪飘飞时，则仰起头，任凭雪花轻抚被风吹红的面颊。

　　自古以来，很多文人墨客都留下了吟诵冰雪的诗文，1963年，哈尔滨兆麟公园举办了第一届冰灯游园会，关于冰雪的诗文出现了前所未有的热潮。1978年，实行改革开放之后，表现冰雪的形式由过去的诗文扩大到歌曲、舞蹈、专题片、动漫等，我也有了不可抑制的表达冲动，并且荣幸地遇到机缘。

　　1998年，在参加黑龙江省委宣传部"十一五"规划调研的时候，我分到了文化产业课题，有机会从产业的角度对黑龙江的冰雪文化进行思考，我惊喜地发现，改革开放初期，全国还在激烈争论文化功能的社会效益与经济效益时，我们的冰灯却以人类的"本我记忆"与"直观快感"吸引了大量国内外游人热情前来。1986年，文化产业一词在我国还没有出现的时候，具有远见卓识的哈尔滨市领导就提出冰雪活动要产业化。后来，在全国很多文化机构都面临难以"走出去"的情况下，黑龙江的冰灯又应邀到世界很多国家展出。

　　1999年，作为黑龙江省赴京文化产业调研小组成员，在文化部文化产业处处长的带领下，我们拜访了很多部门的领导与文化产业专家，使我对全国的文化产业发展有了基本的了解。

　　由于黑龙江冰雪旅游的巨大影响，2001年，联合国工业发展组织与国家旅游局、国家体育总局、黑龙江省人民政府联合举办"国际滑雪产业合作论坛"，我作为会议代表参加了大会，直接听到了来自世界各国的旅游官员、滑雪企业家与冰雪界专家们关于滑雪产业的研讨发言，视野更加开阔，受益匪浅。

2004年11月，国家文化部将哈尔滨冰雪大世界列入"首批文化产业示范基地"，使冰雪作为文化产业得到了国家层面的确认。我和所有热爱冰雪的黑龙江人一样无比高兴，同时也产生了将自己对于冰雪文化产业的所感所思凝聚为一本书的愿望。于是，从2005年起，我就开始了对冰雪资料的收集与冰雪景观的拍摄。幸运的是，在书稿已经基本成形的2012年，文化部的艺术学被批准为可以申报国家社科基金后期资助项目。在文化部社科处的推荐下，我的《白雪·白金——冰雪文化产业的崛起与发展》课题，荣幸地列入其中。

经费资助为我的研究提供了巨大的支持，使我不但可以一如既往地在哈尔滨的兆麟公园冰灯游园会、太阳岛国际雪博会、哈尔滨冰雪大世界等场所拍摄，而且有条件远赴黑龙江的雪乡、镜泊湖、扎龙，长春的净月潭、沈阳的棋盘山、北京的龙庆峡、银川的阅海公园等地去拍摄冰雪景观与活动。

多年的资料搜集、采访、拍摄，使我惊喜地见证了产业化作为"酵母"对于冰雪魅力的激发和精神内核的张扬。已经形成产业链的冰雪文化产业，将冰雪与艺术、冰雪文化与产业发展、北方人原始的生命激情与现代的潇洒、浪漫结合得那样好，不仅使冰雪变得绚丽多彩，富有魅力。质感地体现了北方人顽强、坚韧、豪放的精神与活力的现代传承，而且吸引了各个层面的游人共同参与，真可谓"风景这边独好"。

该课题的完成，首先感谢文化部陈迎宪、田军亭、于千贺等领导与同志的大力推荐和黑龙江省艺术研究院、黑龙江省文化厅，黑龙江省委宣传部有关领导与同志的大力支持，同时也感谢哈尔滨兆麟公园、黑龙江省旅游局、黑龙江省体育局及杨杰、朱晓东、关心民、柏伟、李沅龙、王东海、卢平、徐崔巍等领导与专家提供了珍贵的图片，使该课题对冰雪魅力的阐释具有了身临其境的形象感。

也许因为我对于冰雪的痴情热爱，也许因为冰雪文化产业自身就是优长多于不足，因此在本课题中正面展示它的魅力与影响远远多于对问题与不足的关注。但我想，任何学者的观点都只是一家之言。对于冰雪文化产业这一发展中的新兴业态，会有更多的研究者加入其中，众多的集思广益将会使对冰雪文化产业的评价更多维、更全面。我热切地期待着冰雪文化产业的更大发展和不断地给国内外游人带来惊喜与快乐，也期待更多的理论研究者加入到冰雪文化产业研究的行列，为冰雪文化产业的发展，为文化产业理论体系的构建，为发展中的哲学社会科学奉献新鲜而充满活力的智力支持。

朱雪艳